交通运输信息化科技丛书

内河智能航运信息服务体系架构

孙腾达　陈尚新　编著

人民交通出版社股份有限公司
China Communications Press Co.,Ltd.

内 容 提 要

本书系统介绍了内河智能航运信息服务系统架构,主要内容包括:内河航运信息服务研究及应用现状,内河智能航运信息服务体系总体框架、需求分析,内河智能航运信息服务业务及功能架构设计、技术架构,内河智能航运数据规划及要素标识体系、标准体系、管理机制及政策等。

本书可供从事内河航运信息服务相关工作的管理人员、技术人员和研究人员参考使用。

图书在版编目(CIP)数据

内河智能航运信息服务体系架构 / 孙腾达, 陈尚新编著. —北京:人民交通出版社股份有限公司, 2016.8

ISBN 978-7-114-13182-0

Ⅰ. ①内… Ⅱ. ①孙… ②陈… Ⅲ. ①智能技术 - 应用 - 内河航行 - 情报服务 - 研究 Ⅳ. ①U675.5 - 39

中国版本图书馆 CIP 数据核字(2016)第 152863 号

交通运输信息化科技丛书

书　　名: 内河智能航运信息服务体系架构
著 作 者: 孙腾达　陈尚新
责任编辑: 杨　川　周　凯
出版发行: 人民交通出版社股份有限公司
地　　址: (100011)北京市朝阳区安定门外外馆斜街 3 号
网　　址: http://www.chinasybook.com
销售电话: (010)64981400,59757915
总 经 销: 北京交实文化发展有限公司
印　　刷: 北京鑫正大印刷有限公司
开　　本: 720 × 960　1/16
印　　张: 15
字　　数: 265 千
版　　次: 2016 年 8 月　第 1 版
印　　次: 2016 年 8 月　第 1 次印刷
书　　号: ISBN 978-7-114-13182-0
定　　价: 50.00 元

人民交通出版社股份有限公司
China Communications Press Co.,Ltd.

编委会名单
Editorial Board

前　言
Preface

水路运输是综合运输体系的重要组成部分，是资源节约、环境友好的运输方式，也是典型的低碳运输方式。随着国家加快转变经济发展方式和建设“两型”社会，水运运能大、占地少、能耗低、污染小的独特优势和带动经济社会发展的作用更加凸显。我国内河水运资源丰富，以长江水系、珠江水系和京杭运河水系组成的内河骨干运输网络在国民经济的发展中扮演了非常重要的角色。2011 年 1 月 30 日，国务院发布了《国务院关于加快长江等内河水运发展的意见》，标志着加快内河水运发展上升为国家战略，将建成畅通、高效、平安、绿色的现代化内河水运体系作为内河水运 2020 年重要发展目标。2011 年 3 月 1 日，交通运输部出台《关于贯彻〈国务院关于加快长江等内河水运发展的意见〉的实施意见》，明确提出“制定实施长江等内河航运综合信息服务管理办法，加快建设长江、珠江和京杭运河综合信息服务系统，推进数字航道和长江、珠江航运公共物流信息平台建设”。

相较沿海、远洋运输而言，我国内河航运无论是在技术水平还是在基础设施方面都相对落后，特别是信息服务基础比较薄弱，所提供的信息服务在服务内容、服务方式、服务覆盖的地理范围都非常有限，在一定程度上不仅降低了内河航运的服务能力，而且也制约了我国内河航运的整体发展。随着现代信息技术的快速发展，物联网、云计算、大数据等技术在社会经济发展中扮演了越来越重要的角色，国家也高度重视现代信息技术的应用和信息产业的发展，2015 年 7 月，国务院印发了《关于积极推进“互联网 +”行动的指导意见》，标志着国家“互联网 +”战略的正式实施。在此背景下，促进国家发展内河水运和发展物联网两大战略的有机结合，提高我国内河航运信息服务水平，国家发改委牵头、交通运输部组织开展了国家物联网首批示范工程——长三角航道网及京杭运河水系智能航运信息服务（船联网）应用示范（以下简称“船联网示范工程”）。

“船联网示范工程”通过采用最新的物联网相关技术、大数据处理技术和云计算技术，实现对内河航运关键要素[包括船舶、货物、通航环境（气象、水文、航道、桥梁、船闸、码头等)]属性的智能感知以及对内河航运大数据的高效整合、分析、处理与发布,为探索内河航运信息化基础设施的建设,提高我国内河航运信息服务水平,做出了引领性的探索,并形成了一系列丰富的成果。

本书是“船联网示范工程”的总体研究课题“船联网体系结构、运作模式及标准体系研究”研究团队在理论和技术方面的成果总结,系统介绍了内河智能航运信息服务在总体架构、运营模式、标准体系、运营政策措施等方面的最新研究成果。

本书在编写过程中,得到了集美大学航海学院邵哲平教授、大连海事大学张英俊教授、长江航务管理局杨大鸣教授级高级工程师、长江航道局杨品福教授级高级工程师以及武汉理工大学文元桥教授的帮助和指导。

本书所介绍的相关成果以期能够推进物联网在内河航运业的深化应用与深度渗透,实现以船联网为代表的航运信息服务创新,加快内河航运智能化、现代化发展步伐,带动物联网、水运行业健康发展。

编　者

2016 年 1 月

目　录
Contents

引 言

2010年11月26日,国家发改委高技术产业司组织召开了“物联网应用示范工程工作会”,部署了组织开展国家物联网应用示范工程的有关事宜。交通运输部经研究确定,以“基于物联网的城市智能交通”、“长三角航道网及京杭运河水系智能航运信息服务”、“公路桥梁状态感知与安全运营服务平台”和“集装箱多式联运可视化智能协调服务平台”四个方向组织编制示范工程初步方案。

2010年12月1日,交通运输部组织召开了有关省市、企业和科研单位参加的初步方案编制工作任务布置会。2010年12月7日,国家发改委高技术产业司指示,交通运输部先期在“城市智能交通”和“长三角航道网及京杭运河水系智能航运服务”两个领域,开展应用示范工程的具体方案编制工作。2011年8月29日,国家发改委和财政部正式批复,在长三角航道网及京杭运河水系建设智能航运服务,工程名称确定为“长三角航道网及京杭运河水系智能航运信息服务(船联网)应用示范”。

为保证国家物联网示范工程的顺利实施,交通运输部组织开展了“长三角及京杭运河水系的智能航运信息服务关键技术研究及应用示范”信息化科技专项研究(以下简称“内河船联网项目”。书中内河船联网概念和内河智能航运信息服务是一致的),旨在为船联网示范工程提供理论和技术支撑。

“船联网体系结构、运作模式及标准体系研究”作为“长三角及京杭运河水系的智能航运信息服务(船联网)关键技术研究及应用示范”部信息化科技项目的总体研究的课题,主要目的是为项目建设提供宏观的和技术方面的指导意见,具有重要的意义。

课题围绕国家发展内河水运和发展物联网的两大战略,开展物联网技术在内河航运领域应用的总体研究,探索具有我国特色的内河航运信息服务的总体架构和技术架构;提出船联网信息服务高效管理机制与全面保障措施,建立健康、可持续的运营模式;同时,建立内河智能航运要素标识体系和标准体系,为工程项目的实施和研究课题的开展提供基础和支撑。

课题包含以下六个研究内容。

研究内容一:内河智能信息服务需求分析及功能设计研究;

研究内容二:内河智能信息服务技术架构研究;

研究内容三:内河智能航运信息服务管理机制及政策研究;

研究内容四:基于物联网的内河船舶电子签证管理及关键技术研究;

研究内容五:长三角智能航运数据规划及要素标识体系研究;

研究内容六:内河智能信息服务标准体系研究。

课题通过对内河航运综合信息服务的需求分析,探索具有我国特色的智能航运信息服务的总体架构和技术架构,建立健康、可持续的运营模式,提出内河智能信息服务高效管理机制与全面保障措施,并建立标准体系架构。

课题解决的关键问题包括:

(1)开展内河智能航运信息服务需求分析及功能设计研究,明确船联网的目标和定位,解决船联网的内涵问题,以指导课题研究和工程建设的有效开展;明确内河智能航运信息服务用户,分析信息服务内容和服务方式的需求与当前信息服务状况之间的差距,为科学定义内河智能航运信息服务需求提供支撑;构建内河智能航运信息服务体系功能架构,从功能的角度界定如何满足内河智能航运信息服务相关需求。

(2)以物联网技术体系为基础,梳理目前我国内河水运的物联网技术应用现状,结合国内外最新技术,开展感知层、网络层、身份认证层、数据交换层、应用层和信息服务展示层六个方面技术体系的研究,构建满足船联网工程实际需求的技术体系总体架构。

(3)通过开展内河智能航运信息服务管理机制和政策研究,重点解决航运信息服务的管理组织一体化、航运信息服务的质量要求规范化以及航运信息服务的建设发展可持续等相关问题,明确为保证船联网顺利运营在管理机制和政策方面的相关规定。

(4)通过开展长三角智能航运数据规划及要素标识体系研究,解决内河智能航运信息服务数据中心数据架构和航运数据规范化问题,重点解决内河智能航运数据规划涉及的数据资源目录体系、数据架构技术、基础数据标准等关键技术问题,并提出长三角智能航运系统数据元素定义与信息分类编码规则,解决航道、船舶、交通、物流、应急等航运领域核心数据元素、信息分类编码标准的不统一问题。

(5)通过开展内河智能航运信息服务标准体系研究,总结梳理内河智能航运信息服务各层次的数据项,理清各层次之间数据的关联关系;分析已有航运信息化相关标准和国家物联网相关标准,理清各标准与内河智能航运信息服务标准的关系;构建内河智能航运信息服务标准体系框架,制定标准体系参考模型、逻辑框架,形成内河智能航运信息服务基础标准、技术标准、管理标准、应用标准、服务标准等,为标准体系表的制定和标准指南的发布奠定基础。

第1章　内河航运信息服务研究及应用现状

1.1　内河航运信息服务概述

水路运输是综合运输体系的重要组成部分。根据2015年交通运输行业发展统计公报,2015年全国完成水路客运量2.71亿人、旅客周转量73.08亿人公里,完成水路货运量61.36亿吨、货物周转量91772.45亿吨公里。水路货运中,内河运输完成货运量34.59亿吨、货物周转量13312.41亿吨公里;沿海运输完成货运量19.30亿吨、货物周转量24223.94亿吨公里;远洋运输完成货运量7.47亿吨、货物周转量54236.09亿吨公里。

水路运输是资源节约、环境友好的运输方式,也是典型的低碳运输方式。随着国家加快转变经济发展方式和大力建设"两型"社会,水运运能大、占地少、能耗低、污染小的比较优势和带动经济社会发展的作用更加凸显。以长江为例,如果未来货物运输充分利用长江航运,那么湖北省、湖南省、四川省、云南省、江苏省、安徽省、江西省、重庆市、上海市七省二市每年总计将可能节约能源448万吨标准煤,节约用地0.9万公顷,减少温室气体排放911万吨,同时长江干线船舶技术进步可节约燃油9.28万吨,折合13.5万吨标准煤。

2011年1月30日,国务院发布了《国务院关于加快长江等内河水运发展的意见》,标志着加快内河水运发展上升为国家战略,成为综合运输体系建设的战略重点。该意见提出了内河水运2020年发展目标:利用10年左右的时间,建成畅通、高效、平安、绿色的现代化内河水运体系,建成比较完备的现代化内河水运安全监管和救助体系,运输效率和节能减排能力显著提高,水运优势与潜力得到充分发挥,对经济发展的带动和促进作用显著增强。

为落实国务院的实施意见,2011年3月1日,交通运输部出台《关于贯彻〈国务院关于加快长江等内河水运发展的意见〉的实施意见》(以下简称《实施意见》)。

《实施意见》明确指出“制定实施长江等内河航运综合信息服务管理办法,加快建设长江、珠江和京杭运河综合信息服务系统,推进数字航道和长江、珠江航运公共物流信息平台建设。完善长江干线安全通信专网建设。加强基于 AIS、物联网等技术的船岸信息交换、集装箱和危险货物运输监控的技术研究和示范应用,逐步实现全程监控。推进港口、航道、运政、海事等部门间信息和通讯设施的共享共用,实现部省间信息系统的联网,逐步建成全国内河港口、航道、船舶和水运经营者数据库。”

在整个“十二五”期间,我国水路交通基础设施和运输装备仍保持着较快的发展速度。2014 年末全国内河航道通航里程达到 12.63 万公里,民用营运船舶总数将位居世界前列。交通基础设施和运输装备规模总量不断扩大,使我国交通运输管理和畅通安全保障能力面临巨大挑战。利用信息化手段,对已形成资产进行充分利用和潜力挖掘,以设施装备运行状态监测、船货状态感知、信息服务提升为突破口,通过提高交通基础设施和运输装备运行效率,提供优质航运综合信息服务,实现水路运输畅通、高效、平安、绿色,已经成为迫在眉睫的重要任务。

为了适应经济发展需要,提升内河水运信息服务水平,各地在积极发展利用多种感知技术手段,如全球定位监控(GPS)、船舶自动识别(AIS)、无线射频技术(RFID)等,实现了对区域内船舶身份、位置、货物状态、水位气象等重要信息感知和动态监控。但从总体上而言,内河航运中信息感知内容仍然偏少、信息服务手段缺乏,信息服务的总体水平偏低,远无法满足政府、企业和社会对内河航运信息服务的要求。充分利用物联网感知识别技术优势,促进物联网与内河航运的有机结合及深入渗透,具有十分重要的意义,主要表现在以下两个方面:

首先,自 2009 年 8 月时任国务院总理温家宝提出“感知中国”以来,物联网被正式列为国家战略新兴产业之一,写入了政府工作报告。物联网在中国受到了全社会极大的关注。当前,中国“十二五”规划已经明确提出,发展宽带融合安全的下一代国家基础设施,推进物联网的应用。因此,在内河航运中引入物联网,将当前国家两大战略,发展内河水运战略和发展物联网战略有机结合,具有极其重要的战略意义。

其次,将物联网技术引入内河航运,在内河航运信息化建设已有的技术基础之上,采用最新的传感网相关技术,对内河航运中的船舶、货物、航道、桥梁、船闸、港口、码头等对象的相关属性进行感知,构建内河水上智能交通物联网,在应用创新方面,也具有十分重要的意义。而且,内河航运过程中所感知到的信息,经整合、分析、处理和发布,最终又被内河水上交通参与者所利用,将显著提高我国内河航运信息服务水平。

可以预见,物联网相关技术在内河航运的应用,将提升我国内河航运信息服务水平,显著提升水路交通运输部门防范和应对公共突发事件、及时掌握内河航道的实时动态运输信息能力,保障水运通道的安全畅通,实现跨地区、跨部门的信息资源整合与综合利用,提高水运协同管理及综合服务质量,改善服务环境,节约能源,降低管理成本,实现水运管理智能化。同时,将为广大行业用户提供实时、有效、丰富、多元化的信息服务,提高船舶运行效率、保障航行安全。

1.2　内河船联网的内涵

狭义上看,船联网顾名思义就是实现船与船之间相互联系的网络(Internet of Vessels)。广义上而言,船联网不仅实现船—船之间的互联,还包括与航运相关的所有要素(包括船舶及货物、船载设施、岸基设施、航道设施、环境信息及相关人员)之间的互联,如船舶内部联网、船—岸联网、岸—岸联网等内容。船舶内部联网主要是采集船舶内部信息,包括驾驶台、机舱、装卸货设备等各种仪器状态信息及货物状态信息;船—船之间的联网主要是船舶间交换船舶动态信息;船—岸联网主要是一方面将船舶内部采集的各种信息传输到岸上,实现监控服务,另一方面是将岸上的服务信息下达至船舶;岸—岸联网有两个层次,较低层次是特定区域(例如省级行政区)内通航建筑物(船闸、桥梁等)、港口、码头之间的联网;较高层次就是跨区域、跨行业之间的大流域乃至国家层面的信息共享。

从船联网的定义来说,船联网的概念包含:

(1)船联网的要素主体是船,船舶是船联网的基础节点和信息源。

(2)船联网以物联网技术、互联网技术等多种信息和通信技术为手段实现各种航运要素的信息获取、传输及互联互通。

(3)船联网以构建基于船舶物联网体系的智能航运与智能海事信息服务网络为目的。

1.3　国外研究与应用现状

1.3.1　欧洲内河航运综合信息服务

为了保障跨国、跨区域内河航运的高效、经济与安全,2001年欧盟提出内河信息服务(River Information Services,RIS)系统的概念,希望通过行政立法和技术规范的方式,实现泛欧内河航运信息服务的协同化和规范化,消除各国制度、法规不一致带来的障碍,进一步加快欧洲内河航运业整体发展。

RIS 是一个内河航运跨区域、跨部门、跨系统业务协同与资源整合的概念体系。它建立在较为完善的航运基础设施之上,将先进的信息技术、通信技术、电子控制技术和计算机处理技术等集成应用于传统的内河航运体系,通过异构系统的互联互通、资源共享,实现海量航运信息的采集、传输和处理,建立起大范围内协同、实时、准确、高效的内河航运信息服务综合系统。

1. 欧盟 RIS 功能体系

RIS 主要涵盖航道信息服务、交通信息服务、交通监管服务、应急救援服务、运输物流信息管理、统计信息服务、规费征稽服务、执法通告服务八大功能领域,如图 1-1 所示。

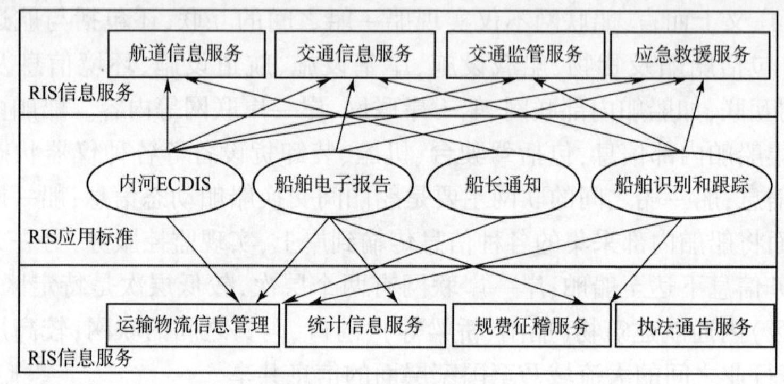

图 1-1 欧盟 RIS 的八大功能服务与四大技术标准

2. RIS 信息服务的组织结构

欧洲范围内,有众多公共机构与私营机构参与到 RIS 的发展事务中。其中,公共机构主要有欧盟(EU)、莱茵河航运中央委员会(CCNR)与多瑙河委员会(DC)等,它们长期指导着跨欧两大河流的航运事务,其他重要组织还有欧盟成员国政府及其下属各级主管机构等。私营机构则主要包括一些非政府行业组织、协会和私营企业等。

国际上,与 RIS 相关的重要国际组织主要有联合国欧洲经济局(UNECE)及其下属的内陆运输委员会(ITC)、工作组(SC3)、专家组(WP3)等。此外,还有许多国际标准化组织也参与到 RIS 标准规范的制定当中,如国际航道组织(IHO)、国际电工委员会(IEC)参与了欧洲内河 ECDIS 的制定。

3. RIS 信息服务的组织运作

RIS 是一个复杂异构系统整合与构建的系统工程,涉及上述众多组织与机构的广泛参与,如图 1-2 所示。具体来说,参与 RIS 的组织可分欧盟层、政策层、管理层、国家层以及技术层五个层次。RIS 组织运作具有诸多特点:首先,多层次的组织分工使得各层组织的目标与任务明确,执行有力。其次,跨层次的反馈沟通能够及时地调整与协调有关项目的决策和研究。此外，RIS 相关标准研究专题工作组/专家组集思广益，开放式地与众多国际标准化组织合作，使得 RIS 标准化工作得到了强有力的促进。在上述组织运作模式下，欧洲 RIS 实现了逐步有效推进。

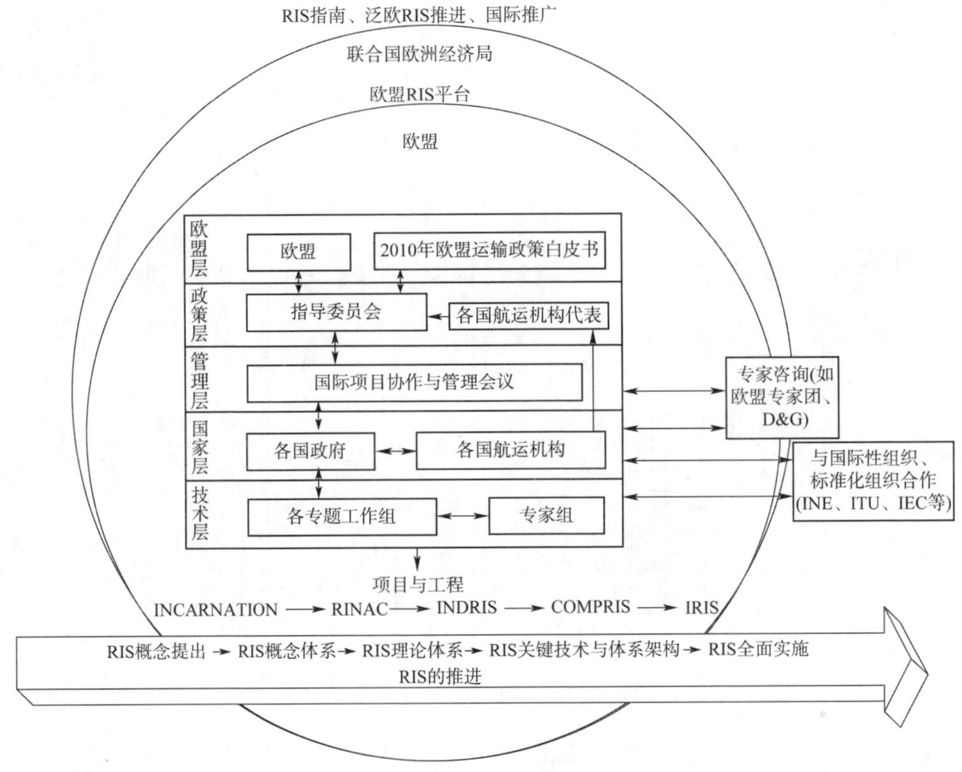

图 1-2　RIS 服务工作组织管理运作图

4. RIS 框架下的数据交换

经过长期积累，欧洲各国 RIS 系统基本形成了如图 1-3 所示的系统框架。该框架主要由数据库层、核心管理软件、客户端应用服务和终端设备组成，在此基础上各国实现了各具特点的内河航运管理及应用服务功能。考虑到欧洲各国航运系统的异构性以及系统数据的非标准性，RIS 数据国际交换在技术与法律层面上应有所保障，以确保各国之间数据兼容与交换合法性。基于此目标，IRIS 项目相关工作组将工作重点放在数据交换技术与管理协议制定上，即 RIS 技术管理协议（Technical & Administrative Agreement，TAA）；同时，还完成了角色/权限相统一的 RIS 数据交换技术规范体系，即数据交换参考文档（RIS Data Exchange Reference Documentation，R2D2）。其中，TAA 主要包含 RIS 数据交换过程中涉及的数据集、

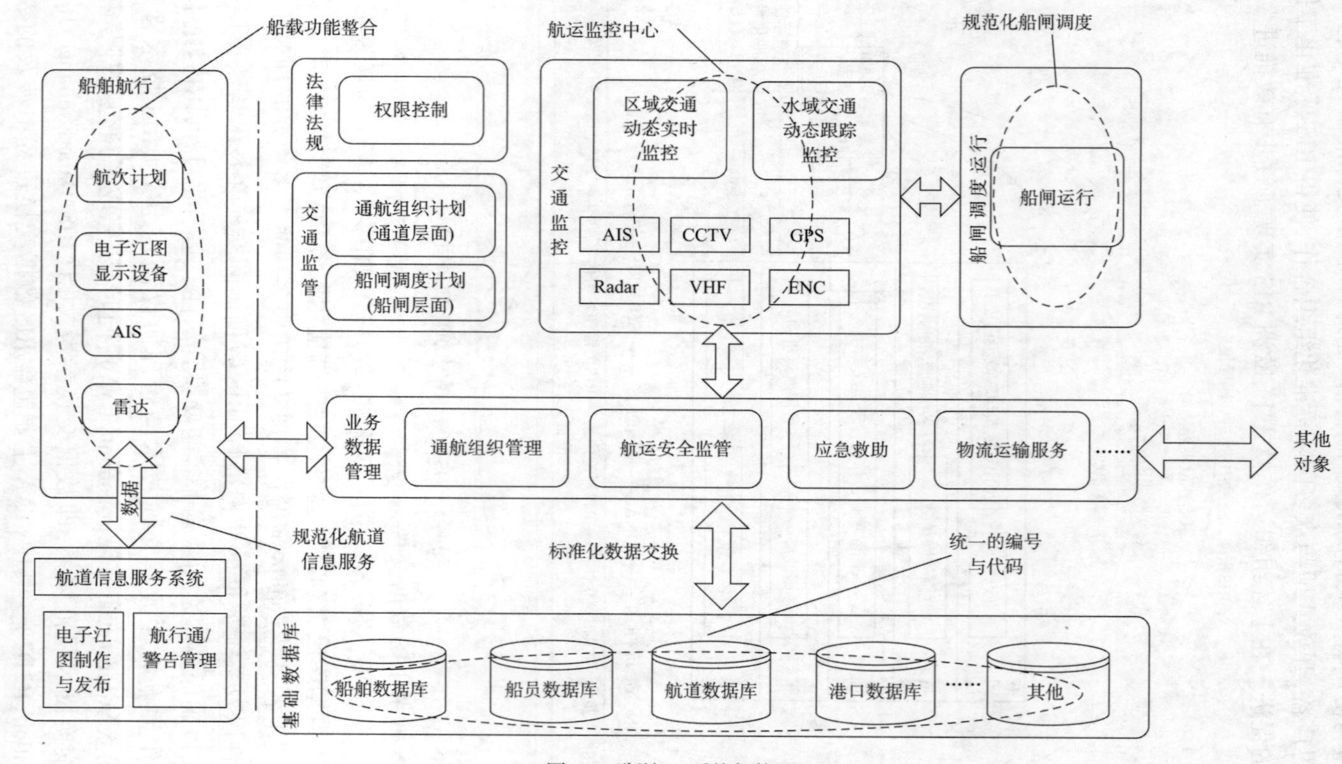

图1-3 欧洲RIS系统架构图

数据交换、数据应用、用户权限、成本及可靠性管理等相关技术与管理层面的内容，而 R2D2 则主要覆盖 RIS 技术系统概念、XML 报文参考指南、RIS 数据交换过程描述、用户角色/权限等技术实施层面的内容，两者在不同层面上对 RIS 数据交换过程中各方面问题加以明确，确保了今后 RIS 整个数据交换过程的畅通与安全。

此外，R2D2 作为 RIS 实施示范工程（IRIS）数据交换的基石，在后续的示范应用过程中得到广泛采纳。至 2008 年末，借助 IRIS 项目的实施，欧洲内河航运已基本实现了船舶数据、航次数据、AIS 数据、电子报告四大类数据不同层次的跨国交换，有力地支撑了 RIS 的船舶交通信息、航道信息、交通管理、应急救援支持、执法通告、查询统计、规费征稽、物流信息等功能的实现。

1.3.2　电子航海总体战略框架研究

电子航海（e-Navigation）是海运信息化未来的发展方向，其发展的方向和思路对内河航运信息化具有重要的借鉴意义。随着信息技术和导航技术的发展，无论是航海者还是岸基用户，其传统的航海需求由于技术的发展正在发生变化。因此，将已有的技术进行整合，形成船上的综合航海系统和岸上的综合航海管理系统，进而形成船—岸综合的航海系统，是实现上述两种需求的发展方向。而目前船载、岸基已有的技术手段为这种整合提供了可能，在此背景下，国际海事组织（IMO）提出电子航海的发展计划。

根据 IMO 的构想，电子航海是指通过电子的方式，在船上和岸上，收集、综合、交换、显示和分析海事信息，以增强船舶泊位到泊位的全程航行能力，增强相应的海上服务、安全和保安能力，以及海洋环境保护的能力。电子航海是由 IMO 主导的、用户需求驱动（而非技术驱动）的基于海上航行系统和岸基支持服务协同的一个概念框架。IMO 的电子航海战略，可以理解为一个全球范围的海上信息化战略，其目的就是为了促进各国在海上信息和数据之间的交换，在统一架构和技术标准的前提下，消除技术障碍和壁垒，最终达到增强海上安全，提高海上保安、环境保护和海上搜救能力。当前，电子航海战略已经根据总体战略框架的稳步推进和实施。

1.4　国内研究与应用现状

1.4.1　海事信息系统顶层设计

为加强对全国海事系统信息化工作的统筹管理，形成工作合力，提高系统信息化建设和应用整体水平,为"四型海事"建设提供有力支撑,部海事局组织完成了海事信息系统顶层设计报告编制,并已正式实施。顶层设计提出了"一个目标,两个模型,四个体系"的概念。

"一个目标"就是海事信息系统顶层设计的最终方向。海事信息化总体发展目标是发挥科技信息化的引领作用,建立全面感知、广泛互联、深度融合、智能应用、安全可靠和机制完善的信息化体系,构建"智慧海事",提高海事服务质量、监管效能、管理效益。

"两个模型"指信息系统架构模型和基础设施架构模型。海事信息系统架构模型主要描述海事信息系统的总体架构,并从业务、系统、数据、集成等维度分别描述海事信息系统的业务功能架构、系统划分架构、数据架构和集成架构,从而形成海事信息系统目标架构的全视角和全视图。海事信息化基础设施架构模型主要描述承载海事信息系统的信息通信网络和数据中心的目标架构,进而形成基础设施目标的架构全貌。

"四个体系"指标准规范、管理控制、规章制度和管理组织体系,从信息化工作中涉及的各种管理流程体系框架、保证信息化管理工作顺利开展的规章制度和组织机构体系框架等方面,完成顶层设计的构建。在实际操作层面上,"智慧海事"建设的核心就是建设中国船舶动态监控系统,海事协同管理平台和综合服务平台这"一个系统、两个平台"。

1.4.2 全国水运信息化建设体系框架研究

全国水运信息化建设依托水运局行业管理职能,建立稳定、可靠的行业数据交换网络,加强行业数据采集和信息整合,形成集成共享的部级水运数据中心,并融入交通运输信息资源体系。以目前基础条件较好的水路运输管理、建设管理业务系统的部省市联网为核心,依托部"十二五"信息化建设,构建互联互通、信息共享的水运业务协同系统;在此基础上,进一步完善全国交通电子口岸和水运生产运行分析平台,深化水运信息资源整合工作,逐步建成支撑引领水运行业发展的水运数据资源库。

依托部水运局的信息化条件及基础,拟订全国水运行业信息化建设总体方案;并由部级层面统一提供省际、各港口间、各地方 EDI 之间的水运信息数据交换通道,以及跨行业的统一交换共享数据出口,减少基础数据处理中间环节,按照"一数一源,共建共享"的原则进行数据交换。同时开展统一门户平台和应用系统的建设,通过一个平台、一根专线,提供一体化的监管和一站式服务,促进水运信息有效集成、高效共享和综合应用。

全国水运信息化的主要建设内容包括:一个水运数据中心(隶属部数据中

心)、三个应用支撑平台、九个综合应用系统、两个综合展示平台,建立完善两项标准规范及信息安全保障体系。具体框架结构如图 1-4 所示。

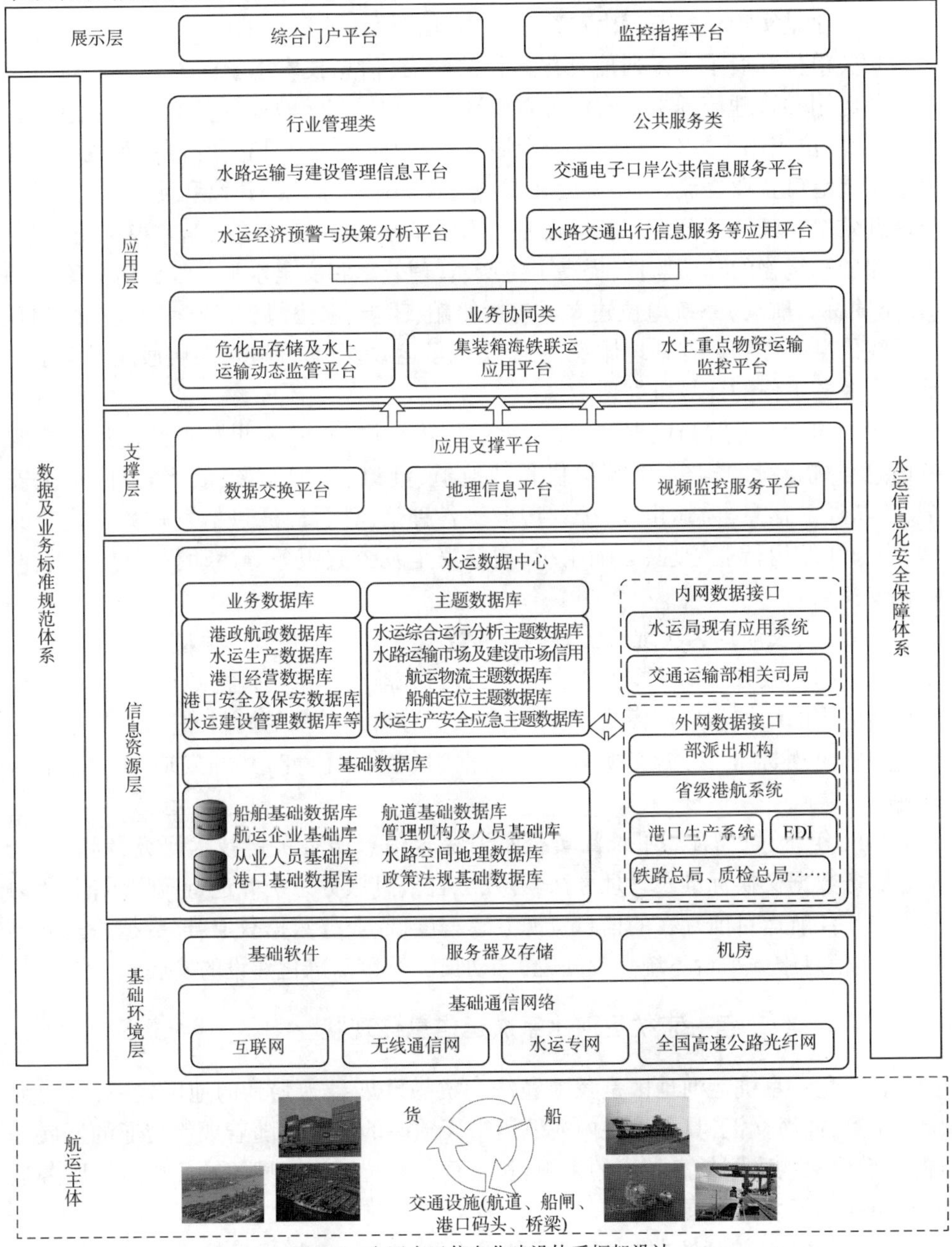

图 1-4　全国水运信息化建设体系框架设计

1.4.3 长江航运综合信息服务发展

信息化是实现长江航运由传统产业向现代服务业迈进的巨大推动力，长江航运各相关单位开展了一系列信息化项目的建设，信息技术逐步渗透至长江航运核心业务应用和管理流程中。沿江各省市港航管理部门运政业务基本实现信息化管理，部分单位应用了办公自动化、公众服务、船舶检验、安全监督等信息系统。长江沿线主要港口企业物流、生产调度和货物监控等应用系统的建设和使用，提高了港口装卸效率。长江部分大型航运企业运用了基于 GPS 定位的船舶监控系统，实现了对船舶和货物的动态监控，提高了生产、管理效率和安全水平。长江航务管理局（以下简称长航局）系统单位建立了包括船舶、船员、航道维护、航运企业在内的长江干线信息采集和数据处理体系，初步实现了运政、海事、航道、三峡通航以及水上治安等业务工作的计算机处理。

2007 年底，长航局依据《长江航运信息化总体规划》提出了长江航运综合服务信息系统建设的构想，系统提供长江航道、港口、船舶船员、航运管理、水上安全、三峡通航信息、航运市场、公共服务等各种信息服务，通过信息资源交换与共享，为长江航运行业管理、运输组织、通航安全及公共服务等活动提供数字化、网络化支持。

2009 年，长航局为实现长江航运业务数据资源整合和一体化应用提出了长江航运公共综合服务一体化支撑平台建设，进行长航管理部门内部数据资源整合，构建平台应用的结构和应用模式，提出业务数据分析及共享的机制，进行长航公共综合服务的应用标准、数据交换方式和数据组织技术研究，并开发应用终端平台软件。

2011 年，长航局开展了长江黄金水道综合信息服务关键技术研究，制定综合信息服务数据交换标准及管理办法，开发综合信息服务系统并进行应用示范，致力于解决长江航运目前存在的信息资源共享程度低、业务数据获取难、数据格式标准不一致、信息服务平台不统一等问题，推动长江航运信息化建设的发展。

1.4.4 长三角—京杭运河水系航运信息化现状

长三角—京杭运河地区是我国经济和贸易发展最为强劲的地区之一，其内河资源丰富，江海交汇，具备发展内河航运得天独厚的优势。随着现代交通的发展和国家、政府对物联网信息技术的重视，长三角—京杭运河区域的航运信息化服务近几年也得到了快速发展。

（1）航道、船舶管理方面：物联网技术在长三角—京杭运河航运中已开始广泛应用，目前江浙沪地区安装 GPS、RFID、AIS 等“感知”终端的船舶有万余艘，江苏苏南地区开展了感知航道建设，通过综合利用各种传感技术，实现了从航道水下、航道水文、航道两岸设施到航道船舶的全方位感知和管理，并建立了以中心机房和指挥调度中心两大部分组成的指挥调度中心信息化系统，实现对京杭运河无锡段全天候、全过程的及时、动态监测。2007 年，浙江省港口船舶 AIS 动态管理系统在浙江省 5 个沿海港口实施，该项目通过开发信息接收、显示、监控、调度和统计分析等功能，实现港口引航、拖轮和日常管理业务流程“三调合一”。这些信息技术的运用都对智能航运信息服务提供了有益的探索。

(2)数据库建设方面：随着信息技术和基础网络的广泛使用，江浙沪地区都开始加大对数据库的建设和应用，其中江苏省交通厅建成了省数据中心和数据交换平台，实现了与各市交通局、厅属单位业务数据和交通基础数据的交换和共享；航道局基本建成了南京、苏南、苏北一主二分三个数据中心，建成了航道、船舶、港口、船员和水路地理信息等基础数据库，其中水路业务数据库包括船舶进出港签证数据、船舶过闸收费数据、海事行政处罚、船舶安全管理、海事规费征收、船舶实时状况信息等。

(3)信息服务系统建设方面：2004年底，上海港已初步建成了集交易、监管、物流、支付为一体的“大口岸物流信息和电子商务统一平台”，促进了“大通关”工程的建设。2009 年，江苏省交通厅为加强水路信息资源整合，建成了水路交通综合信息服务系统，地方海事局还在全国率先开发并应用了“全省船舶检验业务与管理系统”，在全省范围内应用了地方海事现场监督业务管理系统。此外，江苏运管局通过实施“运政在线”管理信息系统，建立了省市县三级运政管理信息网。这些信息服务平台的构建为提供个性化服务、提高工作效率等方面发挥了积极作用。

(4)政策制度方面：改革开放以来，为了快速发展内河航运服务，政府先后出台造买船政策、税收与折旧政策、营运补贴政策、市场准入政策(物流运输、港口服务)和运价报备制度等。同时，为了保证内河航运的法制建设，逐步建立了以《港口法》为龙头，以《水路运输管理条例》、《防止拆船污染环境管理条例》、《航标条例》、《航道管理条例》等一系列部门规章组成的航运法律法规体系。2011 年，财政部、工信部联合印发的《物联网发展专项资金管理暂行办法》，对物联网专项资金的支持范围与方式等做出明确规定，这在一定程度上对物联网技术广泛应用的智能交通信息服务业的发展起了重要的推进作用。这些政策制度的实施为长三角—京杭运河内河航运的产业化、市场化、规范化提供了有效的保障。

1.5 存在的问题

可以看到,由于我国内河航运信息化起步较晚,与欧美发达国家相比,我国内河航运信息服务总体水平不高,尚未形成互动互赢、协调发展的局面。存在的主要问题如下:

1.5.1 未深挖需求导致信息服务水平较低,所提供的功能不能满足政府、行业和社会公众的全方位需求

已建或者在建的信息系统,应用主体基本上是政府;从需求上看,基本上都是满足政府的各种业务需求、如电子政务需求、安全监管需求、应急指挥需求等;而面向公众,提供信息服务的信息系统或者信息平台基本上没有。这个问题,在其他内河流域也均以不同程度存在。近年来,一些相关部门和港航企业也逐渐意识到这一点,在不断探索信息化发展思路和方法的同时,也尝试着进行小范围内部的信息服务平台建设等,解决了一定的实际问题。而船舶航行的跨区域特征决定信息资源必须共享整合,提供跨省航运信息服务。因此,亟须建立流域性航运综合信息服务平台,提供高质量、高水平的"一站式"的综合信息服务。

1.5.2 缺乏统筹规划与协调,缺乏统一的全流域信息化顶层设计

近年来,在国家政策导向作用下,地方各相关部门都不同程度地开展了内河航运信息化建设,长江、珠江、京杭运河等内河航运信息化发展迅猛。但实际运作中往往是地方、部门各自为政,缺乏总体的规划和一体化管理机制,未能从国家宏观角度进行统一协调和规划,导致信息资源共享程度不高、信息开发利用程度不够、信息资源浪费严重。由于缺乏跨省域的航运综合信息服务平台,导致与其他内河运输信息服务不衔接、与相关行业管理系统不衔接,与其他省相关系统不衔接的问题。

1.5.3 缺乏统一的航运信息服务管理机制和政策体系,无法保障智能航运信息服务的建设实施和运维管理

近年来我国对信息化发展非常重视,支撑我国信息化发展的相关政策也层出不穷,这在一定程度上促进了我国信息化建设的快速发展。但是,针对物联网信息

技术及智能信息服务领域，相关政策的支撑相对比较薄弱，国家对物联网应用于航运信息服务等相关政策还不够健全。同时，相关政策的研究和制定需要在应用实践中组织开展，加上目前智能航运信息服务的应用实践不多，这也给相关政策体系的制订带来了一定的困难。

1.5.4　信息资源整合程度不够，缺乏数据资源、缺乏总体规划以及基础数据标准

从目前内河航运信息化建设情况来看，计算机系统、网络系统、业务管理信息系统等开发建设方面已相对比较完整，但是信息化建设的整体优势仍未充分发挥。存在的普遍现象是：缺乏综合的全流域的数据基础平台；各个零散的业务系统间难以整合，数据难以统一，信息资源难以共享；重复建设、资源重叠等现象严重，尤其是在涉及跨地区、跨部门的航运基础数据库的建设、航运通信设施建设、航运信息服务规范及流程等方面，开展的工作还很少，有效的总体协同机制尚未建立。信息化的整体效益、规模效益未能体现。我国由于受管理体制与信息化发展不平衡等多种因素影响，除海事系统内部联网数据交换工作开展较好外，广泛意义上的航运信息系统互联互通还未真正开展，其本质问题在于数据资源缺乏总体规划以及基础数据标准亟待完善。

1.5.5　标准体系不健全，标准立项和标准研制缺乏统一指导和协调

标准化是系统整合与技术集成的基础与纽带，也是系统大范围实际应用的保障，在系统建设中占据重要的地位。我国内河航运信息服务引入时间很短，存在标准体系缺乏、标准体系框架不明确、结构不清楚等问题，标准立项和研制中缺乏统一指导和协调，标准内容存在重复交叉、标准体系内的标准配套性不好，标准体系更新不及时。从内容上讲，标准过于零散或质量不高，且通用性、基础性标准尚存空缺。因此，建设内河智能航运信息服务标准体系十分迫切。

作为全新的水上智能交通物联网，船联网在总体架构、运行管理机制等方面还缺乏相关系统研究与理论支撑，对船联网今后建设与运行具有一定影响。开展内河智能航运信息服务体系结构、运作模式及标准体系研究，明确内河航运用户的需求、梳理内河航运信息资源环境，以及搭建多系统平台之间的信息交互是当务之急。

第2章 内河智能航运信息服务体系总体框架

本章从内河智能航运信息服务的对象、服务内容和方式出发,简单地介绍内河智能航运信息服务的基本要素和服务支撑要素,并对相关要素后续的研究思路进行描述。

2.1 内河智能航运信息服务体系框架

内河智能航运信息服务体系框架,是指内河智能航运信息服务体系从理论到实践的整个构架,其内容涵盖内河智能航运信息服务的目标定位、信息服务的基本要素、逻辑框架、物理框架、标准体系以及相关组织保障,具体如图2-1所示。

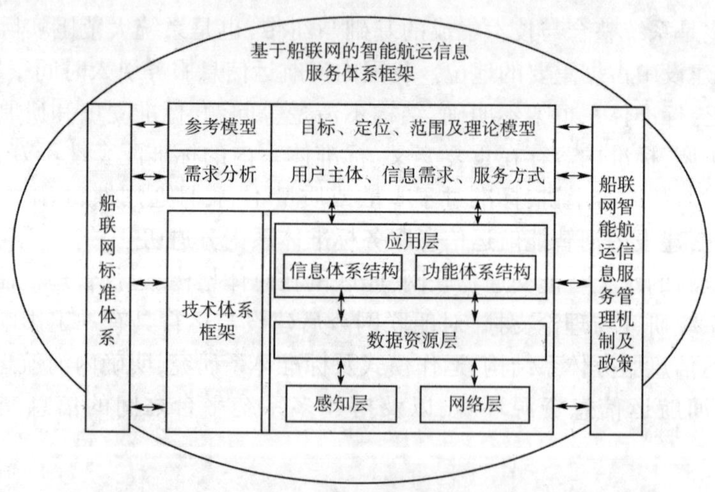

图2-1 内河智能航运信息服务体系框架

2.2　内河智能航运信息服务目标定位

构建船联网的目标是实现内河水域航运要素的互联，促进内河不同区域间航运信息的互联互通，为政府、企业和社会提供不同层面的航运信息服务，以保障航行安全、提高航运效率、促进节能减排，从而为水运市场的有序繁荣提供技术支撑，具体见图2-2。

图2-2　船联网的目标框架

2.3　内河智能航运信息服务基本要素

2.3.1　服务对象

内河智能航运信息服务的服务对象主体可划分为以下四类：政府用户、行业用户、社会公众用户及其他用户。

1. 政府用户

政府用户包括部级航运管理部门,省/直辖市级和地方不同级别的港航、航道、海事、运管等管理部门。

部级航运管理部门:主要包括水运局和海事局。

省/直辖市级航运管理部门:主要包括省交通运输厅、航道局、地方海事局、港口局、运输管理局等。

地市级航运管理部门:主要包括地市级船舶管理、航道管理、内河港口管理、通航安全监督、水路运输管理部门等。

2. 行业用户

行业用户包括船民或船长、船舶管理者、货物托运人、船闸管理人员和港口经营者等。其中船舶管理者指船公司或船代,货物托运人指货主或货代。

3. 社会公众用户

内河智能航运信息服务可以为社会公众提供全方位的水路出行信息服务,对于促进水上出行信息服务,加强政府与企业的合作,促进出行信息服务的研发和新技术应用等有着重要的意义。

2.3.2 服务内容

内河智能航运信息服务为用户提供的信息可以分为以下四大类:

物流相关信息:包括货物信息、信用信息、预抵港报、靠泊计划、离港报告、船队调度等。

船舶相关信息:包括动态船位、燃料物料、备品备件、船员信息、航行支持等。

通航环境相关信息:包括航道信息、港口信息、船闸调度、航行通告等。

行政管理相关信息:包括政策法规、应急救援、执法通知、规费征稽、航运统计等。

2.3.3 服务方式

提供内河航运信息服务的方式有:热线电话、手机短信、网站、移动设备(智能手机、iPad 等)、广播、邮件、船载终端(如 AIS)、航道旁电子显示屏、VHF 等。

2.4 内河智能航运信息服务支撑要素

内河智能航运信息服务体系建设是一项复杂的系统工程,需要多方面全方位的协调。因此,本书主要从技术架构、政策措施、标准规范保障体系、信息安全保障体系、运营模式等支撑要素方面开展研究工作。主要的研究思路和研究内容如下:

2.4.1　技术架构体系

在技术层面上,通过内河智能航运信息服务技术体系设计,建立跨地区、跨省市、跨部门的数据交换与共享平台;建设统一的信息资源平台,基于航道、港口、船舶、从业人员、业户等最基本的信息内容,初步搭建统一运行、统一维护、统一服务的信息资源集成共享平台框架体系,以及建立统一对外信息服务平台;同时建立统一的内河智能航运信息服务标准规范,作为今后内河航运信息化的基础框架。

通过内河智能航运信息服务技术体系设计,不仅能实现不同地区间的业务协同管理,如营运资质统一核查;而且还将实现不同业务间的协同管理,如执法信息与运输船舶、从业人员、从业企业的行业管理相结合。

2.4.2　数据资源体系

通过对内河现有航运系统数据资源的整理分析,以信息资源规划方法论为指导,开展内河智能航运数据中心数据架构研究,构建面向服务(SOA)的、基于数据仓库技术以及搭建式、插件式、配置式集成开发思想的中心总体数据架构。此外,针对目前内河航运信息系统数据标准不一,开展数据元素与信息分类编码规范化研究,并充分考虑新兴航运感知设备引入及应用趋势,以内河智能航运信息服务中主要航运设施设备为对象进一步研究航运要素标识信息分类编码规则,构建内河智能航运要素标识体系,以满足今后系统对航运要素统一信息管理要求。

2.4.3　标准体系

内河智能航运信息服务标准体系研究方面,从调研我国现有内河智能航运相关行业标准现状入手。首先,分析内河智能航运标准体系的内涵和边界,研究内河智能航运参考模型,然后根据内河智能航运参考模型、标准体系逻辑框架、基础标准等宏观构建内河智能航运标准体系框架,最后在此基础上,结合航运行业标准,对各部分标准进行进一步细化。

2.4.4　政策措施

内河智能航运信息服务管理与政策体系研究的主要目的是从管理机制和政策支持的角度,保证在多部门参与、多区域建设、多个服务主体提供信息服务的内河智能航运信息服务体系框架下,建立一体化的航运信息服务管理组织,保障智能航运信息服务的建设实施和运维管理,同时,从政策层面提出相关政策配套支撑要求。

根据智能航运信息服务的总体架构和需求,结合当前我国港航管理体制,分别从智能航运信息服务的建设体制、管理模式、职责分工和运行机制开展研究,提出内河智能航运信息服务分阶段的管理组织架构、机构设置、管理职责分工和管理运行机制,在内河智能航运信息服务体系建设过程中建立一体化的智能航运信息服务管理体系。

同时,由于物联网技术、智能导航、信息平台数据库等航运服务信息化的建设和发展,国家及有关部门对其配套政策研究还不够深入。本书在借鉴国内外经验的基础上,研究提出相关的配套政策措施,为航运信息服务体系建设、管理、运行和维护提供政策保障,主要包括建设运营、产业引导、服务推广、技术发展、人才保障等方面。

2.4.5 运营模式

通过研究智能航运信息服务的产业链和各利益主体,深入分析信息服务各主体对象以及航运信息的收集、传递、共享、发布和使用等各环节,提出各类信息服务及产品的运营模式和盈利模式,通过建立信息的协调和共享机制保证跨区域信息数据共享的流畅性和信息平台运营的延续性,有效保障重大专项研究计划和示范工程的顺利完成,完成由政府前期主导推进发展逐步向后期项目工程市场化发展的转变。

第3章　内河智能航运信息服务需求分析

本章以政府和行业用户的核心业务流为主线,分析了政府用户对航运信息服务的业务需求,以及行业用户对航运信息服务的内容和服务提供方式的需求,调研了航运信息服务的现状,分析了航运信息服务现状与需求之间的差距,指出了当前信息服务在内容和服务方式方面的不足,为后续内河智能航运信息服务系统功能设计提供支撑。

3.1　内河智能航运信息服务内容需求分析

3.1.1　政府部门信息服务内容需求

1. 政府部门总体需求

政府对内河航运信息服务的需求主要表现在两个方面:安全和管理。在安全方面,为内河水上交通安全事故发生前的预警、事故发生时的应急和救援以及事故发生后的总结和责任认定提供信息服务和信息支持。在管理方面,通过信息化水平的提升,减少对船舶的停船检查次数、减少船舶过桥过闸等待时间、优化水上交通组织调度、提升航运效率,为内河水上交通管理提供决策支持信息等。

除了安全和管理外,提高决策的前瞻性和科学性也是水路运输主管部门重要职责体现。因此,政府部门需要在采集、整合生产运营、安全应急、市场监管等信息的基础上,通过数据分析和数据挖掘,掌握我国内河水路运输生产、航运安全、运输市场的时空分布特点,分析其变动趋势,为水路运输转变发展方式、行业宏观管理和领导决策提供支持。

2. 部级航运管理部门业务需求

部级航运管理部门主要以水运局和海事局为调研对象,根据其主要职责分析业务需求,具体如表3-1和表3-2所示。

水运局业务需求分析 表 3-1

业务大类	业务需求	业务大类	业务需求
水路运输管理	国内航运管理	水运综合运行分析	水运生产情况统计
	国际航运管理		黄金周与春运期间水上客运情况报送与分析
	两岸航运管理		重要物资运输监管
航道管理	航道通航影响论证审批		水运经济运行情况分析
	航道养护计划、养护资金、养护工程管理，航道养护年度技术考核	水运应急保障	危险品运输监管
	通航建筑物运行方案管理		查处重大客、货运输事故
港口管理	港口安全监督管理		水运工程安全
	港口经营管理	公共信息服务	国家水路运输市场和建设市场信用信息
水运建设管理	水运建设（含交通支持系统工程）项目管理		国家水运政策法规
	水运建设（含交通支持系统工程）市场监管		水运统计分析结果发布
	水运工程技术管理		

海事局业务需求分析 表 3-2

需求分类	详细业务需求	需求分类	详细业务需求
通航安全保障	保护通航环境	安全应急处置	船载危险货物管理
	维护通航秩序		（1）船舶载运危险货物申报
船舶业务监管	船舶基本信息管理		（2）危险货物安全适运申报
	船舶登记管理		防治船舶污染水域监督管理
	船舶检验管理	海事决策分析支持	数据查询、统计分析
	船舶签证业务监管		（1）企业信息统计
	船舶进出港报告		（2）船舶信息统计
	船舶分类分级管理		（3）货物信息统计
	船舶安全检查		（4）船员信息统计
	船舶进出口岸管理	公共信息服务	重要航行通告
船员管理	船员管理		重要航行警告
	引航员管理		重要事故通告
航运公司管理	航运公司安全诚信管理		海事政策法规发布

3. 地方管理部门业务需求

地方航运管理部门以江苏省交通运输厅、航道局、地方海事局、港口局、运输管理局;浙江省交通运输厅、浙江省港航管理局;上海市交通运输与港口管理局、上海市地方海事局;地市级船舶管理、航道管理、内河港口管理、通航安全监督、水路运输管理部门为研究对象,分析业务流程,包括:

(1)行政许可管理:对航运相关企业、船舶(营运)、载运货物、港口码头、航道、船闸和船员所发放的行政许可的主要内容,船舶过闸远程申报和危险品货物远程申报的实施情况。

(2)日常监督管理:对航运相关企业、船舶(营运)、载运货物、港口码头、航道、船闸和船员的日常监管流程,如船舶签证及检查的流程、管理系统架构、运行方式等。

(3)水运规费管理:对航运相关企业、船舶(营运)、载运货物、港口码头、航道、船闸和船员的所收取的主要规费条目,如船舶过闸费、水路运输规费、货物港务费等。

(4)行政处罚管理:对航运相关企业、船舶(营运)、载运货物、港口码头、航道、船闸和船员的行政处罚主要类型,如船舶违章、无证经营等。

(5)水运应急保障:对航运相关企业、船舶(营运和非营运)、载运货物、港口码头、航道、船闸和船员的应急管理的主要流程,如危险品船舶监管、危险品申报、应急处置等。

(6)对公众信息服务:信息发布流程、发布设备设施、发布信息的反馈等。

根据其职能划分,省级及地市级管理部门可分为港航管理部门、水路运输管理部门以及海事管理部门,其业务需求如表3-3～表3-5所示。

地方港航管理部门业务需求分析　　表3-3

需求分类	详细业务需求	需求分类	详细业务需求
港口管理	港口经营情况监管	航道管理	航道通航情况管理
	港口实际作业情况		临、跨、拦航道建筑物管理
	港口安全监督管理		航道养护管理
统计分析	针对港航信息进行统计分析	公共信息服务	航道、桥梁和船闸的物理限制
	(1)航道通过能力统计		船闸/桥梁调度信息
	(2)船闸/桥梁运行情况统计		电子航道图信息
			地方港航政策法规
	(3)港口吞吐量统计分析		水文气象信息

地方水路运输管理部门业务需求分析　　表3-4

需求分类	详细业务需求	需求分类	详细业务需求
水路运输管理	水路运输（服务）企业管理	水运生产安全	危险品运输管理
	营运船舶管理		查处水上客、货运输事故
	水路运输重点货物管理		应急处置和协调
水运统计分析	针对水路运输相关信息进行统计分析	公共信息服务	地方运输物流信息发布
	（1）航运企业信息统计分析		地方水路运输市场信用信息
	（2）船舶信息统计分析		
	（3）货物信息统计分析		地方水运政策法规
	（4）港口吞吐量统计分析		

地方海事管理部门业务需求分析　　表3-5

需求分类	详细业务需求	需求分类	详细业务需求
通航安全保障	禁航区、交通管制区管理	安全应急处置	内河水上交通事故调查处理、纠纷调解
	航道（路）、锚地和安全作业区管理		
	航行通告、航行警告		应急资源管理
船舶静态管理	船舶识别号等基本信息管理		水上搜救
	船舶登记		船载危险货物管理
	船舶检验		（1）船舶载运危险货物申报
船舶动态管理	船舶签证业务		（2）危险货物安全适运申报
	船舶进出港报告管理		防治船舶污染水域环境监管
	船舶分类分级管理	海事统计分析	海事业务数据查询及统计分析
	（1）重点跟踪船舶管理		（1）企业信息统计
	（2）辖区外协查船舶管理		（2）船舶信息统计
	（3）诚信船舶管理		（3）货物信息统计
	船舶安全检查		（4）船员信息统计
船员管理	船员资质管理	公共信息服务	航行通告
	引航员资质管理		航行警告
	船员信用管理		水上交通事故通告
航运公司管理	航运公司安全诚信管理		本地海事船检政策法规发布

3.1.2　行业用户信息服务内容需求

1. 行业用户总体需求

我国目前在水运相关的公共信息服务方面比较薄弱，所提供的信息服务在服务内容、服务方式、服务覆盖的地理范围方面都非常有限。因此，需要构建内河智能航运信息服务体系，着力提高信息化面向社会的信息服务能力，从而一改以往的"以管理为主"的管理机制为"服务与管理并重"的服务管理机制。同时，利用网站、短信系统、导航系统等及时为用户提供港航法规、航行通告、天气预报、通航水位、物流等信息，在网络化审批服务、网上受理、行政许可等方面开展创新性工作，创建港航便民服务体系，增强服务能力和水平。

通过系统的调研，行业用户希望实现的目标如下：

(1)船民或船长：船舶航行安全；船舶航程时间花费少、能耗低。

(2)船舶管理者：所属船舶航行安全；船队调度合理，运营效率高。

(3)货物托运人：货物安全、及时送到目的地，费用低。

(4)船闸管理人员：保证船闸设施安全的前提下，船闸利用率高。

(5)港口经营者：保证港口设施安全的前提下，港口码头利用率高。

2. 基本需求

为实现上述目标，需满足以下需求。具体见表 3-6。

行业用户对内河航运信息的基本需求　　表 3-6

序　号	信息服务种类	服　务　内　容
1	航道信息	水位信息、碍航物信息等
2	通航环境信息	航行警告、交通管制信息等
3	应急救援支持	搜救指令及应急支持等
4	船位监控	船位实时监控与信息查询
5	业务办理/管理	船舶过闸远程申报、危险品作业申报等
6	信用信息查询	船舶、船员信用信息等
7	航运统计	针对船舶、货物、船员、码头的相关信息统计等
8	执法通知	国家、省市船舶行政处罚通知
9	规费征稽	相关费用的电子化征收方式等

3. 扩展需求

除上述基本需求外，不同的用户由于业务不同还有不同的扩展需求。

对船民或船主来说,船位的监控并不是那么重要,船民对自己行船的位置是完全可以掌握的。对于船公司、货代或船代公司来说,在此基础上还需增加船舶的信息查询,而对于港口或者码头企业来说,主要需要掌握的是进出港的船位监控。

航行支持(引航服务、拖轮租赁等服务)对于大部分船民来说需要的量很少,通过在调研过程中的交流我们得知,大部分的船民在发生紧急事故时担心政府部门提供这样的服务收费太高,所以宁愿自己寻求解决的办法。

对于不同的对象,船公司、货代或船代公司更需要的是船队管理、船舶等待、装载/卸载状态查询等,港口或码头企业需要的是港口码头管理、港口生产安全情况等统计。具体参考表3-7所示。

行业用户对内河航运信息服务的扩展需求　　表3-7

序　号	船民或船主	船公司、货代货船代	港口或码头企业
1	船位监控	船位监控与信息查询	进出港船位监控与信息查询
2	航行支持	航行支持	港口码头管理
3	航次规划	船队管理	港口生产统计
4	寻找货源	货源运力查询	
5		货物运输管理	

3.1.3　社会公众信息服务需求

公众交通出行服务主要为各种载运工具出行者提供交通状况、突发事件、施工、沿途、气象、环境等信息。这些信息可为采用公共交通方式的出行者提供票务、营运、站务、转乘、沿途等信息。据此出行者可提前安排出行计划,变更出行路线,使出行更安全、更便捷、更可靠。另外,提供给政府以及行业的服务,在不涉及隐私方面,均可以提供社会公众服务。

3.2　内河智能航运信息服务技术需求分析

3.2.1　信息感知的需求

船联网总体上应实现对各种航运信息的"动态感知",即能够通过多种方式实时获取各种航运信息;而动态感知的对象包括航道、港口、船舶、交叉点、水上服务区、船舶加油站、垃圾收集站、船闸、桥梁、船队等。感知主体的角色不同,相应的感知对象、感知内容也不相同。具体需要的感知对象和感知内容如表3-8所示。

智能航运信息感知对象和感知内容　表3-8

感知对象	感知内容	感知对象	感知内容
航道	水位测量信息	船舶	船东信息
	实时气象信息		货主信用信息
	航行区域地理信息及其更新	交叉点	航道指向
	航道障碍物	水上服务区	水上服务区服务种类
	区域内河流、运河状态		服务区数量
	航标等导航辅助设施状况	船舶加油站	周边加油站位置
	水文条件复杂航段		排队船舶数
	航道拥堵信息	垃圾收集站	周边垃圾收集站位置
	突发事件信息		排队船舶数
港口	船舶靠港码头信息	船闸	船闸开放时间
	船舶所需到达时间		沿路站点所需到达时间
	船舶等待地点		船舶预计出发时间
	货物信息		临近船舶预计到达时间
	码头作业情况		货物信息
	港区拥挤信息		船闸短期计划信息
	港口周围交通状况		船舶长期计划信息
	预计到达目的地港时间		船闸周围交通状况
船舶	船舶位置信息	桥梁	桥梁开放时间
	船舶速度		沿路站点所需到达时间
	对地航向、转向率		船舶预计出发时间
	周围船舶定位信息		临近船舶预计到达时间
	船体认证信息		货物信息
	船舶缴费信息		船闸短期计划信息
	船舶违章信息		船舶长期计划信息
	目的港辖区签证信息		沿路站点所需到达时间
	空闲装载信息		桥梁短期计划信息
	船舶技术状态是否良好		桥梁长期计划信息
	船舶吃水信息		桥梁周围交通状况

以上的感知内容可以大体分成两类：

1. 航运基础设施状态感知

航运基础设施状态感知包括桥梁、航道附属设施的感知，船闸枢纽的感知，助航设施的感知以及航运基础设施的多源异构信息融合。

2. 航行环境状态的感知

航行环境状态的感知包括危险品船舶及货物状态的智能感知；通航环境要素和异常检测的智能感知。

3.2.2 信息传输的需求

信息的传输是内河智能航运综合信息服务的基础支撑部分。它需要将多种异构网络的信息数据和感知数据接入系统，保证业务数据和管理服务在传输过程中的上通下达、互联互通。

具体而言，数据传输需要完成核心网络和接入网络的互联互通。核心网络包括水运主管部门内部和相互之间的通信网络、地方数据中心与部级数据中心的通信网络。接入网络包括船与船之间的通信、船与岸之间的通信、感知设备与数据中心之间的通信。

3.2.3 信息处理的需求

在信息处理方面需要做到以下几点：

(1)构建内河智能航运信息采集、处理、存储、应用、管理、交换和共享平台，并完成行业内外数据交换。

(2)实现部与地方港航主管部门在内河智能航运所涉及的行政管理、运输管理、安全监督等主要职能领域的业务协同，提高行政管理效率和质量。

(3)基于全面的信息感知、处理和融合渠道，需要开展内河智能航运数据挖掘和辅助决策分析，为港口规划建设、水路运输政策制定等提供服务，为决策提供支撑。

(4)形成内河智能航运数据资源建设的基本布局，建成与应用系统相适应的数据支撑系统，为工程后续发展奠定基础。

(5)通过信息资源集中管理，打破信息壁垒，总结并形成内河智能航运信息标准规范体系和总体数据架构。

(6)通过数据中心平台的集中构建，提供对上层应用的统一技术支撑和技术标准规范，为应用服务之间互联、互通、互操作奠定基础。

(7)通过数据综合分析应用的集中建设，实现从原有局部信息管理发展到跨部门的数据整合与决策支持，从简单的信息发布发展到整合的、统一的、个性化的、主动的信息服务，切实将信息化成果转化为内河智能航运信息服务，创造新服务能力。

(8)在数据处理原则上，需要做到“统筹全局，分步实施，强调基础，兼顾长远，统一标准，遵循规范，一数一源，质量监控，制度为本，持续发展”。

3.2.4 信息系统的需求

内河航运信息服务系统的需求主要包括以下内容，具体见表3-9。

内河航运信息服务系统需求分析 表3-9

名 称	需求描述
船舶身份认证	认证就是识别和证实，即识别一个船舶实体的身份和证实该身份的真实性，是实现内河智能航运信息服务的前提
公共访问控制	对所建应用系统的用户权限进行统一管理，实现应用访问统一身份验证以及单点登录，保证系统访问安全
数据交换与共享	以部省两级数据中心为基础，实现跨区域、跨行业的信息共享，为跨省运输提供一致的信息服务
统一的电子航道图	以航运相关地理信息为基础，实现对两省一市电子航道图的统一存储、处理、编辑、更新、显示与应用
基础网络	以交通行业专网为基础，实现船岸通信、岸基设备与省中心通信、省际通信、部省通信的安全可靠
信用体系	实现对船舶及航运公司运营行为的信用的统一管理。通过数据交换体系，引入行政许可、违章处罚等信息，为运输物流信息服务系统等系统服务
信息安全体系	通过安全技术体系、安全管理体系、安全运维体系三个方面的合理规划，共同构成内河智能航运信息服务完整的信息安全保障体系，实现信息系统的可用性，完整性和保密性
标准体系	内河航运智能信息服务标准化旨在保障智能内河航运体系中不同层次、不同对象、不同系统间的通信和信息交换，有利于系统的扩展、完善并协调不同系统之间的服务，支持内河航运相关产业的均衡发展

3.3 内河智能航运信息服务差距分析

为摸清内河智能航运信息服务差距，通过实地座谈、发放纸质调查问卷和网络调查的方式，直接面向长三角和京杭运河水系的船员、航运公司和航运管理部门等服务对象，调查其对航运信息服务的功能需求，全面把握政府、行业和社会公众的多元信息需求。按照调查对象的不同，内河航运综合信息服务系统需求调查表共分为 4 套（详见附录 1）。

（1）A 卷为针对船员的需求调查，问卷按照示范区域船舶总数的 5% 发放，至少回收 4652 份。

（2）B 卷为针对船公司、船代、货代的需求调查，问卷按照示范区域企业总数的 50% 发放，回收 236 份。

（3）C 卷为针对船闸运行人员的需求调查，问卷按照示范区域船闸总数的 80% 发放，回收 30 份。

（4）D 卷为针对港口和码头企业的需求调查，问卷按照示范区域港口和码头企业总数的 50% 发放，回收 171 份。

3.3.1 信息服务现状调研

1. 信息服务满意度

调查结果显示，行业用户对内河航运信息服务的总体满意度都超过了 50%。但是，除了船闸管理人员外，其他用户中“非常满意”的比例都比较低，见图 3-1。这说明被调研地区（长三角上海市、江苏省、浙江省两省一市）具备了一定的航运信息服务基础，但是还有很大的提升空间。

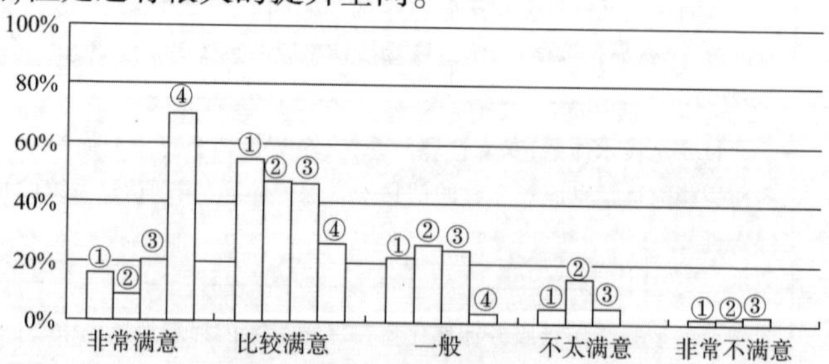

图 3-1 对内河航运信息服务满意度调查

①-船民；②-船公司、船代或货代；③-港口或码头企业；④-船闸管理人员

当前信息服务存在的主要问题是，船民对信息内容太少不满意（占 33%），船代、货代公司则主要对信息的准确性不满意（占 32%），港口码头企业和船闸管理人员提出的问题则相对集中，分别是信息内容太少（占 49%）和服务手段太少（占 57%），具体如图 3-2 所示。

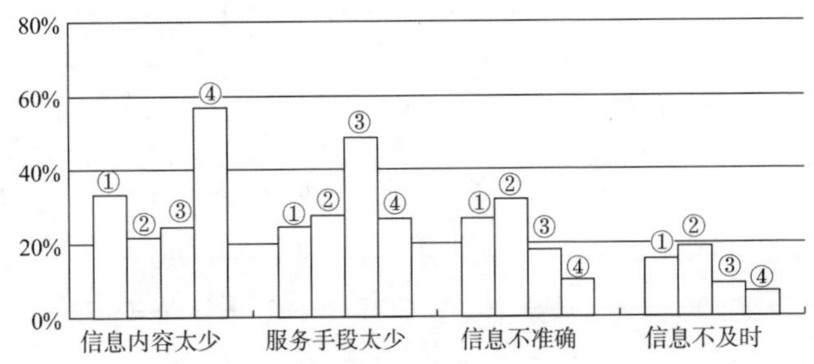

图 3-2　内河航运信息服务的主要问题

①-船民；②-船公司、船代或货代；③-港口或码头企业；④-船闸管理人员

2. 信息服务方式

在所有的被调研者当中，对船民来说，比较愿意获取航运信息的服务方式为 VHF，为船民推送短信这种服务方式由于简单易行也受到船民的认可。船公司、船代或货代主要的航运信息服务方式为手机短信和移动设备（智能手机、iPad 等）；船闸运行人员、港口和码头企业，获取航运信息服务的主要手段是手机短信、网站、移动设备等，见图 3-3。

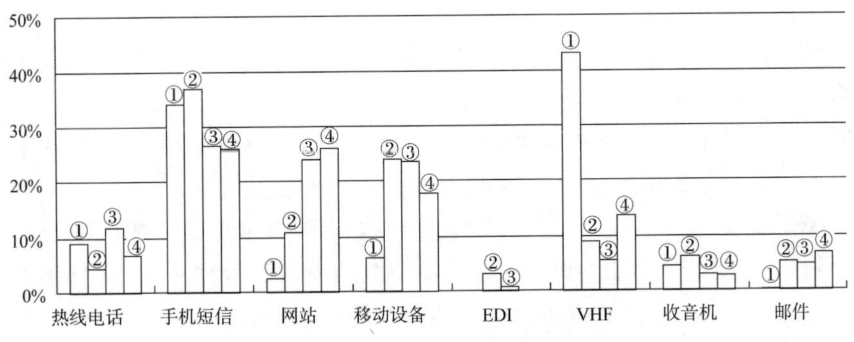

图 3-3　希望获取航运信息服务的方式

①-船民；②-船公司、船代或货代；③-港口或码头企业；④-船闸管理人员

3. 信息服务收费

各类受访中用户中，都有 1/3 左右愿意付费使用高质量的航运服务信息。如果付费使用高质量航运信息服务，不同用户可接受的价格范围如下：船民和船闸管理人员对不同服务项目都选取了最低档收费标准，而船公司、船代、货代和港口码

头企业中，存在一定数量用户愿意支付较高的费用，见图 3-4。

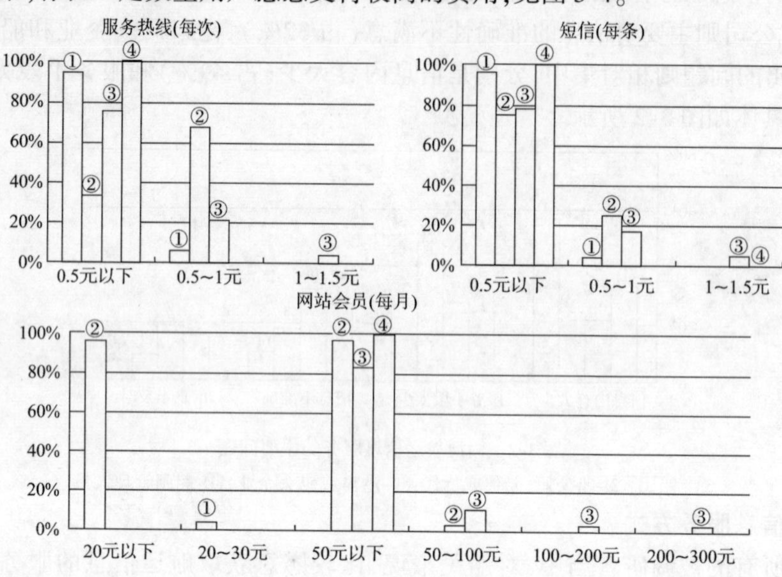

图 3-4　愿意支付航运信息服务的价格

①-船民；②-船公司、船代或货代；③-港口或码头企业；④-船闸管理人员

3.3.2　信息服务内容差距分析

1. 差距量化计算方法

在调研问卷中信息的亟须程度分成非常需要、有些需要、一般和不太需要四个等级，对该信息服务现状的调研包括是否已有相关的服务。

在差距分析中，规定非常需要的权重为 0.5，有些需要的权重为 0.3，一般的权重为 0.15，不太需要的权重为 0.05，已有相关服务的权重为 -1。

在调研统计表中，对于任意一项信息 X，假设选择非常需要的人数百分比为 x_1，选择有些需要的人数百分比为 x_2，选择一般的人数百分比为 x_3，选择不太需要的人数百分比为 x_4，选择已有相关服务的人数百分比为 x_5。

则差距分析的结果 difference 可表示为：

$$\text{difference} = 0.5 \times x_1 + 0.3 \times x_2 + 0.15 \times x_3 + 0.05 \times x_4 + (-1) \times x_5$$

例如，对于水位预报信息的差距分析，选择非常需要的人数百分比为 56%，选择有些需要的人数百分比为 22%，选择一般的人数百分比为 8%，选择不太需要的人数百分比为 6%，选择已有相关服务的人数百分比为 8%。则差距分析结果为：

$$\text{difference} = 0.5 \times 0.56 + 0.3 \times 0.22 + 0.15 \times 0.08 + 0.05 \times 0.06 - 0.08 = 0.281$$

差距分析的结果越大,则表明大量用户对该信息的需求程度高,而认为已有相关服务的人数少;反之,则表明用户认为该信息不太需要或者已有相关的信息服务。

我们规定,差距结果大于0.3时,表示这类信息是用户所亟须的,是项目需要尽快建设的内容;差距结果小于0.3,且大于0.2时,表示这类信息是用户所需要的,但需求的程度不高;差距结果小于0.2,表示这类信息用户不太需要,或已有相关的服务,在项目建设过程中可以延缓建设,或者不建设。

2. 行业信息服务内容差距分析

(1)面向船员的信息服务差距点。面向船员调查的信息服务分12类,船员所亟须的只有通航安全信息1类;需求程度不高的有7类,依次为规费征稽、航次规划、航道信息、业务办理、航运统计、航行支持和执法通知;需求差距较小的有4类,其中应急救援支撑、船位监控以及寻找货源等信息已有相关的服务,信用信息查询不太需要,见表3-10。

船员信息服务种类需求及差距　　表3-10

序　号	信息种类	差　距	序　号	信息种类	差　距
1	通航环境信息	0.302	7	航行支持	0.204
2	规费征稽	0.287	8	执法通知	0.201
3	航次规划	0.279	9	应急救援支持	0.191
4	航道信息	0.278	10	信用信息查询	0.174
5	业务办理	0.276	11	船位监控	0.153
6	航运统计	0.274	12	寻找货源	0.076

在调查的41项信息服务内容中,船员所亟须的有10项,需求程度不高的有21项,需求差距较小的有10项。按亟须程度强弱排列,前5项依次为:水上水下碍航物通航尺度信息、船舶过闸计划安排信息、中长期(7天或10天)水位预测信息、船闸/桥梁的开关时间、危险品货物远程申报,见表3-11。

船员信息服务内容需求及差距　　表3-11

序　号	信息服务内容	差　距
1	水上水下碍航物通航尺度信息	0.373
2	船舶过闸计划安排信息	0.366
3	中长期(7天或10天)水位预测信息	0.365
4	船闸/桥梁的开关时间	0.352
5	危险品货物远程申报	0.338
6	航行通(警)告信息	0.332

续上表

序号	信息服务内容	差距
7	长期(一周以上)天气预报	0.329
8	主要浅险航道实际水深	0.312
9	收费信息(收费地点、收费种类、收费标准、收费方式)	0.306
10	电子航道图(含航道维护尺度、航道相关物标等)	0.305
11	航行区域内突发事件信息(事故、拥挤)	0.299
12	航行规则	0.288
13	水位预报信息	0.278
14	针对船舶航行里程、装卸货物吨位的统计	0.274
15	网上/电子化方式支付相关费用	0.268
16	船舶签证电子化	0.264
17	灾害预警(洪水、冰冻、台风等)信息	0.258
18	业务咨询信息	0.254
19	船舶过闸远程申报	0.249
20	交通管制信息	0.248
21	气象预报信息(包括雾情、风、能见度)	0.246
22	浅滩、碍航物信息	0.24
23	交通诱导(路径推荐、停航建议等)	0.228
24	巡逻艇、警力艇、消防救援电话或报警电话	0.218
25	燃料补给船、废油回收船、船舶设备公司信息	0.216
26	政策法规信息	0.215
27	相关企业信用信息	0.205
28	拖轮租赁(拖轮所有人、联系电话、收费标准等)信息	0.204
29	码头实际作业情况(目的港码头泊位空余信息)	0.202
30	应急救援队伍位置及联系方式	0.202
31	码头作业计划	0.2
32	船公司的调度信息	0.192
33	本船违章及行政处罚通知	0.188
34	市场运力及运力结构信息发布	0.181

续上表

序号	信息服务内容	差距
35	应急救援指令信息	0.18
36	引航服务(引航站、联系人、收费标准等)信息	0.18
37	本船船位及航行状态(航速、航向)	0.162
38	本船信用信息	0.159
39	相关船员信用,是否有不良记录	0.158
40	附近船舶船位及航行状态(航速、航向)	0.143
41	货源信息	0.029

(2)面向航运企业的信息服务差距点。面向港航企业的需求调查信息服务分13类,都为航运企业所亟须,按亟须程度强弱排列,前5个依次为:规费征稽、航运统计、船位监控与信息查询、通航环境信息、航行支持,见表3-12。

航运企业信息服种类需求及差距　　表3-12

序号	信息种类	差距	序号	信息种类	差距
1	规费征稽	0.439	8	应急救援支持	0.343
2	航运统计	0.372	9	船队管理	0.341
3	船位监控与信息查询	0.371	10	货物运输管理	0.338
4	通航环境信息	0.370	11	相关业务办理	0.335
5	航行支持	0.356	12	信用信息查询	0.330
6	执法通知	0.355	13	货源运力查询	0.303
7	航道信息	0.350			

在调查的68项信息服务内容中,航运企业所亟须的有47项,需求程度不高的有21项。其中差距结果大于0.4的信息服务内容有18项。按亟须程度强弱排列,前5个依次为:相关费用的电子化征收、水位预报信息(叠加潮汐影响)、本公司船舶实时动态、搜救救援指令信息及应急支持、交通管制信息,见表3-13。

航运企业信息服务内容需求及差距　　表3-13

序号	信息服务内容	差距
1	相关费用的电子化征收	0.439
2	水位预报信息(叠加潮汐影响)	0.434
3	本公司船舶实时动态(船位及航行状态)	0.431

续上表

序号	信息服务内容	差距
4	搜救救援指令信息及应急支持	0.424
5	交通管制信息	0.424
6	拖轮租赁(拖轮所有人、联系电话、收费标准等)信息	0.420
7	国家政策法规信息	0.417
8	主要浅险航段实际水深	0.415
9	水上水下碍航物通航尺度信息	0.414
10	航运企业信用信息	0.414
11	所运货物的信息	0.414
12	船舶过闸计划安排信息	0.414
13	备品备件及燃料信息	0.409
14	附近船舶实时动态(船位及航行状态)	0.408
15	船舶吃水信息	0.407
16	行政检查情况	0.406
17	船舶等待、装载/卸载状态	0.405
18	航行区域内突发事件信息(事故、拥挤)	0.403
19	船舶等待、装载/卸载状态	0.399
20	船舶过闸远程申报	0.398
21	码头实际作业情况	0.397
22	航行通警告	0.395
23	相关船舶空闲装载空间的信息	0.392
24	本公司船舶经济航速推荐	0.391
25	船舶信用信息,是否有不良记录	0.387
26	替代路径/最优路径推荐	0.382
27	引航服务(引航站、联系人、收费标准等)信息	0.381
28	船舶信息(唯一识别号、船舶类型、尺寸等)查询	0.380
29	航行通(警)告信息	0.379
30	船员信息(注册、考试等)查询	0.378

续上表

序　号	信息服务内容	差　距
31	交通管制信息	0.374
32	本省政策法规信息	0.374
33	船舶预抵港、离港报信息(装卸货物种类、数量及完成时间)电子化报送/查询	0.373
34	针对船舶、货物和船员的相关信息统计	0.372
35	航道船舶动态	0.372
36	航道通告通电	0.365
37	船舶检验信息	0.363
38	燃料补给船、废油回收船、船舶设备公司信息	0.362
39	船闸开关时间	0.361
40	中长期(7天或10天)水位预测信息	0.349
41	本公司船舶动态(船位及航行状态)	0.340
42	航行区域内突发事件信息(事故,拥堵)	0.333
43	货源信息查询/发布	0.320
44	船舶营运证信息查询	0.319
45	相关货主信用信息查询	0.316
46	航行规则及方法	0.312
47	本公司行政处罚信息查询	0.311
48	危险品货物远程申报	0.301
49	货源信息发布	0.297
50	巡逻艇、警力艇、消防救援电话或报警电话	0.291
51	市场运力及运力结构信息	0.286
52	船队调度信息发布	0.284
53	船舶登记信息	0.284
54	港口码头基本信息	0.284
55	码头企业信用信息查询	0.283
56	灾害预警(洪水、冰冻、台风等)信息	0.279
57	航标等助航设施运行状况	0.278
58	本公司船舶抛锚、停靠泊位	0.277

续上表

序号	信息服务内容	差距
59	码头作业计划	0.276
60	其他省区政策法规信息	0.270
61	危险品作业咨询	0.269
62	应急救援队伍位置及联系方式	0.263
63	本公司船舶预计抵港时间	0.263
64	收费信息(收费地点、收费种类、收费标准、收费方式)	0.258
65	通航设施(船闸、升船机等)通航尺度、运行状态和收费标准	0.257
66	船队船舶及其航次信息(航线、船舶预抵港、离港报)	0.255
67	船员信用信息	0.254
68	气象预报信息(包括雾情、风、能见度)	0.250

(3)面向船闸管理人员的信息服务差距点。面向船闸管理人员的需求调查信息服务分9类,船闸管理人员所亟须的信息服务种类有4类,按亟须程度强弱排列依次为:执法通知、船闸运行管理、应急救援、航道信息。需求程度不高的有2类,依次为规费征稽、航行安全信息;需求差距较小的有3类,其中过闸船舶船位监控与信息查询、业务办理等信息已有相关的服务,信用信息查询不太需要,见表3-14。

船闸管理人员信息服务种类需求及差距 表3-14

序号	信息种类	差距	序号	信息种类	差距
1	执法通知	0.343	6	航行安全信息	0.234
2	船闸运行管理	0.323	7	业务办理	0.173
3	应急救援	0.312	8	过闸船舶船位监控与信息查询	0.145
4	航道信息	0.302			
5	规费征稽	0.252	9	信用信息	0.085

在调查的39项信息服务内容中,船闸管理人员所亟须的信息服务内容有19项,需求程度不高的有5项,需求差距较小的有15项。按亟须程度强弱排列,前5项依次为:电子航道图、航道通告通电、本省政策法规信息、其他省区政策法规信息及中长期水位预测信息等,见表3-15。

船闸管理人员信息服务内容需求及差距　　表3-15

序　号	信息服务内容	差　距
1	电子航道图(含航道维护尺度、水深、船闸、航标信息)	0.383
2	航道通告通电	0.370
3	本省政策法规信息	0.362
4	其他省区政策法规信息	0.358
5	中长期(7天或10天)水位预测信息	0.355
6	巡逻艇、警力艇、消防救援电话或报警电话	0.352
7	航行区域内突发事件信息(事故、拥挤)	0.348
8	搜救指令及应急支持	0.347
9	气象预报信息(包括气温、风力、雾情、能见度)	0.345
10	航行通警告	0.345
11	附近船闸/桥梁运行的中长期计划	0.338
12	行政处罚信息	0.333
13	附近船闸的短期计划(船舶的ETAs/RTAs、等待地点、船闸/桥梁位置)	0.332
14	辅助制定过闸计划(如图形化排档)	0.328
15	通航建筑物运营情况、过闸船舶、货物情况统计	0.327
16	附近船闸/桥梁实际运行状态信息(位置、排队情况)	0.323
17	国家政策法规信息	0.318
18	船公司信息	0.315
19	救援队伍位置及联系方式	0.303
20	提供临近船舶的预计到达时间	0.290
21	交通管制信息	0.280
22	锚地和安全作业区	0.280
23	船员信息	0.280
24	过闸费用的电子化征收	0.252
25	船舶过闸远程申报	0.173
26	船舶类型、尺寸信息	0.160
27	与船舶及所属公司通信	0.153
28	四客一危船舶	0.147

续上表

序号	信息服务内容	差距
29	船舶登记信息	0.133
30	船舶吃水信息	0.130
31	水位预报信息(叠加潮汐影响)	0.123
32	船闸附近船舶船位及航行状态	0.118
33	船舶检验信息	0.115
34	船舶营运证信息	0.115
35	船舶目的地信息	0.097
36	船舶信用信息,是否有不良记录	0.085
37	船舶唯一识别号	0.073
38	船舶运载货物属性信息	0.055
39	航行通(警)告信息	0.028

(4)面向港口企业的信息服务差距点。面向港口企业的调查信息服务分 11 类,港口企业所亟须的信息服务种类有 6 类,按亟须程度强弱排列依次为:港区航道信息、统计、执法通知、航行安全信息、港口码头、规费征稽;需求程度不高的有 5 类,依次为应急救援、进出港船舶监控与信息查询、港口码头管理、信用信息查询、管理、业务办理,见表 3-16。

港口企业信息服务内容需求及差距 表 3-16

序号	信息种类	差距	序号	信息种类	差距
1	港区航道信息	0.323	7	应急救援	0.296
2	统计	0.311	8	进出港船舶监控与信息查询	0.291
3	执法通知	0.308			
4	航行安全信息	0.305	9	信用信息查询	0.281
5	港口码头	0.303	10	管理	0.279
6	规费征稽	0.302	11	业务办理	0.272

在调查的 47 项信息服务内容中,港口企业所亟须的信息服务内容有 22 项,需求程度不高的有 25 项。按亟须程度强弱排列,前 5 项依次为:引航服务(引航站、联系人、收费标准等)信息、水位预报信息(叠加潮汐影响)、中长期(7 天或 10 天)水位预测信息、行政许可检查信息、计划进港船舶唯一识别号,见表 3-17。

港口企业信息服务内容需求及差距　　表3-17

序　号	信息服务内容	差　距
1	引航服务(引航站、联系人、收费标准等)信息	0.331
2	水位预报信息(叠加潮汐影响)	0.330
3	中长期(7天或10天)水位预测信息	0.330
4	行政许可检查信息	0.327
5	计划进港船舶唯一识别号	0.327
6	航行区域内突发事件信息(事故、拥挤)	0.326
7	本省政策法规信息	0.319
8	行规则及方法	0.318
9	锚地和安全作业区	0.318
10	子航道图(含航道维护尺度、水深、码头、泊位、航标信息)	0.316
11	船闸调度计划信息	0.314
12	国家政策法规信息	0.314
13	计划进港船舶船位及航行状态	0.313
14	搜救指令及应急支持	0.313
15	巡逻艇、警力艇、消防救援电话或报警电话	0.312
16	港口生产(货物装卸)、安全情况等相关信息的统计	0.311
17	气象预报信息(包括气温、风力、雾情等)	0.309
18	码头实际作业情况	0.304
19	大尺度航道图下的船位显示	0.304
20	计划进港船载货物属性信息	0.304
21	船舶等待、装载/卸载状态	0.302
22	相关费用的电子化征收	0.302
23	船公司基本信息查询	0.302
24	拖轮租赁(拖轮所有人、联系电话、收费标准等)信息	0.298
25	灾害预警(洪水、冰冻、台风等)信息	0.296

续上表

序　号	信息服务内容	差　距
26	行政处罚信息	0.292
27	航行通(警)告信息	0.292
28	船舶信用信息,是否有不良记录	0.291
29	交通管制信息	0.291
30	计划进港船舶吃水信息	0.291
31	其他省区政策法规信息	0.289
32	计划进港船舶检验信息	0.288
33	危险品货物远程申报	0.286
34	船舶目的地信息	0.285
35	危险品作业咨询	0.285
36	企业(货主、船公司)信用信息	0.283
37	计划进港船舶登记信息	0.283
38	燃料补给船、废油回收船、船舶设备公司信息	0.280
39	临近船舶的预计到达时间	0.279
40	计划抵/离港船舶航次计划信息	0.275
41	船员基本信息查询	0.272
42	船舶靠离泊计划电子化报送	0.268
43	船员信用信息	0.267
44	与船舶及所属公司通信	0.263
45	计划进港船舶营运证信息	0.259
46	船舶预抵港、离港报信息电子化	0.251
47	船舶类型、尺寸信息	0.225

3.3.3　信息服务内容差距分析结论

由上述分析可以看出,面向航运企业的信息服务差距最大,面向港口企业的信息服务次之,而这两类用户又愿意为获取信息服务支付较高的费用。在后续内河智能航运信息服务运维模式的研究上需要重点关注这两类用户，可在信息服务方面产生直接的经济效益。

3.4　信息服务支撑要素差距分析

3.4.1　信息服务技术差距

信息服务技术不足是信息服务内容差距的一个根本原因。

(1)内河航运信息感知手段缺乏，以及内河环境下的信息传输能力不足，造成通航环境等信息不能满足用户需求，如表3-18所示。

信息服务技术差距　　表3-18

感知对象	用户期望服务	现　状	差　距
航道信息	提供航道水位、气象、航道障碍物、拥堵、突发事件等信息	仅部分区段航道提供少量相关信息	航道信息感知力度不够
港口	提供船舶靠码头信息、码头作业信息、货物信息等	无	缺少港口信息服务
交叉点	提供航道指向信息	无	缺少航道指向服务
水上服务区	提供服务类型	无	缺少水上服务区信息
船舶加油站	提供加油站位置、排队等信息	无	缺少船舶加油站信息
垃圾收集站	提供垃圾收集站位置、排队情况等信息	无	缺少垃圾收集站信息
船闸	提供船闸开发时间、船闸短期计划、长期计划等信息	大多数船闸还是人工调度，信息无法共享	缺少跨区域联合、智能调度的服务
桥梁	提供桥梁周围交通状况、桥梁静态信息等	无	缺少桥区的信息服务

(2)数据挖掘等智能化信息处理能力不足，无法为政府决策提供支持。决策部门须在大量业务数据的基础上，借助预测预警、挖掘分析等智能化信息手段，及时做出快速判断和科学决策，逐步改变以往决策中以定性和经验分析为主的情况，使决策更加具有前瞻性和科学性，增强指导性，避免决策失误带来的风险和损失。

(3)缺少高质量、高水平的“一站式”的综合信息服务平台。当前政府建设的信息系统建设存在分散、重复的特点，而船舶航行的跨区域特征决定信息资源必须共享整合，提供跨省航运信息服务。因此，亟须建立流域性航运综合信息服务平台，提供高质量、高水平的“一站式”的综合信息服务。

3.4.2 数据资源体系差距

缺乏统一的数据资源体系，导致内河运输信息服务不衔接、与相关行业管理系统不衔接，与其他省相关系统不衔接的问题，在数据共享与业务协同方面存在一定差距。

3.4.3 标识与标准体系差距

目前，内河航运信息服务标准体系不健全，标准立项和标准研制缺乏统一指导和协调。现有的标准体系缺乏、标准体系框架不明确、结构不清楚等问题，导致政府后续信息系统项目建设无章可循，进一步加重系统重复、分散建设的局面。

在实践中，欧盟等国均把标准规范研究作为重点的工作内容，并在后续的系统应用中加以示范推广。因此，尽快研究与制定我国内河航运信息服务标准体系，对于我国开展内河航运信息服务建设具有指导与规范化的作用。同时，加强与国际标准化组织的长期合作关系，加强相互间沟通，充分利用国际标准化组织的丰富经验与影响力，加快我国内河航运标准化工作，促进今后国内相关标准走向国际化，增强我国在国际内河航运标准制定过程中的话语权。

3.4.4 管理与政策体系差距

信息服务的管理机制及相关的政策与内河智能航运信息服务的正常运营息息相关。船联网工程涉及的信息资源庞大、设备技术复杂，还涉及不同地方航运管理部门组织和信息服务的协调等，牵一发而动全身，应建立完善的信息服务管理机制及政策。

一方面，在实施过程中，政府部门应积极发挥其建设主导作用，充分考虑各地方在经济、交通、机构设置等方面的差异，加强宏观战略分析，作好系统科学规划工作，完成内河智能航运信息服务建设的顶层设计，统筹兼顾船舶在京杭运河水系运输的实际情况。在实施初期，交通运输部应明确各省市的建设要求，通过分阶段、有重点的方式推进船联网工程的建设，不断完善内河智能航运信息服务体系。

另一方面，欧美内河航运发展的实践证明，法律和政策的保障是促进内河航运发展的重要手段。目前，我国虽已出台了《港口法》、《水路运输管理条例》、《内河交通安全管理条例》等，但这些法律法规未完全适应现代航运业的发展。建立完备的内河航运法律体系，给内河航运发展提供一个合适的法制环境，有利于消除制度障碍，打破地方封锁，形成统一的航运市场。同时，尽快出台相关内河航运的财税政策、补贴政策、投融资政策等市场政策，提高内河运输经营者的积极性，推动航运结构调整，拓宽航运服务功能，为内河航运的信息化的发展营造有利环境。

3.4.5　运营模式差距

水上交通信息服务目前尚未形成相关产业，公共信息服务方面比较薄弱，所提供的信息服务在服务内容、服务方式、服务覆盖的地理范围方面都非常有限。在利用网站、短信系统、导航系统等及时为用户提供港航法规、航行通告、天气预报、通航水位、物流等信息方面存在较大差距，在网络化审批服务、网上受理、行政许可等方面可开展一些创新性工作，从而创建港航便民服务体系，进而增强服务能力和水平。

3.5　小结

本章通过内河智能航运信息服务用户主体对内河智能航运信息服务的需求分析，分析用户当前最迫切的信息需求；基于各类用户的需求，对信息服务进行差距分析，得到各类用户最迫切需求的也是亟须为用户提供的信息服务种类。

第4章　内河智能航运信息服务业务及功能架构设计

本章以政府和行业用户的核心业务流为主线，通过对航运主体及管理部门的整体业务进行全景描述和抽象，提出内河智能航运信息服务的总体业务架构，构建内河智能航运信息服务的业务架构；然后基于业务和信息服务需求，设计内河智能航运信息服务功能架构。

4.1　业务架构

4.1.1　水运局业务架构

根据水运局的业务域和业务流程，对其总体业务架构进行设计。水路建设和水路工程、港口安全等业务需求因为与本项目关系不大，没有纳入其中。分别从服务/监管对象、业务流程两个维度展开，得到水运局的总体业务架构。

1. 对象维度：面向监管与服务对象

水运主要业务对象包括相关企业、营运船舶、载运货物、航道、桥梁/船闸、港口码头等。

（1）相关企业包括航运企业、水路运输服务企业、船舶管理企业等。

（2）营运船舶包括经营水路营业性旅客和货物运输的船舶，即客船和货船。

（3）载运货物既包括一般货物，也包括危险货物、需要国家进行综合平衡的重点物资、联运物资、外贸进出口物资。

2. 业务流程维度

基于各监管服务对象，横向扩展出针对各业务对象全生命周期管理的管理和服务。针对各监管服务对象的全生命周期管理，均有相应的水运市场准入与退出、水运市场监管、水运规费管理、水运行政处罚、水运应急保障和水运统计分析等流程，这些业务流程构成了水运局的总体业务框架（不包括水路建设、港口安全等业务），见图4-1。

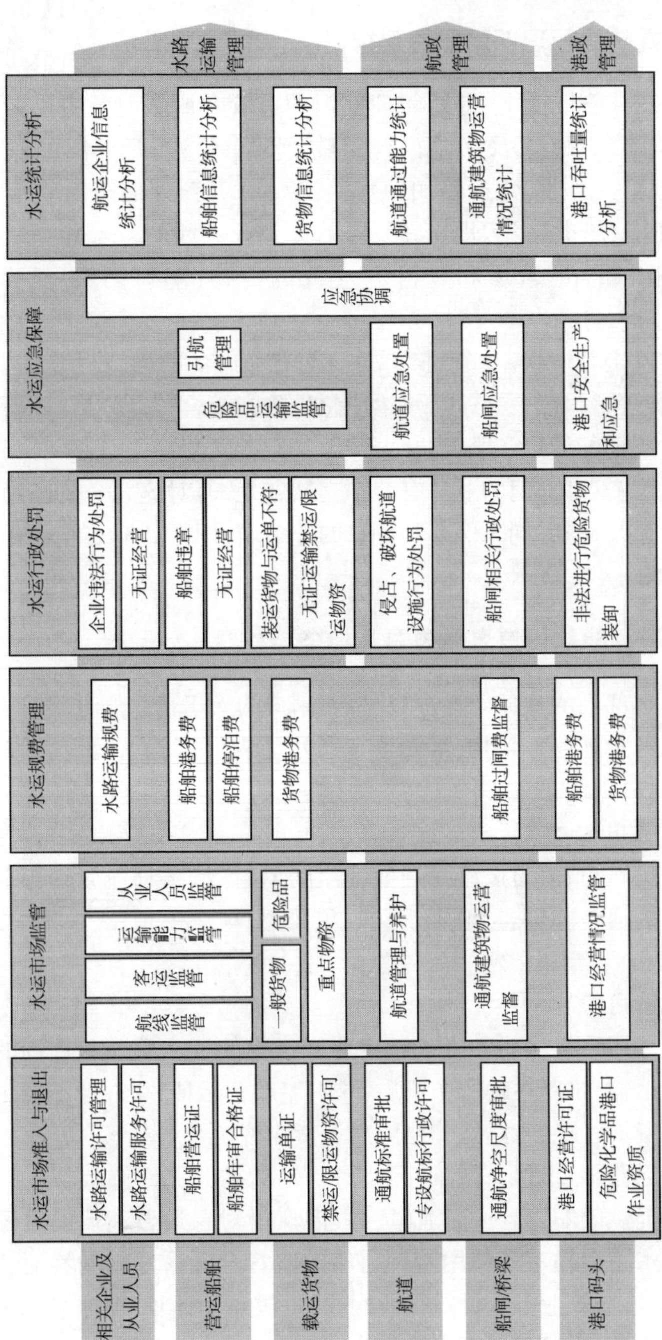

图4-1　水运局总体业务架构

4.1.2 地方航运管理部门业务架构

在监管/服务对象维度上,港航管理部门的监管和服务对象主要为港口经营人、港口码头、航道、船闸/桥梁等通航建筑物;水路运输管理部门的监管和服务对象主要为航运相关企业、营运船舶、载运货物;海事管理部门的监管和服务对象主要为通航环境、船舶、载运货物、船员、航运企业。因此,全部的监管/服务对象包括相关企业、船舶(营运和非营运)、载运货物、港口码头、航道、船闸和船员。

业务流程维度上,针对各业务对象,横向均有相应的行政许可管理、日常监督管理、水运规费管理、行政处罚管理、水运应急保障和综合统计分析等流程,覆盖各业务对象全生命周期的管理和服务。

可以看出,这些管理部门的业务有若干交叉之处,若对这几个航运管理部门的共性业务域进行总结概括,同时保存其特有的业务域,即得到地方航运管理部门的总体业务框架,如图 4-2 所示。

4.1.3 内河智能航运信息服务总体业务架构

根据航运管理部门的业务架构,以及行业用户的航运信息服务需求,构建内河智能航运信息服务总体业务架构,如图 4-3 所示。内河智能航运信息服务业务架构由 7 部分组成,分别为:

1. 通航环境维护

面向政府提供航道、航道设施及通航建筑物监管、海事通航管理等业务流程,面向行业提供航道通告和警告、航道水文气象信息、电子航道图、水上交通信息等公共信息服务。

2. 水运行政许可

为政府和行业用户提供船舶、船员、企业和货物的资质管理和查询的功能,包括相关企业水路运输/水路运输服务资质审核,船舶营运证审核、船舶登记、船舶检验,船员/引航员资质管理,水路运输船舶载运货物许可。

3. 水运市场运营与监管

为政府用户提供船舶、船员、企业、货物、港口等对象运营和运输过程的管理,在此基础上实现水路运输市场信用管理。船舶监管方面涉及船舶签证、船舶进出港报告、船舶安全检查等业务。针对行业用户,提供航程计划、船队管理等业务,通过加快船舶和货物流转,显著提高水运生产效率。

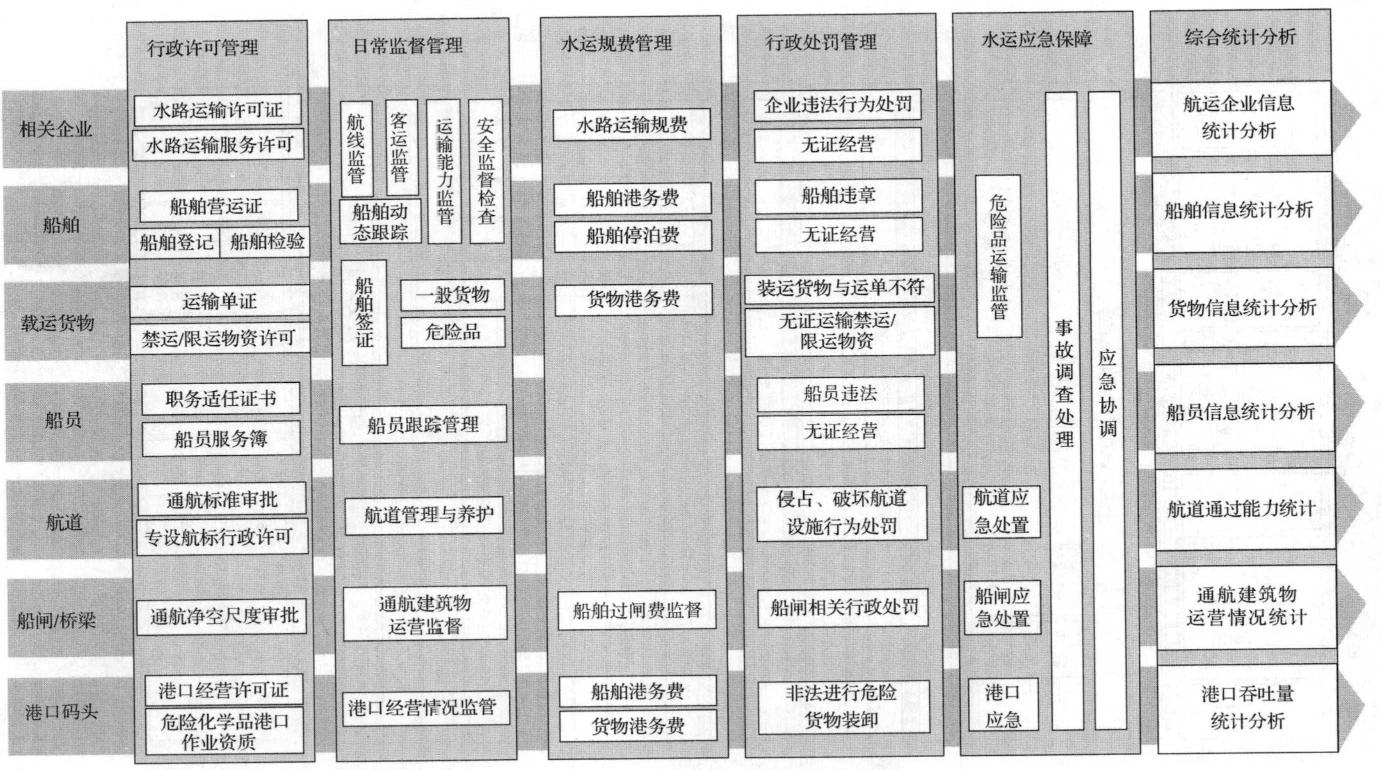

图4-2　地方航运管理部门总体业务架构

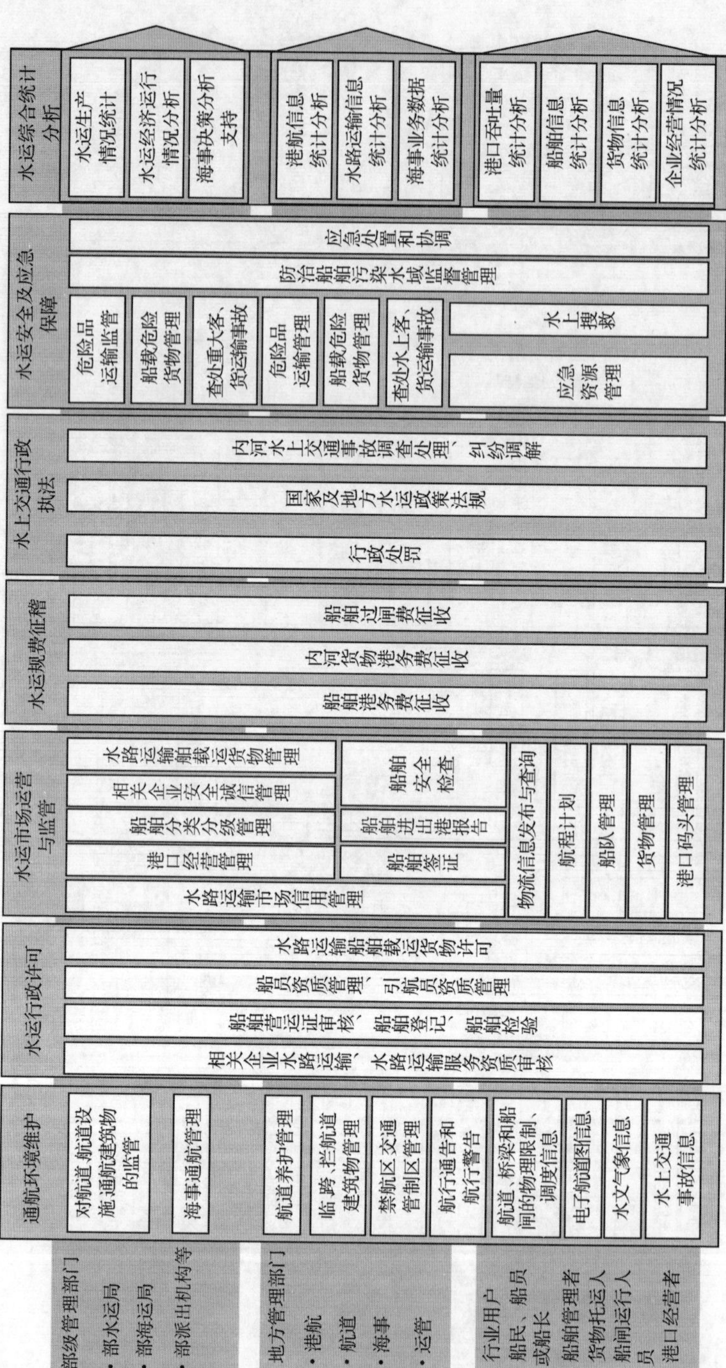

图4-3 内河智能航运信息服务总体业务架构

4. 水运规费征稽

对应部级及地方航运管理部门总体业务架构图中的水运规费管理业务，同时增加了信息服务方面的职能。

5. 水上交通行政执法

对应地方航运管理部门总体业务架构图中的水运规费管理业务，同时增加了政策法规共享和信息服务方面的职能。

6. 水运安全与应急保障

对应地方航运管理部门总体业务架构图中的水运应急保障业务，但更侧重于事发前的预防，如危险品运输监管，以及事发后的多方协调和协同搜救。

7. 水运综合统计分析

对应部级、地方航运管理部门和行业用户所需的综合统计分析业务。

4.2　功能架构

4.2.1　业务系统及功能

1. 总体功能架构

根据内河智能航运信息服务总体业务架构梳理出内河智能航运信息的七大功能模块：通航环境信息服务、水上交通监管信息服务、运输物流信息服务、规费征稽信息服务、政策法规及执法通知信息服务、安全应急信息服务和统计分析信息服务，形成内河智能航运信息服务总体功能架构，如图 4-4 所示。

(1)通航环境信息服务：涉及地理、水文气象、航标助航设施、通航状态和船闸/桥梁等通航建筑物数据，提供航道信息服务、通航安全信息服务、控制河道通行服务和船闸运行信息服务，如船舶过闸远程申报和船闸调度计划发布与查询等，可用于航程规划、航政管理和水上交通监管等，是一项基础性的服务。

(2)水上交通监管信息服务：能够在电子航道图上显示船舶的航行情况，并对船舶属性信息、货物信息、船员信息、企业信息进行查询。在“船舶静态管理与信息查询”中，包括船舶唯一识别号、船舶登记、船舶检验、船舶营运证、船舶类型及尺寸信息查询；在“船舶动态管理与信息查询”中，有船舶位置及航行状态、船舶吃水、船载货物查询，船舶远程进出港报告、船舶不停船检查结果查询等功能；同时还提供了船员、相关企业等信息的查询和水路运输市场信用管理等功能。主要服务于政府管理部门，用于运输过程监管、交通流的组织和调节等业务办理。

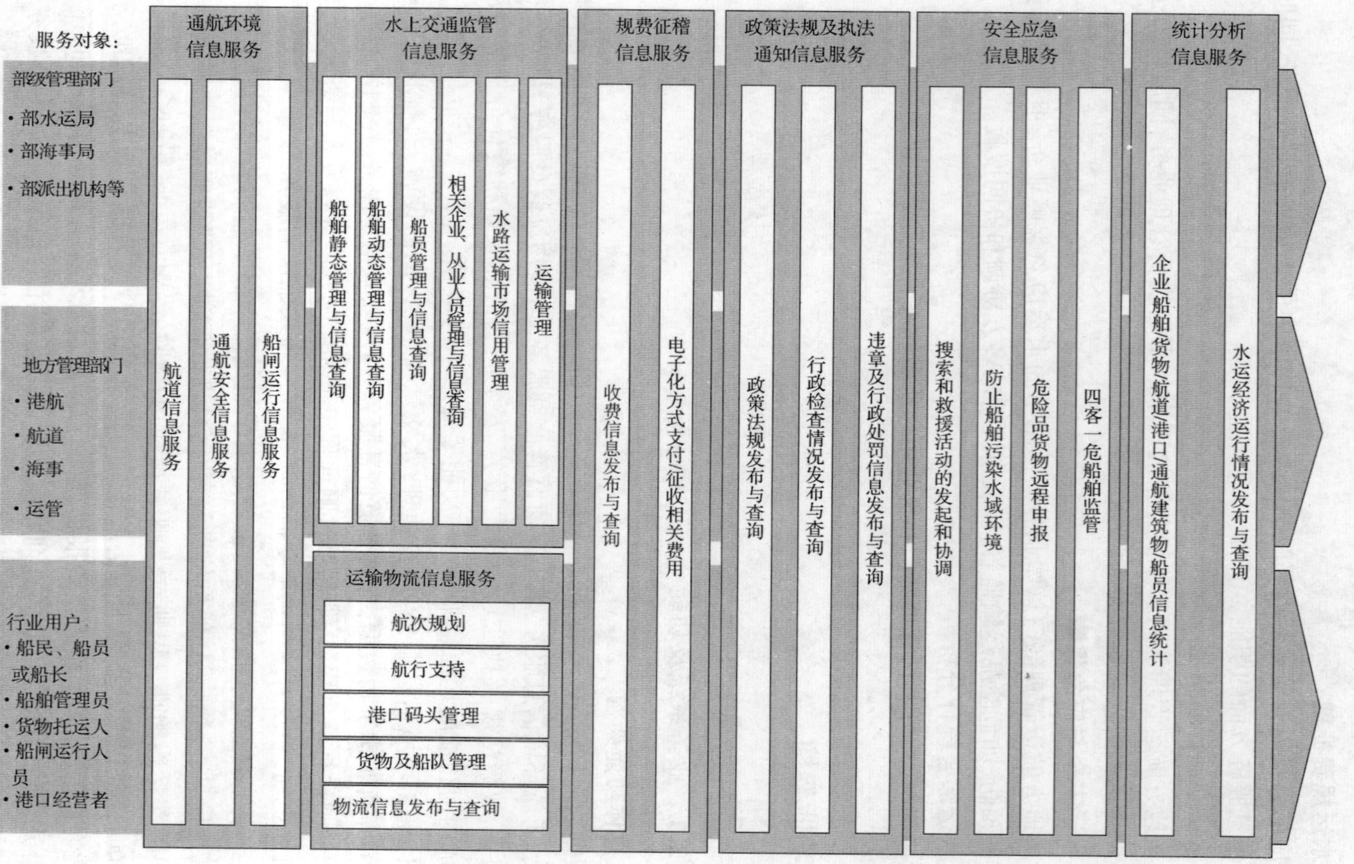

图4-4　内河智能航运信息服务总体功能架构

(3)运输物流信息服务：包括航次规划、航行支持、港口码头管理、货物和船队管理等。主要服务于行业用户，从计划、运输、装卸、船队管理等方面来提高航运效率。为了内河信息服务实际需要，在RIS的基础上，增加了物流信息发布与查询等功能。

(4)规费征稽信息服务：提供收费信息发布与查询，以及水路运输、港口、过闸相关费用的电子化征缴。

(5)政策法规及执法通知信息服务：包括对国家及地方航运政策查询、违章信息、行政处罚信息的查询等。

(6)安全应急信息服务：包括搜索和救援活动的发起和协调、防止船舶污染水域环境、危险品货物远程申报、重点船舶监管等功能。一旦发生交通事故，相关部门就能立即获取数据并组织营救。

(7)统计分析信息服务：为港航企业、政府部门制定战略计划提供支持。

2. 详细功能描述

此七大功能模块与用户需求之间的对应关系如下所示(社会公众需求不再单列，主要由服务方式解决)。

(1)通航环境信息服务，见表4-1。

通航环境信息服务具体功能及对应用户　　表4-1

编号	信息服务功能	服务提供者	行业用户					政府用户	
			船长或船民	船闸管理人员	港口经营者	船舶管理者	货物托运人	地方管理部门	部级管理部门
1.1	航道信息服务								
1.1.1	电子航道图(含航道维护尺度、航道相关物标等)查询	航道	√	√	√	√	√	√	√
1.1.2	航道实际水文条件(水深、流速、流向)查询	航道	√	√	√	√		√	√
1.1.3	水位预报信息查询	水利	√	√	√	√		√	
1.1.4	浅滩、碍航物信息查询	航道	√			√		√	√
1.1.5	实时气象信息(包括雾情、风、能见度)查询	气象	√	√	√	√	√	√	√
1.1.6	气象预报信息(包括雾情、风、能见度)查询	气象	√	√	√	√	√	√	

续上表

编号	信息服务功能	服务提供者	行业用户					政府用户	
			船长或船民	船闸管理人员	港口经营者	船舶管理者	货物托运人	地方管理部门	部级管理部门
1.1.7	航行规则规范发布与查询	多源	√		√	√		√	
1.1.8	航标助航设施信息	航道	√	√	√			√	√
1.1.9	临跨河建筑物信息	航道	√	√	√			√	√
1.1.10	控制河道通行信息	航道	√	√	√	√	√	√	√
1.2	通航安全信息服务								
1.2.1	灾害预警(洪水、冰冻、台风等)信息	多源	√	√	√	√	√	√	√
1.2.2	航行区域内突发事件信息(事故、滞航)	海事	√	√	√	√	√	√	√
1.2.3	航行通(警)告信息	海事	√	√	√	√	√	√	√
1.2.4	交通管制信息	海事	√	√	√	√	√	√	√
1.2.5	锚地和安全作业区信息	海事	√		√	√		√	
1.3	船闸运行信息服务								
1.3.1	船闸通航尺度、状态和收费标准	船闸	√		√	√		√	√
1.3.2	船闸开关时间	船闸	√		√	√		√	
1.3.3	过闸船舶的预计到达时间	船舶		√					
1.3.4	船舶过闸远程申报	船舶	√	√		√			
1.3.5	船闸调度计划发布与查询	船闸	√	√		√		√	

(2)水上交通监管信息服务,见表4-2。

水上交通监管信息服务具体功能及对应用户 表4-2

编号	信息服务功能	服务提供者	行业用户					政府用户	
			船长或船民	船闸管理人员	港口经营者	船舶管理者	货物托运人	地方管理部门	部级管理部门
2.1	船舶静态管理与信息查询								
2.1.1	船舶唯一识别号查询	海事	√	√	√	√	√	√	√
2.1.2	船舶登记信息查询	海事	√	√	√	√	√	√	√

续上表

编号	信息服务功能	服务提供者	行业用户					政府用户	
			船长或船民	船闸管理人员	港口经营者	船舶管理者	货物托运人	地方管理部门	部级管理部门
2.1.3	船舶检验信息查询	海事	√	√	√	√	√	√	√
2.1.4	船舶营运证查询	水运	√	√	√	√	√	√	√
2.1.5	船舶类型、尺寸信息查询	海事		√	√	√	√	√	√
2.2	船舶动态管理与信息查询								
2.2.1	船舶位置及航行状态(航速、航向)查询	船舶	√	√	√	√	√	√	√
2.2.2	船舶吃水信息发布与查询	船舶	√	√	√	√		√	
2.2.3	船载货物信息发布与查询	海事/水运	√	√	√	√	√	√	√
2.2.4	始发港、目的港和预计到达时间发布与查询	船舶	√	√	√	√	√	√	√
2.2.5	船舶电子签证办理	海事	√			√		√	√
2.2.6	船舶远程进出港报告	海事	√		√	√		√	√
2.2.7	船舶不停船检查结果查询	海事/水运	√			√	√	√	√
2.3	船员管理与信息查询	海事	√			√		√	√
2.4	相关企业、从业人员管理与信息查询	海事/水运	√	√	√	√	√	√	√
2.5	运输管理								
2.5.1	监督运输和码头作业过程	水运			√	√	√	√	√
2.5.2	监视不常见的威胁(如水位下降等),保障运输的可靠性	多源		√	√			√	
2.5.3	重要物资运输监管	水运						√	√
2.6	水路运输市场信用管理								
2.6.1	船舶信用情况发布与查询	多源	√	√	√	√	√	√	√
2.6.2	企业信用情况发布与查询	多源	√		√	√	√	√	√
2.6.3	船员信用情况发布与查询	多源	√			√		√	√

(3)运输物流信息服务,见表4-3。

运输物流信息服务具体功能及对应用户 表4-3

编号	信息服务功能	服务提供者	行业用户					政府用户	
			船长或船民	船闸管理人员	港口经营者	船舶管理者	货物托运人	地方管理部门	部级管理部门
3.1	航次规划								
3.1.1	不同尺度下的航道网信息	航道	√			√	√		
3.1.2	通航设施(船闸、升船机等)通航尺度、状态和收费标准	船闸	√			√			
3.1.3	船舶过闸计划查询	船闸	√			√			
3.1.4	船闸/桥梁的开关时间和一般等待时间	船闸	√			√			
3.1.5	中长期(7天以上)天气预报信息	气象	√			√	√		
3.1.6	中长期(7天以上)水位预测信息	水利	√			√	√		
3.1.7	交通诱导(路径推荐、停航建议等)	多源	√			√			
3.1.8	码头作业计划	码头	√			√	√		
3.2	航行支持								
3.2.1	引航服务(引航站、联系人、收费标准等)信息	多源	√		√	√	√	√	
3.2.2	拖轮租赁(拖轮所有人、联系电话、收费标准等)信息	多源	√		√	√	√	√	
3.2.3	船舶支援服务(燃料补给船、废油回收船、船舶设备公司信息等)	多源	√	√	√	√	√	√	
3.2.4	巡逻艇、警力艇、消防救援电话或报警电话	多源	√	√	√	√	√	√	
3.3	港口码头管理								
3.3.1	船舶等待、装/卸货状态	码头	√		√	√	√	√	
3.3.2	码头实际作业情况	码头			√			√	√
3.3.3	进港船舶的预计到达时间、位置信息、货物信息	船舶			√	√	√		
3.3.4	码头作业计划发布与查询	码头	√	√	√	√	√	√	

续上表

编号	信息服务功能	服务提供者	行业用户					政府用户	
			船长或船民	船闸管理人员	港口经营者	船舶管理者	货物托运人	地方管理部门	部级管理部门
3.4	货物及船队管理								
3.4.1	船队船舶的目的港、到达目的地港所需时间、航行状态(航速、航向)信息	船舶				√	√		
3.4.2	船队船舶靠离泊计划查询	船舶				√	√		
3.4.3	所运货物的信息	船舶				√	√		
3.4.4	船队调度信息	企业				√	√		
3.4.5	备品备件及燃料信息	船舶				√			
3.5	物流信息发布与查询								
3.5.1	运力信息发布与查询	船方				√	√		
3.5.2	货源信息发布与查询	货方				√	√		

(4)规费征稽信息服务,见表4-4。

规费征稽信息服务具体功能及对应用户　　表4-4

编号	信息服务功能	服务提供者	行业用户					政府用户	
			船长或船民	船闸管理人员	港口经营者	船舶管理者	货物托运人	地方管理部门	部级管理部门
4.1	收费信息发布与查询(收费地点、收费种类、收费标准、收费方式)	多源	√	√	√	√	√	√	√
4.2	网上或手机等电子化方式支付/征收相关费用	多源	√	√	√	√	√	√	

(5)政策法规及执法通知信息服务,见表4-5。

政策法规及执法通知信息服务具体功能及对应用户　　表4-5

编号	信息服务功能	服务提供者	行业用户					政府用户	
			船长或船民	船闸管理人员	港口经营者	船舶管理者	货物托运人	地方管理部门	部级管理部门
5.1	政策法规发布与查询								
5.1.1	国家政策法规信息	多源	√	√	√	√	√	√	√
5.1.2	地方政策法规信息	多源	√	√	√	√	√	√	√
5.2	行政检查情况发布与查询	水运/海事	√			√	√	√	√
5.3	违章及行政处罚信息发布与查询	水运/海事	√			√	√	√	√

(6)安全应急信息服务,见表4-6。

安全应急信息服务具体功能及对应用户　　表4-6

编号	信息服务功能	服务提供者	行业用户					政府用户	
			船长或船民	船闸管理人员	港口经营者	船舶管理者	货物托运人	地方管理部门	部级管理部门
6.1	搜索和救援活动的发起和协调								
6.1.1	巡逻艇的救援协调	海事						√	√
6.1.2	应急资源管理(巡逻艇、警力艇、消防船信息等)	多源						√	√
6.1.3	应急救援队伍位置及联系方式	多源	√	√	√	√	√	√	√
6.2	防止船舶污染水域环境	海事						√	√
6.3	危险品货物远程申报								
6.3.1	船舶载运危险货物申报	船舶/企业	√			√		√	√
6.3.2	危险货物安全适运申报	船舶/企业	√			√	√	√	√
6.4	四类重点船舶监管								
6.4.1	船舶位置及航行状态	船舶		√	√			√	√
6.4.2	船舶目的地信息	船舶		√	√			√	√
6.4.3	载货/载客信息	海事/水运		√	√			√	√
6.4.4	船舶及船员资质信息	海事/水运		√	√			√	√

(7)统计分析信息服务,见表 4-7。

统计分析信息服务具体功能及对应用户　　　　表 4-7

编号	信息服务功能	服务提供者	行业用户					政府用户	
			船长或船民	船闸管理人员	港口经营者	船舶管理者	货物托运人	地方管理部门	部级管理部门
7.1	企业信息统计	水运/海事			√	√	√	√	√
7.2	船舶信息统计	水运/海事		√	√	√	√	√	√
7.3	货物信息统计	水运/海事		√	√	√	√	√	√
7.4	航道信息统计	水运						√	√
7.5	港口信息统计	水运			√			√	√
7.6	通航建筑物运营情况统计	水运		√				√	√
7.7	船员信息统计	海事				√		√	√
7.8	水运经济运行情况发布与查询	水运		√	√	√	√	√	√

3. 业务系统设计

设计水上交通运输情况监测预警系统、水上交通信息服务系统、物流运输信息服务系统三大业务系统,实现内河智能航运信息服务七大功能。

(1)水上交通运输情况监测预警系统。整合接入两省一市已有水上监测监控系统,并利用智能感知平台的智能终端采集数据,对水上交通运输情况进行监测及预警。

①实现船舶意外停止、过闸停止等船舶非正常停靠情况监测及预警,及时为海事管理部门提供异常停靠船舶位置信息。

②实现船舶非正常交汇情况预警。

③掌握航道内拥堵情况,为航道指向提供决策支持。

④实现航道运营信息的获取和管理。

(2)水上交通信息服务系统。参考欧洲内河航运信息服务系统的功能构成,为水路运输利益相关者和行业管理部门提供水上交通信息服务。

①基于智能终端定位及识别功能,通过岸基设备通信模块为船舶航行提供智能化的、有针对性的水路基础设施信息服务。

②为船舶提供港口航道动态信息服务及船舶导航信息服务。

③为船主提供船闸/桥梁计划信息,方便船主进行航行规划;掌握船舶动态情况,实现船舶自动报港,船舶违章信息的动态跟踪等,为海事监管提供数据支持。

④为船闸提供即将来船信息，提高船闸调度效率。

⑤实现船舶远程向卸货港的口岸管理部门和港航企业提供各类监管和生产信息，使口岸管理部门及时掌握船舶动态，提高监管能力，降低行政成本，也为港航企业提升管理水平，推进物流供应链管理，降低管理运营成本提供支撑。

⑥实现水上突发事件信息的接报和应急资源管理，对重点物资进行跟踪定位；实现重点船舶跟踪，船舶违章信息服务。

⑦实现水路运输规费的电子稽征。

⑧实现应急救援信息服务，包括交通状况评估，事故对环境、人员和交通可能产生的影响的评估，搜索和救援活动的发起和协调、应急救援队伍位置及联系方式、应急救援指令信息等功能。

⑨对内河航运相关信息进行分析、加工和处理，为行业管理者提供高效便捷的航运统计信息服务。

(3)物流运输信息服务系统。基于现代信息和通信技术，为用户提供大量的协同信息，包括运力供需信息、港口装卸收费标准、货物供需信息、船员供需信息、船舶买卖需求信息服务，船舶交易机构、评估机构和船舶买卖经纪人的相关信息服务，为货主及运输企业管理者提供船舶与货物定位查询服务、货物代理人信息、船舶买卖需求信息、信息；实时发布航运参考运价、船舶运力预警等。

4. 功能分派设计

“三大业务系统”和“七大功能服务”之间的关系，如图 4-5 所示。

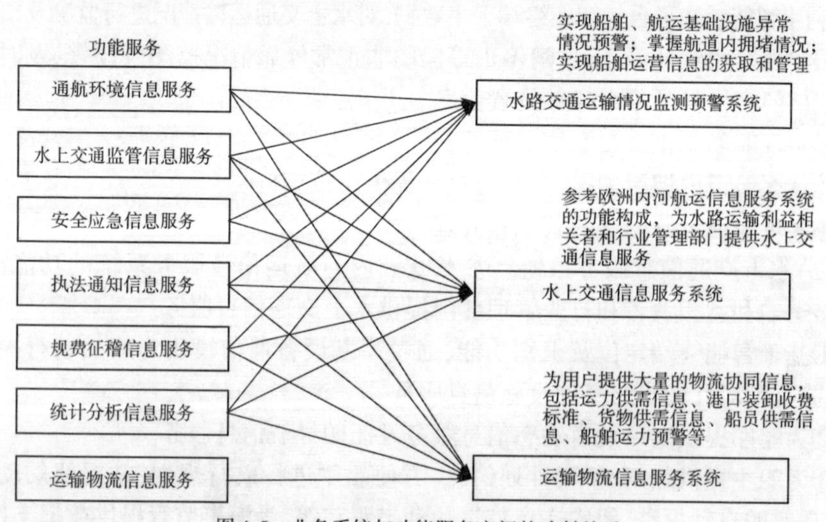

图 4-5　业务系统与功能服务之间的映射关系

"七大功能服务"与数据资源之间的对应关系,如图4-6所示。

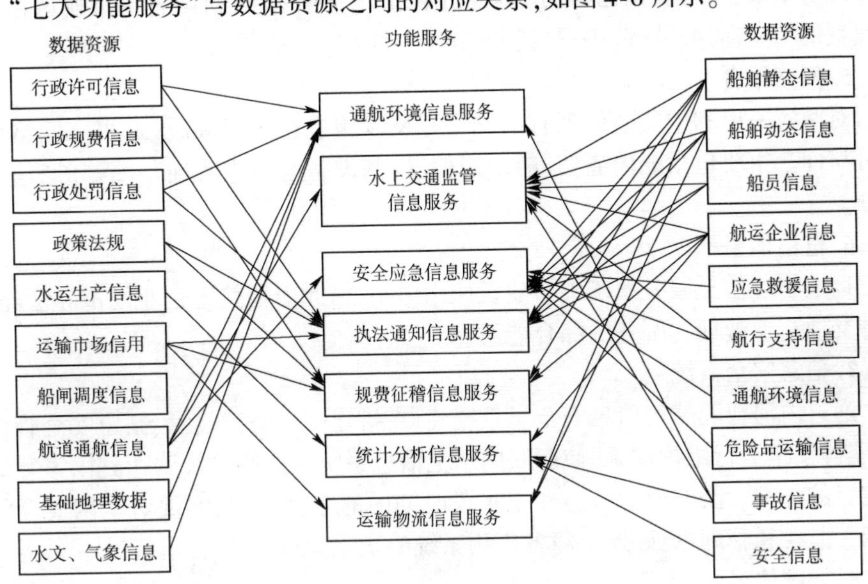

图4-6　功能服务与数据资源之间的映射关系

4.2.2　基础支撑系统及功能

为满足内河智能航运信息服务系统正常运行所基于的全局性的、行业性、通用性、基础性的需求,内河智能航运信息服务需要建设以下基础支撑系统模块。

1. 船舶电子身份认证中心

利用RFID及船载终端等关键技术,实现对船舶的身份识别,提供统一的内河船舶电子身份认证信息服务。

2. 内河航运信息公共访问控制系统

实现应用支撑平台内所有应用系统的统一用户及权限管理,实现统一平台下的单点登录和应用安全访问控制,同时为平台的应用访问提供全方位详细的日志记录,为系统的访问行为审核与防抵赖提供服务支撑。

3. 内河航运数据中心和数据交换平台

建立部省两级的航运数据中心,实现数据共享交换和业务应用协同,提升信息资源的开发和利用价值,为水路交通运输情况监测预警、水上交通信息服务、运输物流信息服务三大应用提供技术支撑。

4. 内河电子航道图系统

以国际水道测量数据传输标准(S-57)和欧洲内河电子江图显示与信息系统相

关标准为基础,参考我国已有的内河航道图显示标准,实现对两省一市航运相关地理信息的统一存储、处理、编辑、更新、显示与应用。

5. 网络平台

对两省一市和中交通信现有的网络基础设施进行升级和改造,提高网络传输的可靠性。主要包括船内通信、船岸通信、岸基设备与省中心通信、省际通信四个部分。

6. 信用体系

运输物流信息服务系统中将建设信用体系,借此引导航运企业规范守法经营,提升交通行业管理和服务的综合能力。

7. 信息安全系统

通过内河智能航运信息安全子系统建设,搭建安全防护技术、制定安全管理规范、明确安全运行维护体系,使船联网示范信息系统安全防护级别达到国家等级保护三级的标准。能够面对目前和未来段时期内的安全威胁,实现对全网安全状况的统一监控和管理,更好地保障各应用系统的正常运行。

8. 标准体系

在物联网及交通行业相关标准的基础上,通过示范工程应形成航运信息服务的相关标准规范体系,核心内容是制定船舶身份认证体系、船舶及货物信息精准获取体系、信息交换和信息整合体系相关标准规范。

4.3 小结

本章通过对航运主体及管理部门的整体业务进行全景描述和抽象,进而构建了内河智能航运信息服务的总体功能架构,提出各功能与各课题之间的对应关系,对相关系统功能的设计和实现提出建议,并提出功能与信息之间的对应关系。

第5章　内河智能航运信息服务技术架构

本章在内河智能航运信息服务功能架构的基础上,以水路交通运输业务为主线,以信息服务应用为中心,针对我国内河水运应用类型和应用场景,将物联网技术与内河航运信息化技术的充分融合,对内河智能航运信息服务涉及的技术方向进行分层归类,构建内河智能航运信息服务的总体技术架构。

5.1　总体技术架构

内河智能航运信息服务是物联网技术和信息化技术的融合应用,其总体技术架构的设计也参考应物联网技术架构、信息化和网络技术架构。

5.1.1　物联网通用技术架构

物联网作为一种形式多样的聚合性复杂系统,被分为感知层、传输层和应用层三个基本层面,并辅以安全保障体系和标准体系,如图5-1所示。

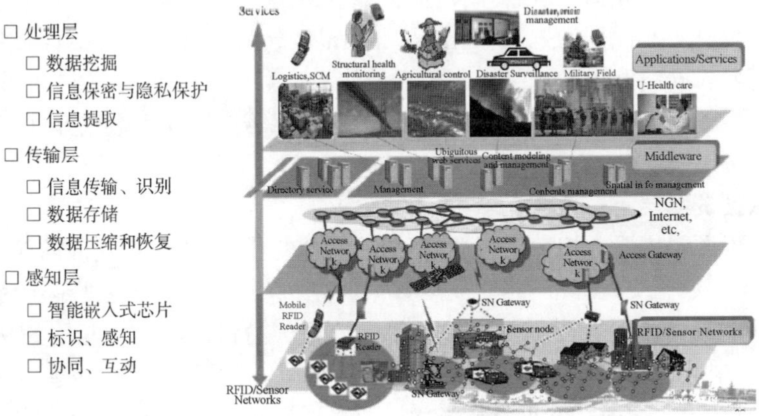

- □ 处理层
  - □ 数据挖掘
  - □ 信息保密与隐私保护
  - □ 信息提取
- □ 传输层
  - □ 信息传输、识别
  - □ 数据存储
  - □ 数据压缩和恢复
- □ 感知层
  - □ 智能嵌入式芯片
  - □ 标识、感知
  - □ 协同、互动

图5-1　物联网的常规性架构图示

感知层由各种传感器以及传感器网关技术架构构成，包括各种传感器、RFID标签和读写器、摄像头、GPS等感知终端。它是物联网识别物体、采集信息的来源，其主要功能是识别物体，采集信息。

网络层由私有网络、互联网、有线和无线通信网、网络管理系统和云计算平台等组成，相当于人的神经中枢和大脑，负责传递和处理感知层获取的信息。

应用层是物联网和用户（包括人、组织和其他系统）的接口，它与行业需求结合，实现物联网的智能应用。

5.1.2 内河智能航运信息服务技术体系总体架构

根据内河智能航运信息服务实际应用环境和场景，将物联网和信息化的技术层次架构进行融合，构建由五个结构层次和两大保障体系组成的内河智能航运信息服务技术体系总体架构，如图5-2所示。

1. 感知层

感知层的功能是实时采集船舶信息、航运基础设施状态信息、通航环境信息等，为内河船舶监管、通航环境维护、航运信息服务等提供数据支撑。主要包括各种信息采集技术设备，如RFID、GPS、AIS等船舶感知技术与设备，视频检测、激光、雷达等船舶通航环境感知系统设备，以及水文气象等多种传感器，快速准确获取航运相关数据。

2. 网络层

网络层是内河智能航运信息服务系统的网络基础设施，为感知数据、业务管理数据、信息服务数据提供接入和传输的通道，是航运信息资源整合、应用服务实现的基础。根据内河航运业务管理，内河智能航运信息服务网络层由部级网络、省级网络、市级网络三部分组成，涉及IPV6、Internet、专用网络、感知自组网络、移动通信、无线网络、网络路由和网络控制等多种技术。融合异构网络，构筑标准统一、结构合理、链路通畅、安全可靠的基础网络平台，是保障内河航运数据互联互通、业务协同管理的关键。

3. 数据资源层

数据资源层主要承担数据汇总、存储和管理的任务，通过构建内河航运数据资源模型，统一数据交换标准，建立航运数据共享机制，实现跨区域跨部门航运数据共享共用。具体涉及实时数据交换技术、分布式并行计算技术、基于SOA的信息服务技术、中间件技术等，需搭建跨区域航运数据资源库群、跨区域航运数据交换与共享平台、跨区域航运数据分析平台以及跨区域航运数据管控平台，以实现数据交换共享的功能，提高数据服务质量，实现知识管理和决策支持的目标。

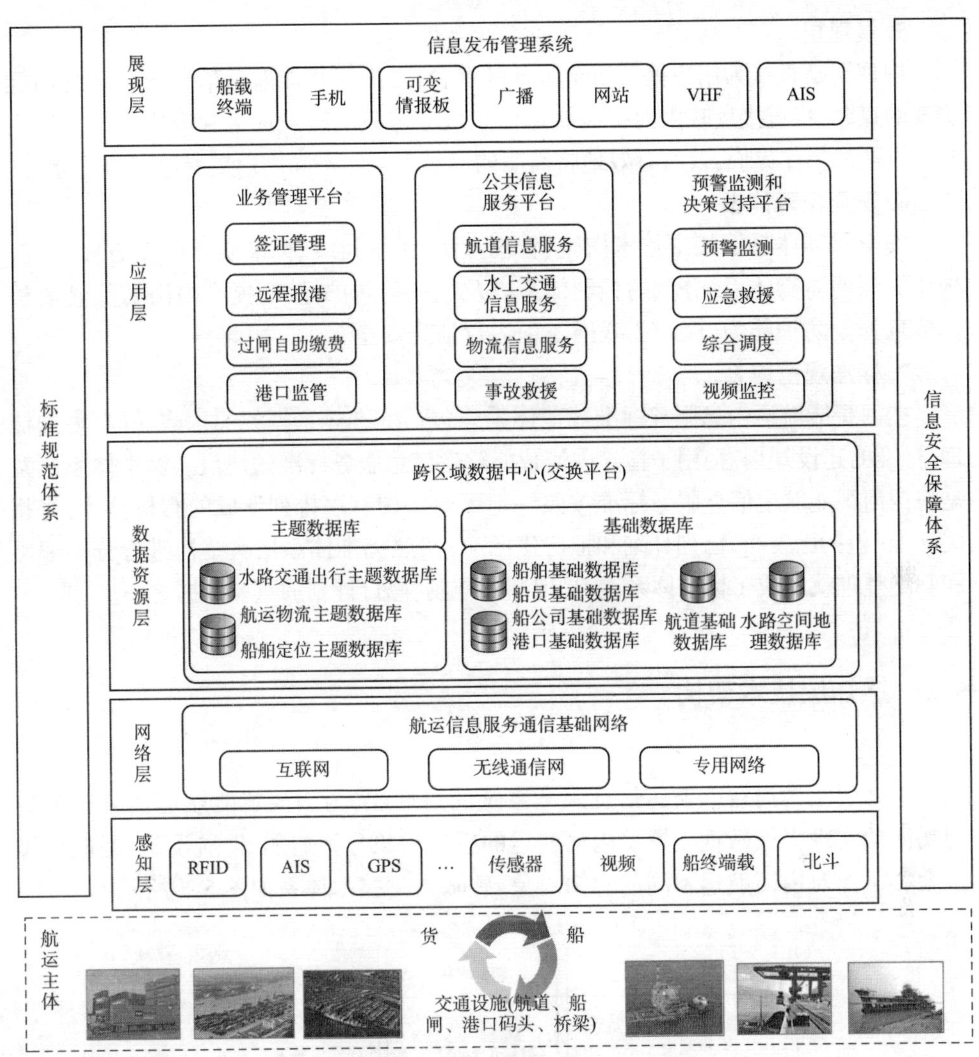

图 5-2　内河智能航运信息服务技术体系总体架构

4. 应用层

应用层一方面以内河智能航运信息服务总体功能架构为向导，充分整合数据资源，深入挖掘航运数据，以得到用户所需的信息，为内河航运信息服务提供内容支撑；另一方面，针对内河智能航运信息服务业务系统功能，优化业务流程，开发应用系统，为实现跨区域航运信息服务与业务协同提供工具支撑。主要涉及数据处理、流程再造、系统开发等技术，以丰富信息服务内容，拓展信息服务手段，规范业务管理流程，从而增加数据资源利用率，提高水运业务办理效率，提升内河航运信息服务水平。

5. 展现层

展现层是直接为用户提供信息服务的平台,是内河智能航运信息服务系统功能实现的媒介,将直接反映内河智能航运信息服务体系的建设成果和应用效果。提供友好方便的操作界面,及时有效地将简明的信息提供给不同用户是展现层的关键。

6. 安全保障体系

安全保障体系框架由技术措施、管理方法、系统运维、标准制定四个方面构成,构建纵深的防御体系、分域的控制体系以及统一的防护标准,提升内河智能航运整体信息安全防护能力,保障船联网工程运行信息安全。

7. 标准规范体系

内河智能航运信息服务标准规范体系究包括标准体系框架的构建、标准表的梳理、标准的建设规划等,用于指导内河智能航运信息服务标准的建设。标准体系框架是将内河智能航运信息服务标准按照一定逻辑结构有序排列形成的有机整体;将相关标准(包括已发布、已列计划和拟待建标准)按照标准体系层次结构进行分类编码和归纳整理就形成了标准体系表,是编制标准制、修订计划的重要依据之一。

5.2 感知层技术架构

感知层是内河智能航运信息服务系统的最底层,为内河智能航运信息服务应用功能的实现提供数据支撑。内河航运的感知对象分为船舶、助航设施、通航环境三大类。面对内河航运不同的感知对象,感知层的技术体系如图 5-3 所示。

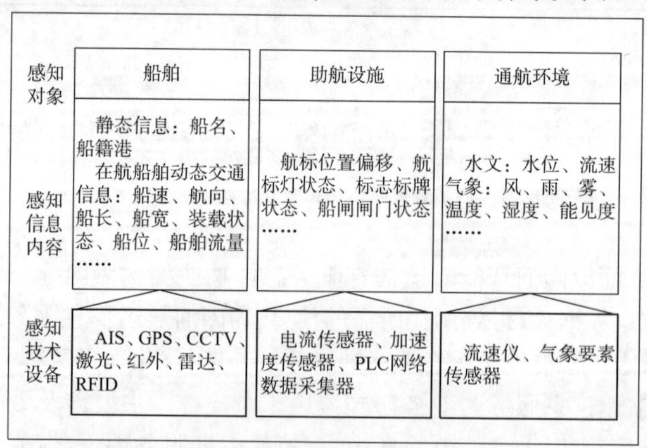

图 5-3 感知层技术体系

船舶感知的内容包括船名、船籍港等静态信息，以及船速、船位等动态信息，为船舶管理及服务提供数据支撑；助航设施感知的内容主要是航标、标志标牌、船闸等设施的状态，用于助航设施的管理，及时发现其异常并快速处理，以保障航行安全；通航环境感知的内容包括水文、气象等要素，为船舶通航提供信息服务。

5.2.1　船舶感知技术

1. 船舶身份感知技术

船舶身份感知为船舶管理、费用缴纳等业务的基础。AIS 能够提供物、船、环境等信息，在促进船舶识别、避免船舶碰撞、强化海上交通管理等方面起到重要作用。但是 AIS 系统存在定位精度低、设备屏幕较小且分辨率较低等局限，不能满足内河智能航运信息服务在船舶身份识别与感知方面的功能需求。

RFID 是一项非接触式的自动识别技术，基本原理是利用射频信号和空间耦合（电感耦合或电磁耦合）传输特性来自动识别目标。RFID 系统由电子标签、读写器组成，能够对高速移动目标、多目标进行非接触识别，满足内河智能航运信息服务对船舶识别的技术要求。

2. 船舶交通量感知技术

船舶交通量检测的方式有多种：基于雷达成像技术、基于视频监控技术、基于红外成像技术、基于 AIS、基于激光传感器、人工观测等，不同的方式各有优劣，对比分析如表 5-1 所示。不同的船舶动态交通流感知方式都有各自的特点。而不同等级的内河航道、不同的管理要求也需要相应的感知方法来获取动态交通流的数据。

船舶交通量检测技术　　表 5-1

观测方式	人工	雷达	视频	红外	AIS/RFID	激光器
自动观测	×	√	√	√	√	√
主动观测（无须船载设备）	√	√	√	√	×	√
无须建设基站	√	√	√	√	×	√
可昼夜工作	×	√	×	√	√	√
适应复杂气象	×	√	×	×	√	√
三维测量	×	×	√	×	—	√
观测精度	较低	较低	较高	较高	高	高

5.2.2 助航设施感知技术

水上交通基础设施状态正常与否，会直接影响到船舶航行安全。自动化采集基础设施状态数据，可以为内河智能航运信息服务提供长期、稳定运行的安全基础设施，这对于内河智能航运信息服务中船舶的安全航行保障具有重要的现实意义和应用价值。

1. 船闸运行状态感知

船闸是航道中的重要枢纽工程，船闸闸阀门是影响船闸正常运行的最重要设施之一。船闸闸阀门异常，会影响船闸的正常运行，进而影响船舶安全的通行。采集船闸闸阀门状态数据、分析数据信息、感知船闸闸阀门状态，以确保船闸闸阀门工作状态正常。

2. 航标及标志标牌状态感知技术

航标及标志标牌作为向船舶提供测定位置载体，是航运安全的重要保障设备。航标、标志标牌位移、姿态变化或供电不足会对船舶安全航行造成重大影响。感知航标、标志标牌状态，发现标志标牌位移和姿态的变动，提醒维护部门及时维护，是保障航行安全的前提。

5.2.3 通航环境感知技术

水上通航自然环境是影响船舶航行安全的关键因素。通过先进的感知技术获取水上通航自然环境信息，能为船舶的安全航行提供重要的技术保障。在内河智能航运信息服务环境感知系统中，基于航标的一体化通航环境感知系统能够实现水文气象等通航环境信息采集、上报的自动化。

5.3 网络层技术架构

网络层是内河智能航运信息服务体系中的基础支撑部分，由部级网络、省级网络、市级网络三部分组成，多种异构网络(网络融合)承担着所有信息数据和感知数据的接入和传输，为了保障业务数据和管理数据在传输过程的上通下达、互联互通，需建立 IPV6、高安全性、高可靠性的安全传输机制。

针对水上通信多样化的业务需求，以及内河智能航运信息服务的移动性、链路脆弱性等特点，内河智能航运信息服务安全自组织网络传输架构设计拟从核心层网络和接入层网络开展研究。网络传输如图 5-4 所示。

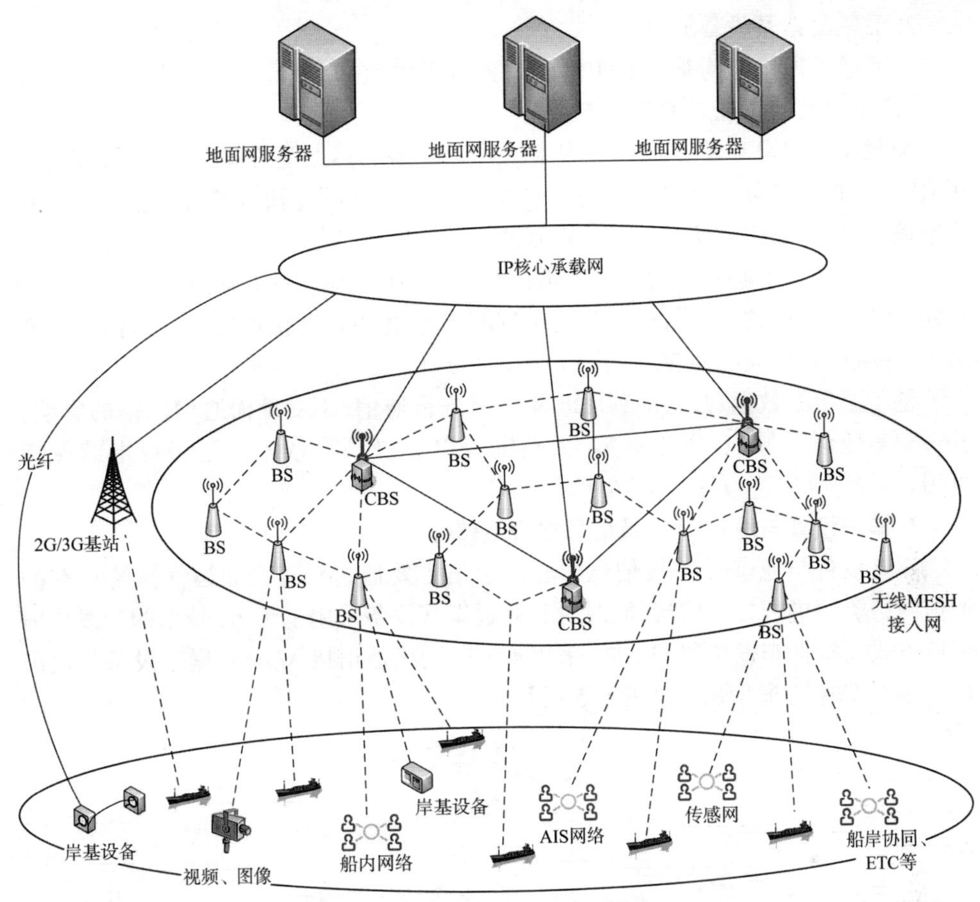

图 5-4　内河智能航运信息服务网络连接示意图

核心层网络包括水运主管部门内部和相互之间的通信网络、省市级数据中心与部级数据中心的通信网络。接入层网络包括船与船之间的通信、船与岸之间的通信、智能感知设备与市级数据中心的通信。

5.3.1　接入层网络

接入网络由船与岸通信、岸基设备与地市（区）信息中心通信两方面组成。通过 RFID 传输网络、视频传输网络、水文设备传输网络将船舶、水文设备、视频设备接入船联网，是船联网的接入层通信网络。

1. 船舶与岸基设备通信

船岸通信网络架构基于 RFID 技术、公共无线数据、卫星三种通信机制进行规划，以满足内河航运船岸通信业务需求。

船载设备与岸基设备通信，即船舶在岸基设备的热点覆盖范围内，岸基设备采用 RFID/AIS 等技术实现船舶的身份和状态感知，获得根据船舶信息、船舶定位和状态信息、航道基础和实时情况等定制的个性化的服务信息。

船载设备与中心的无线数据通信，即船舶不在岸基设备的热点覆盖范围内的时候，可以通过公共无线数据通信网络（GPRS 或者 3G）直接向中心发送信息服务请求，并且得到相应的回应。

基于卫星的数据通信，即利用北斗卫星进行通信，不受地面通信网络的影响，并可覆盖任何区域，在发生地震、大范围停电等极端气候条件下仍可继续保持可用。

2. 岸基设备与地市（区）级信息中心通信

岸基设备与地市（区）级信息中心的通信主要通过对省交通运输系统现有的通信网络资源进行整合实现，同时对于偏远岸基设备采用基于 3G 技术的无线数据通信方式。根据布设位置的不同，采用不同的网络通信接入策略，岸基设备与地市（区）及信息中心通信网络如图 5-5 所示。

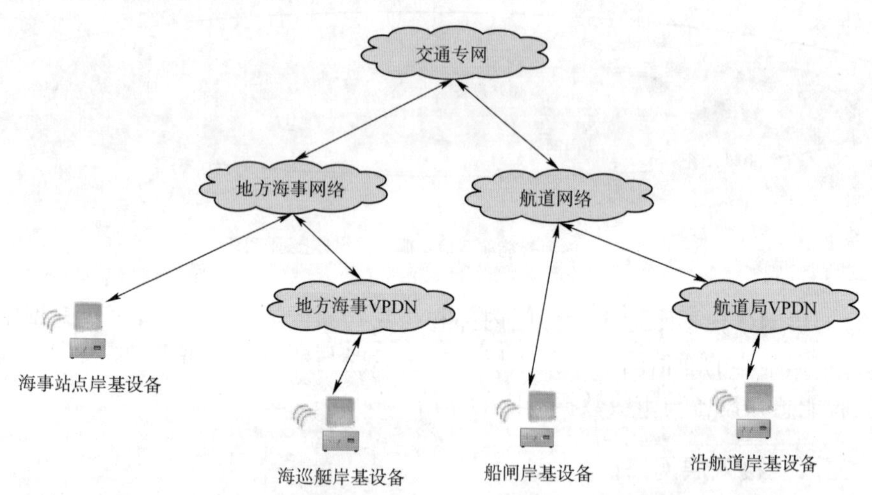

图 5-5　岸基与地市（区）信息中心通信网络示意图

（1）布置在航道船闸、船闸远调站等的岸基设备，直接采用这些站点的 IP 网络接入航道局网络，从而通过全省交通专网实现与中心的通信。

(2)布置于航道沿岸的岸基设备,采用无线数据通信方式接入航道局的 VPDN 从而实现与中心通信。

(3)布置在地方海事检查站所的岸基设备,直接通过这些站点的 IP 网络接入地方海事局网络,从而通过全省交通专网实现与中心的通信。

(4)布置在地方海事局海巡艇的岸基设备,采用无线数据通信方式接入到地方海事局的 VPDN 从而实现与中心通信。

多个中心之间通过租用电信运营商的宽带线路构建 VPN 来实现两两之间的点对点网络连接。

5.3.2 核心层网络

基于数据中心的核心网络部署架构,由部省通信网络、省航道局通信网络、省地方海事局通信网络三部分组成,通过航运专网或 VPN 实现省级数据中心与部级数据中心、省级数据中心与各业务局之间网络连接,是船联网的通信网络主干路。

1. 部省通信网络

部省主数据中心由上海市数据中心、江苏省主数据中心与分数据中心、浙江省数据中心和部级数据中心四部分组成,通过航运专网建立安全通道,并实施数据传输保护,确保其在传输过程中不会被窃听、篡改和破坏。部省通信网络示意图如图 5-6 所示。

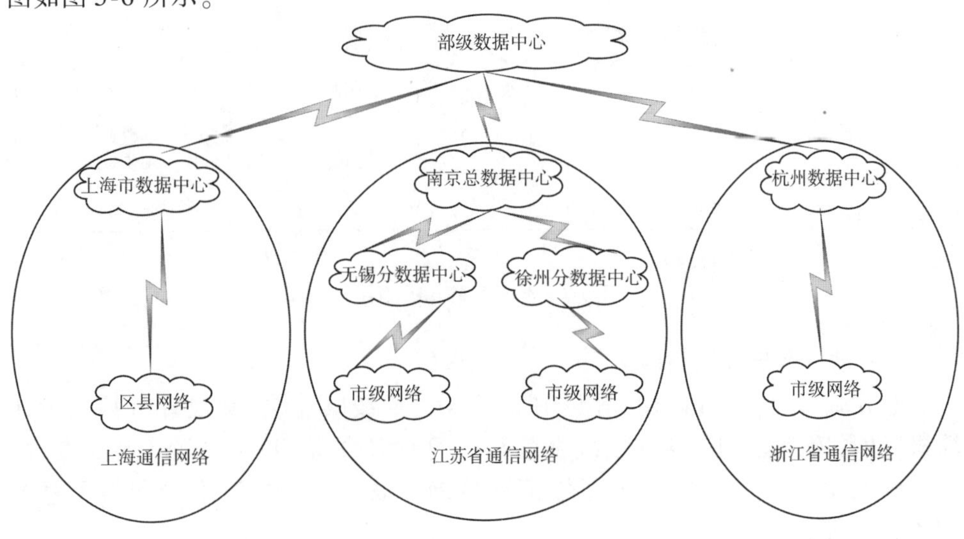

图 5-6 核心网络连接示意图

部分省份数据中心(如江苏省)之间已完成了高速公路 2.5G SDH 传输网建设,建成了省—市纵向骨干网和省级横向网,实现了与省政府、直属单位和市级交通运输局的宽带互联,并通过租用电信 2M 线路实现与交通运输部联网。

2. 省航道局通信网络

省航道局组建了覆盖省市县三级航道管理部门的广域网络,并采用运营商 VPN 网络,实现了与全省大部分船闸、收费点等偏远办公地点的联网,部分航务管理处通过信息化工程建设后在京杭运河沿线铺设了 2.5G SDH 光传输网络,实现航道通信专网的建设。省航道网络示意图,如图 5-7 所示。

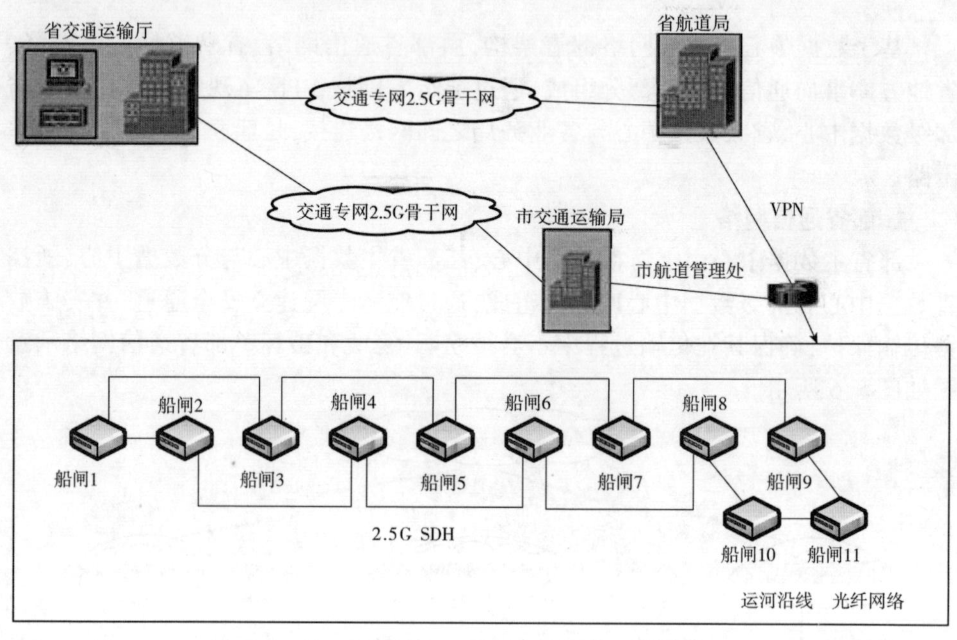

图 5-7　省航道局网络示意图

3. 省地方海事局通信网络

地方海事局通过租用电信 SDH 2Mb/s 光纤线路连接,实现省市县三级计算机联网,覆盖省、市、县三级海事管理部门和海事所,以及大部分签证点、海巡艇等流动办公点,并与交通运输部海事局互联。省地方海事局网络示意图如图 5-8 所示。

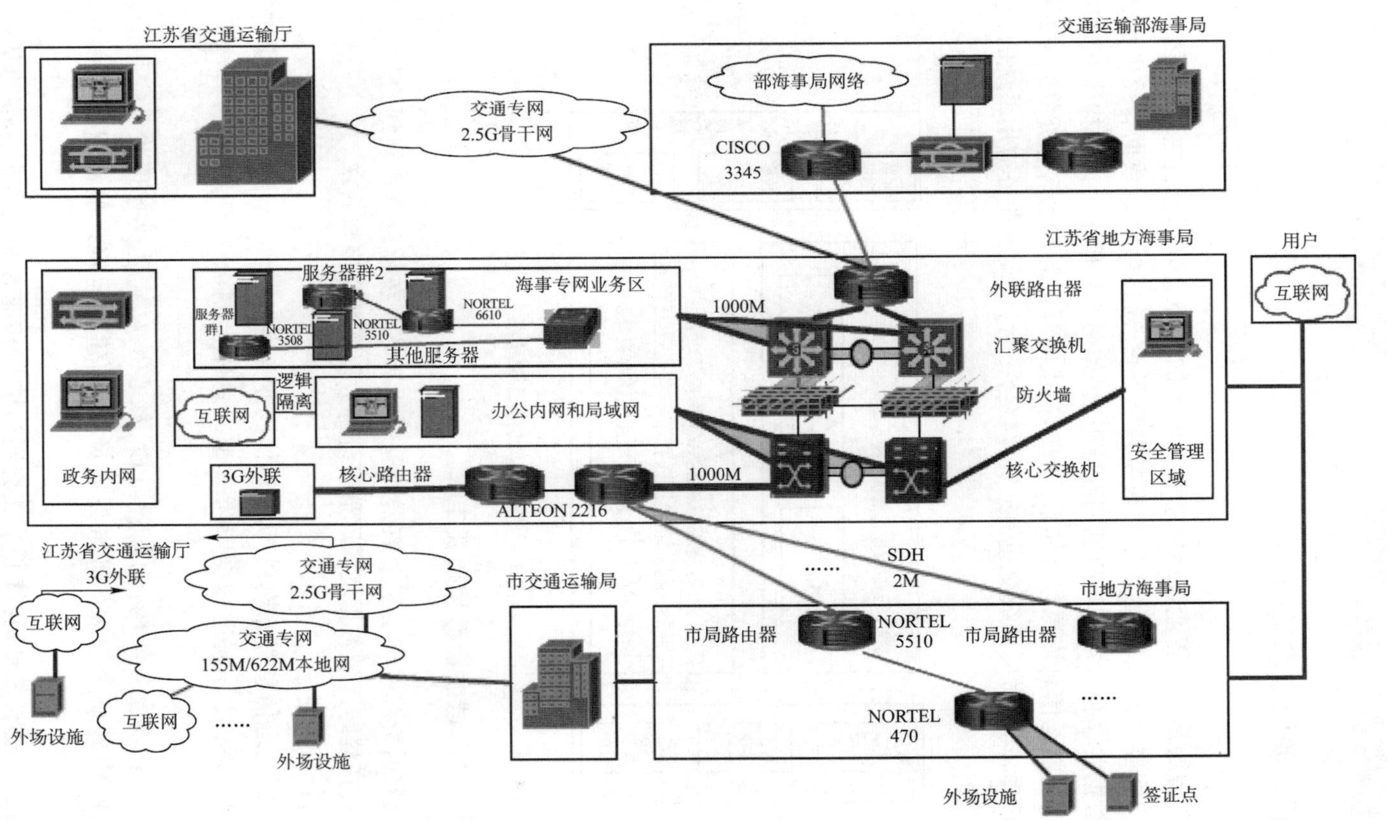

图5-8　省地方海事局网络示意图

5.4 数据资源层技术架构

数据资源层是内河智能航运信息服务体系的核心支撑部分,主要由跨区域航运数据资源库群、跨区域航运数据交换与共享平台、跨区域航运数据管控平台、跨区域航运数据共享技术规范与机制四部分组成,如图5-9所示。通过构建,部、省、市级内河智能航运信息资源整合体系,实现省、市内河智能航运信息资源的全面整合及统一管理,同时对接部级交通信息资源整合平台,带动新业务应用系统的开发建设。

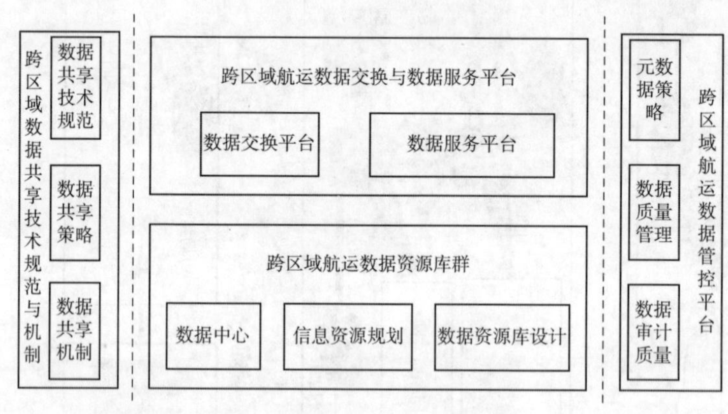

图5-9 数据资源层技术架构图

5.4.1 跨区域航运数据资源库群

跨区域数据资源库群是整个数据资源层的基础。在信息资源规划的基础上,设计数据库,搭建跨区域数据资源库群。统筹数据资源交换与共享。

1. 信息资源规划

内河智能航运信息资源规划,从航运协同业务出发,自顶向下对航运数据进行全面分析与梳理,设计航运数据参考模型。总体上划分为四大阶段,具体见图5-10。

(1)第一阶段业务架构:为前置阶段,核心是对航运业务现状及应用需求的分析梳理,明确航运管理的业务发展目标,构建航运管理的流程模型和组织模型。

(2)第二阶段概念模型:核心是在交通运输部和地方相关数据标准的基础上

完成对航运数据的梳理与分类,并定义一系列抽象的原则,如静态数据与动态数据分离原则等,对航运的全域数据进行抽象,提取主题域。

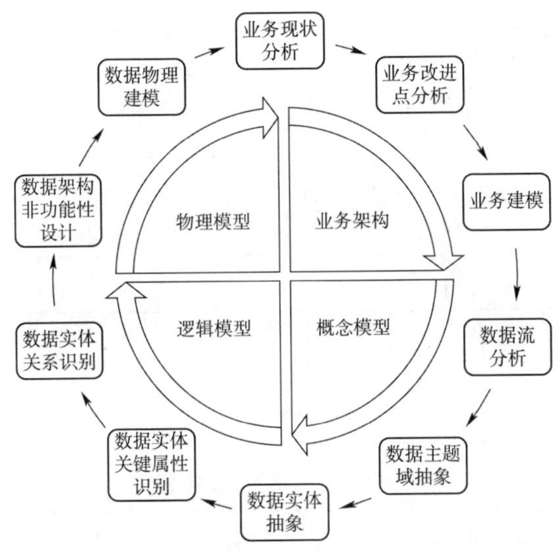

图 5-10　航运数据模型

(3)第三阶段逻辑模型:是在概念模型的基础上对抽取出来的主题域中的数据进行分类组织,识别实体、实体属性及实体关系。

(4)第四阶段物理模型:核心设计数据架构的非功能需求,将逻辑模型,结合非功能需求进行物理化建模。

2. 数据库设计

数据库总体架构如图 5-11 所示,数据的来源主要包括三个方面:源系统、RFID 等感知数据、相关部门数据。

信息资源层为顶层的业务管理、综合决策以及信息服务平台提供数据支撑,包括基础库、业务库、主题库和元数据库。

主题库是基础库和业务库数据经过整理、转换和聚合而形成的,以支撑综合管理类和决策支持类的应用。

元数据库是描述数据资源的数据集合,是数据管控的基础。

3. 数据资源库群架构

面向海量数据的内河智能航运数据资源库群部署如图 5-12 所示,将采用区域集中的模式,通过建立中心节点来统筹管理区域内的各类内河智能航运相关数据交换与共享。

信息资源
主题库
水路运行主题库
水路交通出行主题库
船舶定位主题库
业务库
船舶远程签证
船舶远程报港库
岸基设备管理库
感知数据库
元数据库
基础库
航道基础数据库
港口基础数据库
水路空间地理基础库
船舶船员船公司基础库
源系统
感知数据
相关部门数据

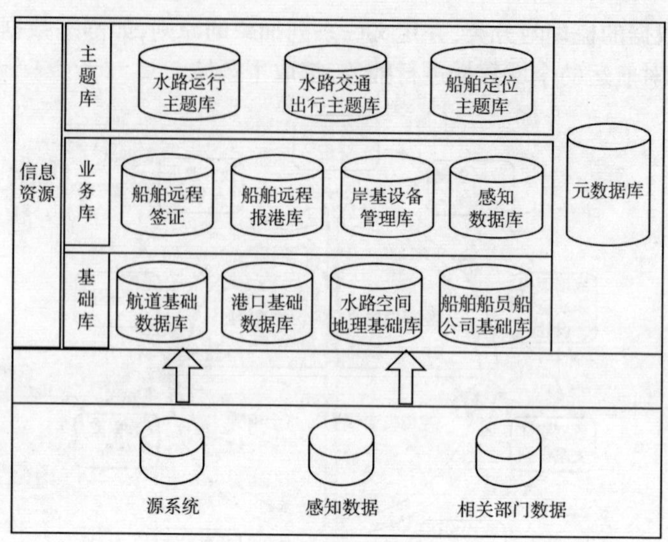

图 5-11　数据资源库框架

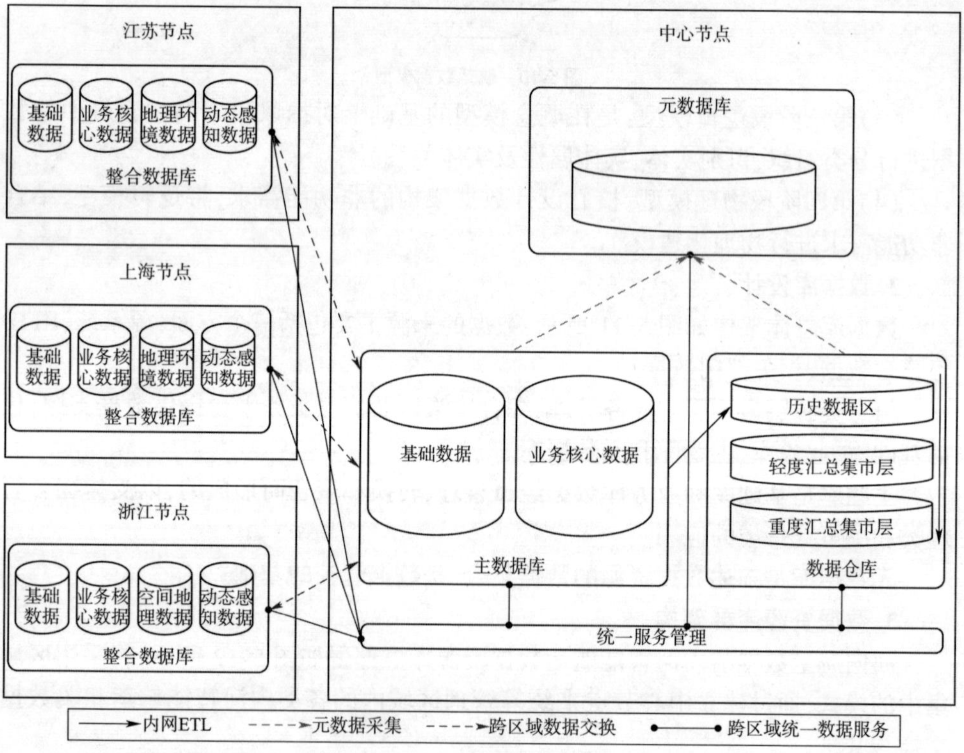

江苏节点
基础数据
业务核心数据
地理环境数据
动态感知数据
整合数据库
上海节点
基础数据
业务核心数据
地理环境数据
动态感知数据
整合数据库
浙江节点
基础数据
业务核心数据
空间地理数据
动态感知数据
整合数据库
中心节点
元数据库
基础数据
业务核心数据
主数据库
历史数据区
轻度汇总集市层
重度汇总集市层
数据仓库
统一服务管理
内网ETL
元数据采集
跨区域数据交换
跨区域统一数据服务

图 5-12　航运数据资源库群

跨区域航运数据资源库群由部中心节点、各省分中心节点组成，其中部中心节点为总中心节点，负责存储备份各省分节点提交的数据，并进行汇总分析，同时为跨省数据共享提供服务；各省分中心节点为二级中心节点，负责存储各水运部门提交的数据，进行分析，同时向部中心节点提交相关数据。

数据存储内容和同步方式如下：

(1)中心节点数据库存储并管理基础数据和业务核心数据两类主数据，省级分节点的数据库存储并管理基础数据、业务核心数据、地理环境数据和动态感知数据四大类数据。

(2)通过数据交换平台把各省级节点数据库新增或者变更的"基础数据"和"业务核心数据"实时同步到中心节点数据库。

(3)单个省级分节点可通过数据服务平台向中心节点发起请求，中心节点调用数据库中相应的数据传送给省级分节点。

5.4.2　跨区域数据交换与数据服务平台

跨区域数据交换平台依据数据共享技术规范与机制，实现跨区域的数据共享与管理；数据服务平台是以面向服务架构(SOA)，在数据交换平台的基础上，为上层应用提供相应的接口服务，满足内河智能航运多种应用服务的需求。

1. 数据交换平台

数据交换平台架构如图5-13所示，支持多种操作系统平台和多数据库，具有良好的可移植性和可扩展性的，为实现海量数据的批量、实时处理提供保障。

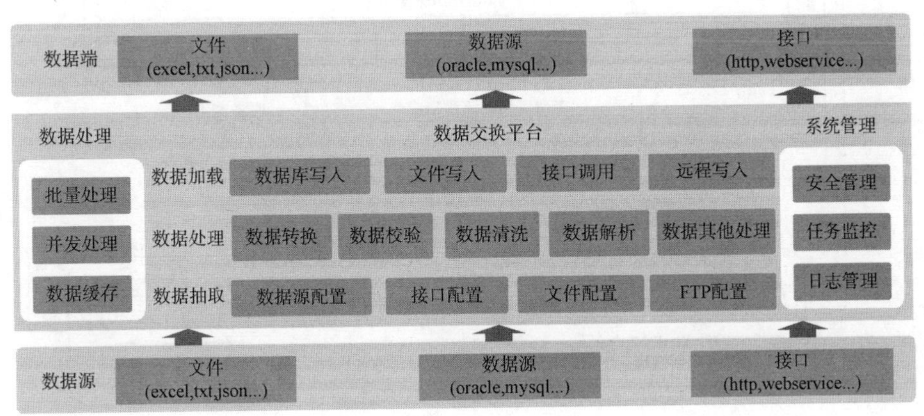

图5-13　数据交换平台架构

数据交换平台的核心模块分为数据抽取、数据处理及数据加载。数据抽取模块支持数据源的配置及抽取工作，主要包括数据库、接口、文件及 FTP 协议类型的文件存储读取；数据处理模块是整个数据交换平台的核心功能，负责数据的处理工作，主要包括数据转换、数据校验、数据清洗、数据解析以及其他数据处理工作；数据加载则主要是提供数据的不同写入方式，包括数据库写入、文件写入、接口调用、FTP 写入等功能。

此外，交换平台还有两大基础模块，分别为系统管理和数据处理模块。系统管理模块主要负责安全管理、日志管理和任务管理；数据处理模块主要是在系统内部，为不同的数据处理方式提供可靠稳定的支持，具有批量处理、并发处理及数据缓存功能。

2. 数据服务平台

数据服务平台通过服务的方式实现数据不落地情况下的业务信息共享，从而实现业务系统的整合和协同。数据服务平台功能架构，如图 5-14 所示。

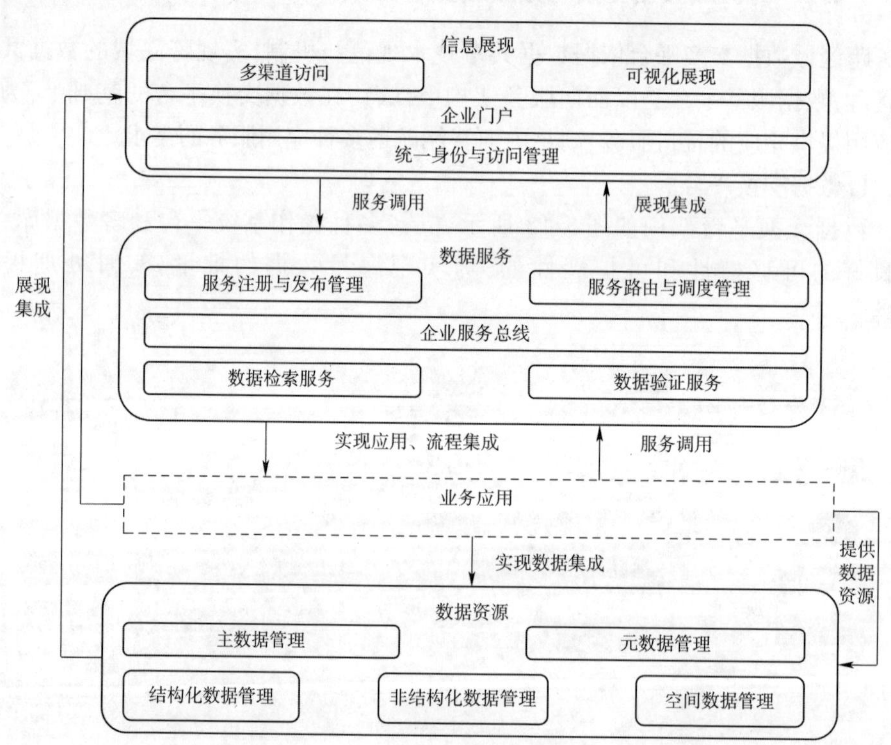

图 5-14　数据服务平台总体架构

数据服务平台利用SOA的松耦合的特性以模块化的方式来添加新服务或更新现有服务，能够对业务的调整和变化做出快速的反应，适应内河智能航运不同种类的应用软件、系统软件和应用基础环境。主要服务有数据检索服务、数据验证服务、数据分析服务。

(1)数据检索服务。数据检索服务是指将信息按一定的方式组织起来，并根据终端用户的需要找出有关信息的过程和技术，即从信息集合中找出所需要的信息的过程。数据检索服务着重于在内河航运区域之间，通过定义唯一识别标识来获取航运对象的相关属性信息。

(2)数据验证服务。数据验证服务通过输入需要验证对象的部分标示性信息，来核实对象身份的有效性，与数据检索服务相比，能通过较少的信息达到身份识别的目的，特别适用于船舶身份自动识别等场景。

(3)数据分析服务。对所有业务指标当前状况、历史同比、上月环比、增长趋势、区域分布进行全方位监控，支持多种形式、多个维度的数据统计分析，为用户提供柱状图、饼状图、曲线图等可视化的分析结果，从多个角度反映航运形势，并提供丰富的接口供外系统调用。

5.4.3　跨区域航运数据管控平台

1. 数据管控体系

数据管控体系通过建立数字资产综合管理的组织、流程、工具和评价考核体系，规范数据标准、提高数据质量、保障数据安全，从而确保数据的准确性、一致性、完整性、可用性和安全性。其框架图如图5-15所示。

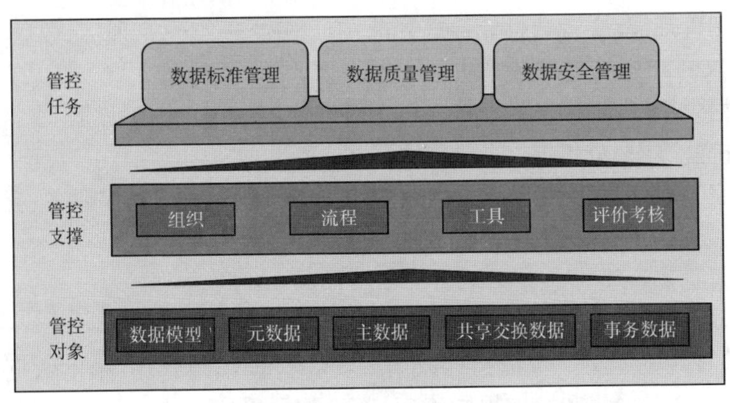

图5-15　数据管控体系架构图

2. 元数据管控

元数据管理系统通过元数据抽取引擎、血缘分析算法的研究，解决元数据管理底层元数据抽取、元数据监控结果异常追踪等关键问题，总体结构如图 5-16 所示。

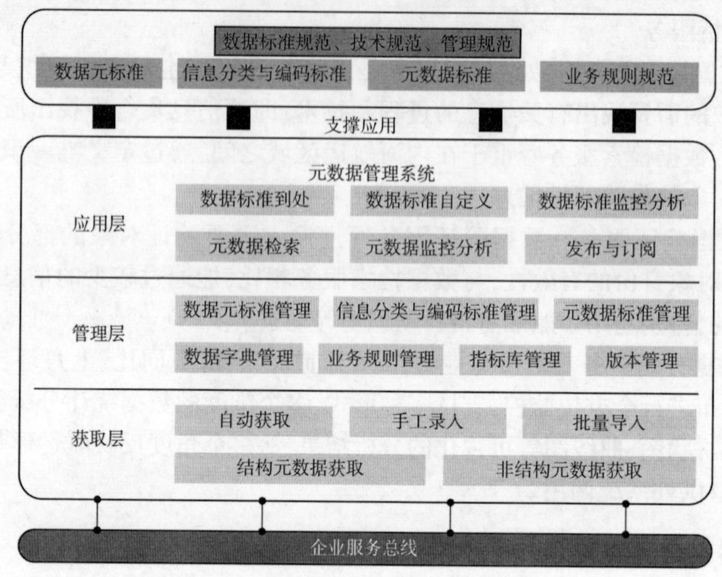

图 5-16　元数据管理系统总体结构

元数据管理系统遵循 SOA 系统架构，通过 ESB 向外部（ETL 工具、BI 展现工具）提供元数据服务以及和外部元数据进行交换。

元数据获取层：实现源层中各个系统的元数据抽取。源层包括各应用系统数据源、ETL 工具、数据仓库产品、数据集市产品、数据挖掘工具等。

元数据管理层：实现数据元标准管理、信息分类与编码管理、元数据管理、业务规则管理、KPI 指标管理等基本功能。

元数据应用层：提供可供业务人员理解和使用的用户访问界面，支持元数据标准检索、查询、导出、分析等。

对外服务层：通过 ESB 对外部系统提供服务，如元数据访问服务、元数据交换服务，来完成不同子系统之间的元数据交互。

3. 数据质量管理

数据质量管理主要内容包括：

（1）检查规则定义。包括指标数据采集和检查规则管理、维度数据采集和检查规则、文件数据采集和检查规则管理、库表数据采集和检查规则管理、作业数据采集和检查规则管理。

(2)检查任务监控。图形化界面对检查任务进行监控。

(3)数据质量申告管理。包括数据质量申告功能,对业务人员提交的申告单、运维和管理人员提交的申告单以及事件处理时自动提交的申告单进行综合管理,提供统一的数据质量申告单入口、信息关联和互动的功能支持。

(4)数据质量评估管理。分为数据内容质量评估和数据质量展示评估。

4. 数据质量审计

通过制定一系列数据质量管理流程规范,开发数据质量审计过程管理的软件工具,提供数据产生过程管理、数据库变更管理、数据服务申请管理和数据质量改进管理。

(1)数据产生过程管理。提供新建业务系统对数据标准体系遵循情况的审计管理,具体包括对业务系统数据库逻辑模型的审核、数据库上线申请管理、数据库物理模型审核。并做到和元数据管理系统的无缝结合,在数据库开表后,由元数据管理系统完成元数据的抽取。

(2)数据库变更管理。提供系统运行过程中对数据标准体系遵循情况的审计管理,具体包括:数据表(库)升级审核管理、数据表(库)异常变化监控审核等功能,为保证数据资源统一、规范、安全、有效的管理提供功能支撑。

(3)数据服务申请管理。用户通过查询元数据管理系统的信息资源目录,提出自身需要的数据服务需求,由本模块提供数据需求申请审核。

(4)数据质量改进管理。提供数据质量检查结果审核,并对数据质量改进过程进行审查监控。

5.4.4　跨区域航运数据共享技术规范与机制

跨区域航运数据共享技术规范与机制给出了内河跨区域智能数据共享的技术约束,定义了数据共享的模式、机制和应用场景。

1. 数据共享技术规范

内河智能航运信息服务技术规范提出跨区域数据共享体系在互连互通时所涉及的以共享协议为主的技术要求。共享协议描述了数据共享中不同层次对消息格式的要求,包括:网络传输、消息框架、消息安全、消息可靠性、服务描述、流程协同等。

2. 数据共享策略

跨区域跨业务数据共享策略分为实时同步和批量加载两种。

(1)批量数据交换策略。适用于源系统数据获取、主数据管理、数据容灾等数据物理落地的应用场景。通过数据抽取、转换和加载的过程实现数据的异步或准同步的数据采集、清洗、聚合与交换,支撑数据的共享和分析应用。

(2)实时数据服务策略。基于SOA的架构理念,将数据中心的数据以服务接口的形式供各类业务系统实时调用,从而在数据不落地的情况下实现跨业务的实时数据获取和业务协同。

3. 数据共享机制

(1)"分类分级"的共享机制。跨区域智能航运数据资源的共享采用"分类分级"的共享机制,即在航运数据共享分类目录体系下对每个分类所属数据的共享需求的集中度进行测算,并以此为依据来划分共享热度等级,根据等级的不同而采用不同的共享策略。

①数据共享热度等级为一级的数据资源,必须采用实时数据服务的策略来保障数据共享。

②数据共享热度等级为二级的数据,首选采用批量数据交换策略来保障数据共享,针对部分特殊数据资源可采用实时数据服务的策略来保障数据共享。

③数据共享热度等级为三级的数据原则上只采用批量数据交换来保障数据共享。

(2)主数据内容更新机制。

场景一:通过数据同步和数据ETL搭配的模式,依托数据交换平台,对各省级节点中的需要同步到中心节点的主数据进行交换。

场景二:省级节点通过调用中心节点开放的主数据更新接口,依托数据服务平台,将需要更新到中心节点的主数据推送过去,进入到中心节点数据库。

(3)主数据共享请求机制。

场景一:通过数据同步和数据ETL搭配的模式,依托数据交换平台,各省级节点从中心节点数据库将数据交换到本地。

场景二:各省级节点通过调用中心节点开发的主数据共享接口,依托数据服务平台,将请求的主数据交换到本地。

(4)主数据结构变更机制。主数据作为中心节点对外提供共享的核心和基础,对其主数据范围和内容的修改和调整会对诸多系统造成影响,对此应保持充分的谨慎,遵循主数据变更控制流程:由各省级节点提交主数据变更需求,由主数据维护小组经充分讨论和分析,提交主数据变更方案和相关设计文档,经各省级节点、中心节点和主数据维护小组三方参与的主数据变更确认会确认后,正式发布主数据变更确认方案,并开展实施和试运行。收集试运行反馈信息,进入下一轮迭代过程。

5.5　应用层技术架构

应用层一方面以内河智能航运信息服务总体功能架构为向导,充分整合数据资源,深入挖掘航运数据,以得到用户所需的信息,为内河航运信息服务提供内容支撑;另一方面,针对内河智能航运信息服务业务系统功能,优化业务流程,开发应用系统,为实现跨区域航运信息服务与业务协同提供工具支撑。

5.5.1　基于业务功能的数据处理

通过感知层采集的数据和通过数据资源层交换获取的数据大部分不能直接为用户提供服务,需要结合业务需求进一步处理,才能得到对用户有意义的信息。通过分析得出,内河智能航运信息服务七大功能模块中,除规费征稽信息服务和政策法规及执法通知信息服务外,其他信息服务的相关功能的实现都需对航运数据进行分析处理,基于业务功能的数据分析处理技术架构如图 5-17 所示。

图 5-17　应用层技术结构——基于业务功能的数据分析处理

1. 通航环境信息处理

在航道通航信息服务方面，构建船舶环境适航指标体系，建立适航指数模型、航道拥堵指数模型、内河交通突发事件波及范围辨识模型，利用航道基础数据、航道的水文气象等状态感知数据以及船舶在航数量、通航密度、航行速度、航向、装载情况等航道通航状态数据，评估航道适航状态、航行拥堵状态、事件波及范围，为相关区域内的船舶提供通航预警信息服务，如图 5-18 所示。

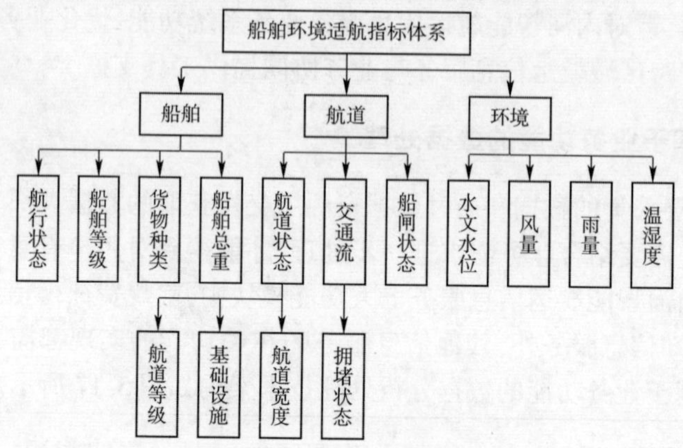

图 5-18　适航预警指标体系

在船闸运行信息服务方面，构建船闸联合排挡调度模型，根据待闸船舶的数量、船型、闸室运行状态等信息，优化设计闸室排档调度，及时发布排闸信息，提高过闸效率，如图 5-19 所示。

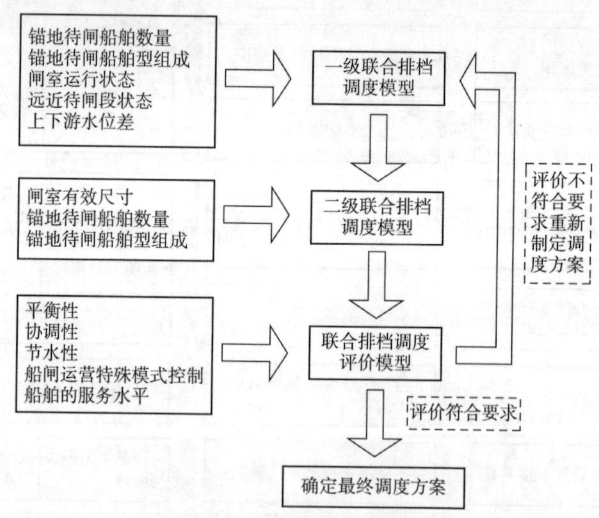

图 5-19　船闸联合排档调度模型

2. 交通监管信息处理

在船舶实时监控方面，设计多源动态信息融合算法，对 AIS、GPS、VTS、RFID 等数据进行融合处理，获取更加准确的船位信息，实现目标状态实时监控，如图 5-20 所示。

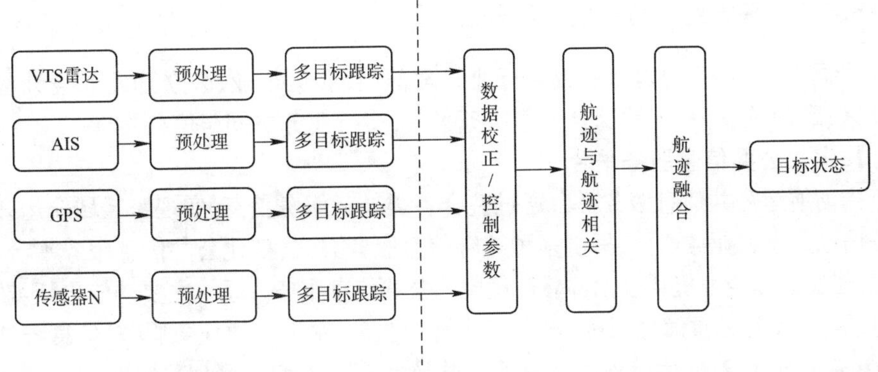

图 5-20　信息融合结构模型示意图

在船舶超限及违章停靠监测方面，利用航道视频监控、激光传感器等设备采集的数据，综合应用计算机视觉、数据融合、数字图像处理、模式识别、无线定位等多种技术，实现包括船长、船宽、船舶吃水线、船速等航道交通参数的识别，并通过与航行规则的比对实现船舶超限及违章事件的实时自动检测，见图 5-21。

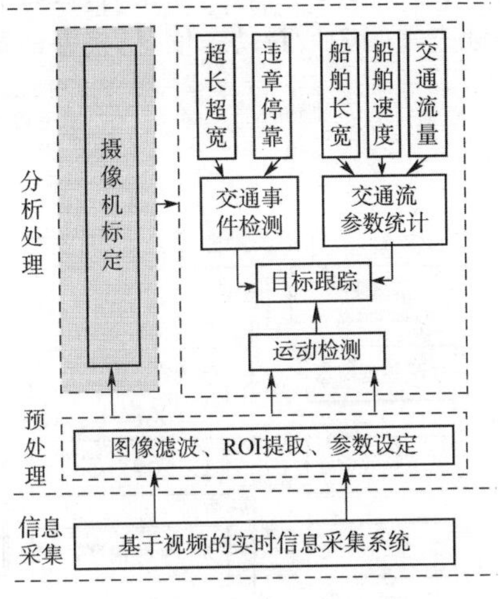

图 5-21　水上交通事件监测

3. 统计信息分析处理

在船舶交通流统计方面，利用航道视频监控、激光传感器等设备采集的数据，采用连续时间域上基于形态分类方法，识别船舱和机舱，实现船舶交通流量统计。并通过大量样本实验和监督分类方法，强化学习拖船队的形态学特征，实现拖船队自动检测统计。

4. 运输物流信息处理

在运输物流信息处理方面，研究内河船舶运力、运需信息动态匹配算法，实现船、货、码头实时智能匹配，及时精准地将信息推送给用户，以提高内河航运物流效率。

5. 安全应急信息处理

建立基于物联网和电子航道图技术的应急资源库，构建应急资源调度模型，实现应急资源动态管理，并辅助提供可行高效的调度方案，提高应急救援工作的响应速度和效率。

5.5.2 基于业务协同的系统开发

根据业务需求，为内河领域的行业管理部门、航运企业、公众开发和设计各种跨地区、跨领域、跨系统的综合信息服务平台，实行业务协同与信息共享。

1. 水上公共信息服务平台

内河航运公共信息服务平台通过整合各类航运服务信息，实现跨区域航运公共服务信息共享和业务协同，提供多种综合信息服务方式，搭建公共信息服务平台，为船民、船舶运输企业提供全面、高效、优质的公共信息服务。系统主要功能包括：航道信息服务、水上交通信息服务、水上交通管理服务、水上事故应急服务、信息统计服务，结构如图 5-22 所示。航运企业可通过平台随时查询到管理部门发布的安全监管、航运通道堵塞、航道整治、灾害等服务信息。各级监管部门也可通过该平台方便地查看船舶最新动态信息、报警信息，并根据实际情况发布调度指令及公告信息。

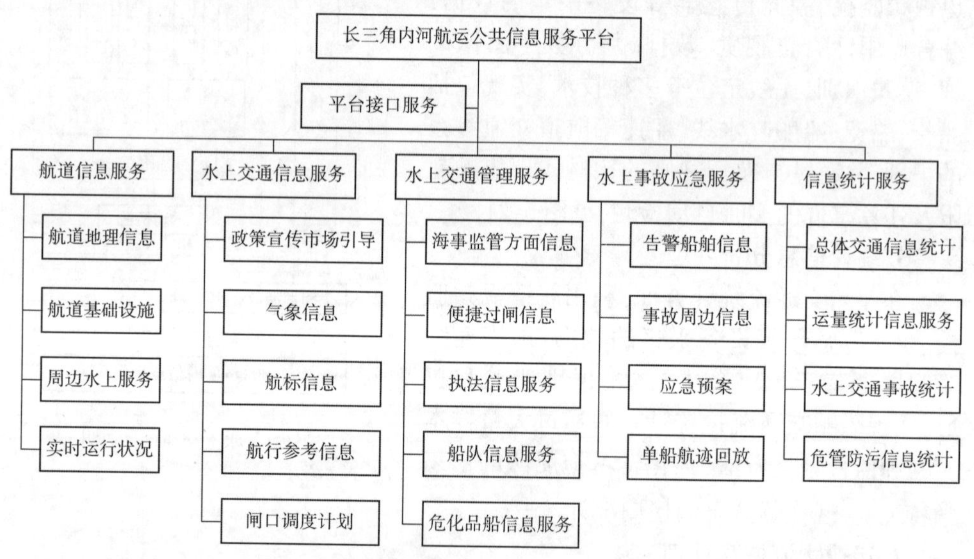

图 5-22 内河航运公共服务信息平台结构

2. 水上交通运输情况监测预警系统

水上交通运输情况监测预警系统在充分整合港口、航道、运管、地方海事等水路交通管理部门的网络资源和数据资源的基础上，结合船联网工程的实时感知数据，实现水路交通管理的实时监视、实时监管、预测预警，系统架构如图5-23所示。

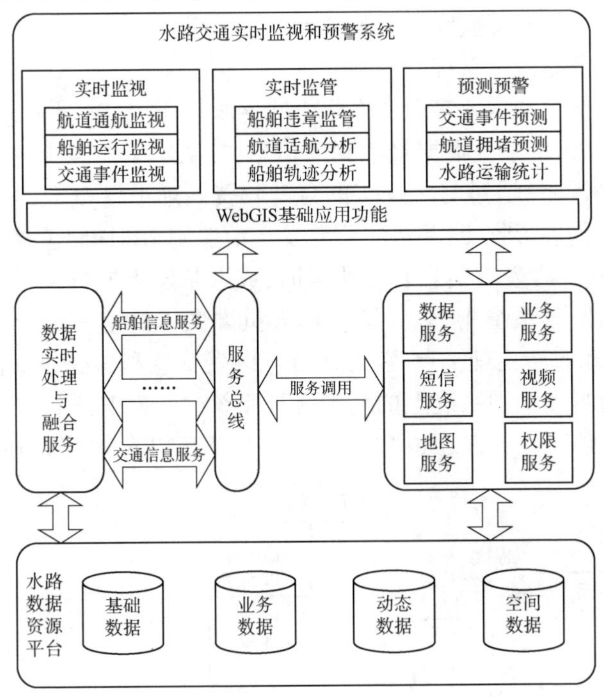

图5-23　水路交通实时监视和预警系统总体结构设计

航道通航监视：全面展现航道基础设施及其动态信息，包括：航道水上作业工程、浅滩急弯、事故易发航段、水位、气象、碍航桥梁、通航公告、水上交通事故、拥堵状况等，通过电子航道图实现航道网运行状况可视化展现。

船舶动态监测：综合应用各类船舶监测数据，实现内河交通实时监视，全面展现船舶的运行状况，为内河交通安全监管提供服务，同时结合全面感知的船舶信息进行联合应用，使水路交通管理部门能够全面掌握内河交通实时状况。包括全面展现船舶基础信息及动态信息（如船舶位置、定位时间、等信息，基础信息包括船舶名称、船舶登记号、船舶识别号、船舶长度、船舶宽度、船舶吨位等信息），危险品船舶基础信息及动态信息，在线船舶进行聚合统计显示，查询和在地图上添加报港区域的功能等。

电子围栏设置：通过在地图上设置特定区域，并根据条件对区域内的船舶进行监测，为水路交通管理部门提供实时预警。电子围栏设置主要包括禁航区设置、禁停区域设置、停泊区域设置、水源保护地设置、易堵段设置。

交通流量监测：通过各船舶监测数据和航道的基础数据，对航道和航道断面的船舶流量进行监测，为船舶安全管理和通航秩序管理提供支撑。主要包括航道流量监测、航道通航指数监测、断面流量统计等。

3. 内河船舶便捷过闸系统

实现船舶便捷过闸需要多业务部门协同工作，如图 5-24 所示。当船经过船闸时，船舶身份自动识别系统根据接收到的信息，核实电子标签管理系统中的信息，在验证正确的情况下，通过与之连接的自动收费处理平台、水上 ETC 结算系统和联网收费系统对其进行收费，并将此信息发送给船闸 RFID 阅读器，使其控制闸门打开，让船只通过。在发现信息验证错误时，或者是发现账户余额不足时，会将信息存储在阅读器监管系统中，以保证工作人员方便了解这一信息，同时工作人员 PAD 系统与“自动收费处理平台”就船舶登记缴费信息和违法违章信息进行互通。连接在船舶身份自动识别系统上的流量统计系统也可对其进行统计，方便工作人员管理和统计。船民也可以通过 PDA 对信息服务和扣款余额等进行查询。

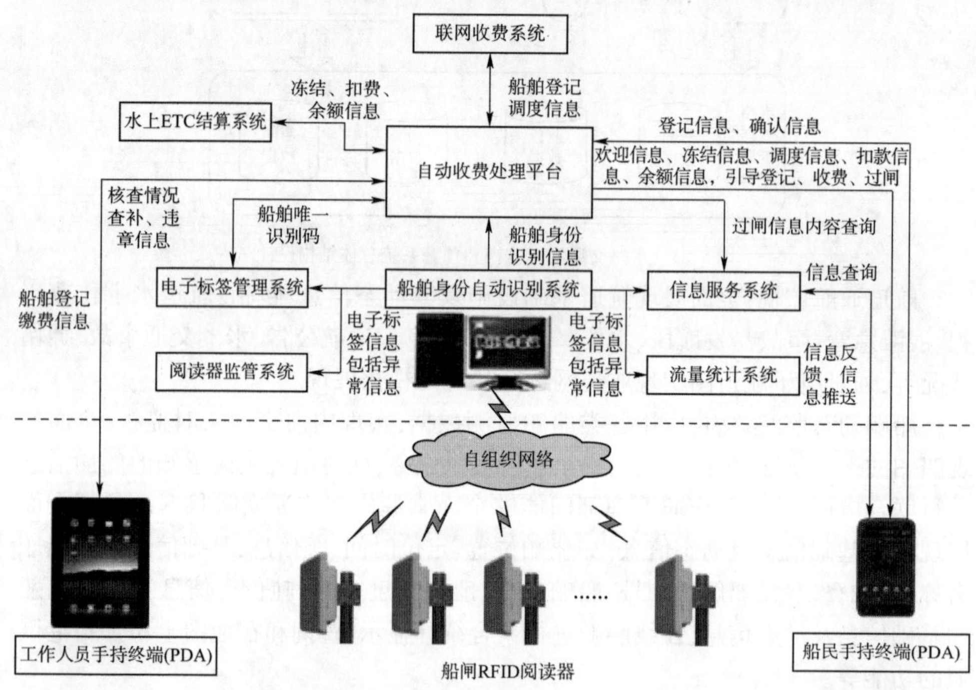

图 5-24　便捷过闸系统逻辑架构图

4. 物流运输信息服务系统

内河物流信息服务示范平台主要是为船主、船代、货主、货代、港口码头、物流园区等用户提供运力运需发布和查询、船货配载、货物物流跟踪等服务。平台通过与数据交换平台、码头作业终端、船载终端等系统的数据对接,实现一个支持物流信息实时接入、多元异构物流信息融合处理、协同应用、可视化物流信息化的开放平台,促进区域物流信息资源的整合,实现内河物流信息一体化,使得船货需求信息智慧协同,多式联运无缝衔接,内河航运智能优化,以及可视化供应链动态管理,切实提升区域物流效率,促进社会资源利用效率最大化。平台功能主要包括:社会化服务、物流服务、可视化服务和监管服务,系统框架图如图5-25所示。

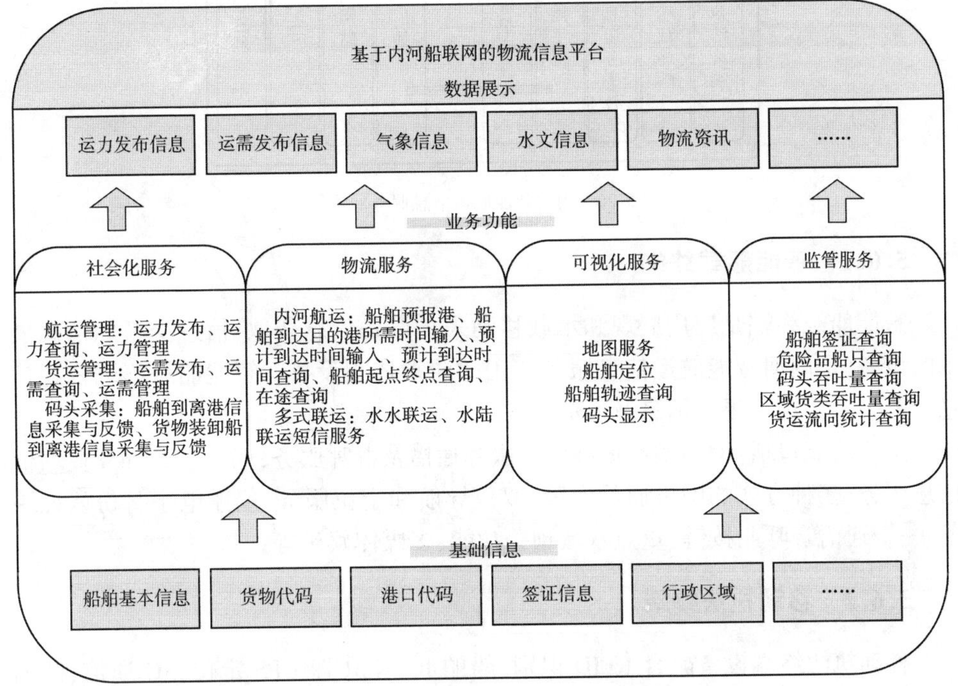

图5-25　内河智能航运物流信息服务平台系统框架

5.6　展现层技术架构

展现层是直接为用户提供信息服务的平台,是内河智能航运信息服务系统功能实现的媒介,将直接反映内河智能航运信息服务体系的建设成果和应用效果。展现层的载体就硬件而言,可以分为智能船载终端、智能移动终端、移动执法终端、岸基可变情报板、AIS船载终端，也包括广播、VHF等语音系统。展现的形式包括应用软件、网站、手机短信、广播语音、岸基可变情报板上的文字等。展现层的技术研究涉及终端研发、软件开发、网站搭建、消息推送机制等。提供友好方便的操作界面及时有效地将简明的信息提供给不同用户是展现层的关键，如图5-26所示。

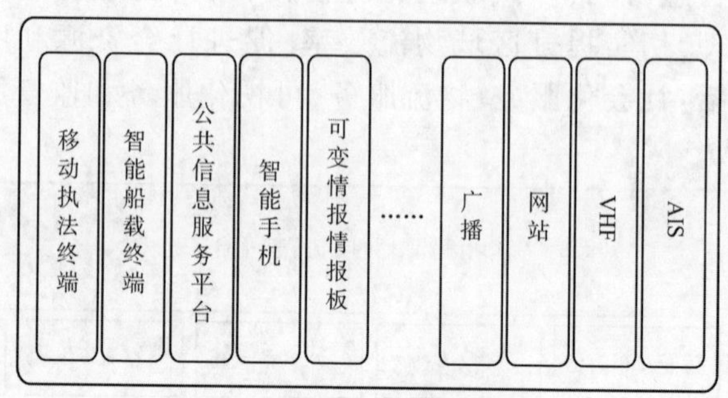

图5-26　内河智能航运信息服务展示层

5.6.1　智能船载终端

智能船载终端是应用展现和承载移动采集设备信息获取、信息交换和信息展示的设备，是内河智能航运信息服务应用的前端核心设备。智能船载终端依托信息服务平台为用户提供信息及通信服务。

主要功能包括：增强型数据和语音服务通播及群呼服务，船舶公共和商业增值信息服务、多种方式的网络通信保障、双模导航和定位服务、船舶电子身份认证服务、一键通语音呼叫按键、重点水域预警功能、多媒体娱乐等。

5.6.2　移动执法终端

移动执法终端设备融合RFID识别、船舶IC卡识别、GPS定位、3G通信、证据录入（录音、拍照、录像）、票据打印、蓝牙传输等多种技术方式，并与终端软件功能紧密集成，以满足执法人员进行船舶身份识别、对违规行为进行取证并上传以及票据打印等需求。

5.6.3　基于智能手机信息服务

内河区域公共移动通信系统覆盖严密、信号好，移动通信系统建设进展快，智能手机成为船舶获取公共信息服务的一种重要手段。在手机短信、3G网络、电话查询的硬软件基础设施，以及消息服务总线、长三角内河航运公共信息服务平台的基础上，构建统一的基于智能手机的服务平台，提供短信服务、消息服务、电话服务、位置服务、服务管理等功能。开发智能手机信息服务终端，实现航道信息服务、通航信息服务、船舶信息服务、应急信息服务、账户信息服务、物流信息服务、政策法规信息、智能过闸服务等功能。

5.6.4　岸基可变情报板

在内河航道重要的交通枢纽处（如河道转弯处）和检查站等地部署可变情报板，行业主管部门的水路交通运输监测预警系统、物流信息平台、内河航运公共信息服务系统和内河船闸便捷过闸系统等信息发布预警系统相连，实时并准确发布河道的气象、拥堵情况、物流、应急预警等相关信息，以便船民提早并及时准备。

5.7　安全保障体系技术架构

5.7.1　安全保障体系框架

内河智能航运信息服务安全保障体系框架由技术措施、管理方法、系统运维、标准制定四个方面构成，通过构建分域的控制体系、纵深的防御体系以及统一的防护标准，提升内河智能航运信息服务整体信息安全防护能力，保障船联网工程运行信息安全，如图 5-27 所示。

信息安全技术体系：在内河智能航运信息服务对应的物理、主机、网络、应用、数据五个层面，构建“防护、监控、信任”三条安全基线，每个层面的安全防护策略都具体细化和实现了对应内河智能航运信息服务感知层、网络层、数据汇聚层和应用层的安全需求。

信息安全管理体系：从管理制度、组织机构、人员安全、系统建设安全和系统运维安全等多方面，设计内河智能航运信息安全制度、流程、规范。

信息安全标准体系：包括内河智能航运信息服务应用系统安全建设指南、内河智能航运信息安全符合性检测要求等，从服务、技术、管理三方面为内河智能航运信息服务应用系统的安全检测提供依据、办法和判定规则。

信息安全运维支撑体系：一套适用于内河智能航运的信息安全运维流程和规范，主要包括渗透测试、安全加固、应急响应、安全巡检和安全培训五个方面。

图 5-27 内河智能航运信息安全保障体系框架

5.7.2 信息安全技术体系

内河智能航运信息安全技术体系包括安全防护设计和安全基础设施两个层次。同一类安全域具有相同的安全保护需求、安全访问控制和边界控制策略。

1. 安全保护级别

内河智能航运信息服务体系由 C/S 架构的二级部署应用系统和 B/S 架构的三级部署应用系统构成,包含市级、省级、部级三级管理机构。由于部署方式与管理机构层级不同,在内河智能航运信息服务体系中发挥的职能与作用也不相同,应采用逐级递加的安全防护级别，结构化的安全防护级别为内河智能航运信息服务的三级单位构建一套覆盖全面、重点突出、节约成本、持续运行的结构化安全防御体系。

（1）市级业务管理节点信息系统等级保护定级。市级业务管理节点的信息系统主要是通过对感知数据和业务数据进行采集、分析、处理、存储等操作，实现业务管理、综合决策、公共服务功能。其服务对象为本级管理单位（市级）、上级监管单位（省级）、经营业户、社会公众。业务系统或服务系统遭受破坏，将降低局部地区政府的管理职能及行业的业务能力，带来轻微的法律、经济和社会影响。通过分析评判，确定市级业务管理节点信息系统安全保护等级为二级。

（2）省级业务管理节点信息系统等级保护定级。省级业务管理节点的信息系统主要是存储管理全省业务数据和感知数据，实现跨市级业务管理节点水运数据共享，并将业务数据和感知数据上传至部级业务管理节点，实现与部级管理节点数据交换。其服务对象为本级管理单位（省级）、上级监管单位（部级）、经营业户、社会公众。业务系统或服务系统遭受破坏，将严重影响政府的管理职能，显著降低水运业务能力，带来较为严重的法律问题，造成较高的财产损失，出现较大范围的社会影响。通过分析评判，确定省级业务管理节点信息系统安全保护等级为三级。

（3）部级业务管理节点信息系统等级保护定级。部级业务管理节点通过对省级业务管理节点业务数据和感知数据的存储与共享，实现跨省级业务管理节点水运数据共享和船舶电子身份认证。其服务对象为本级管理单位（部级）、经营业户、社会公众。业务系统或服务系统遭受破坏，将严重影响政府的管理职能，显著降低水运业务能力，带来较为严重的法律问题，造成较高的财产损失，出现特大范围的社会影响。通过分析评判，确定部级业务管理节点信息系统安全保护等级为三级。

2. 安全防护措施

安全防护设计结合内河智能航运信息服务特性和需求，从物理环境、计算环境、区域边界、通信网络四个安全域进行研究和设计，充分考虑各种技术的组合和功能的互补性，提供多重安全措施的综合防护能力，从外到内形成一个纵深的安全防御体系，保障信息系统整体的安全保护能力，见图 5-28。

（1）物理安全防护设计。内河智能航运信息服务物理安全防护设计包括两个方面：

一是针对航运专网业务系统在通信线路、服务器设备、物理环境等方面安全风险和需求，从机房安全防护、物理访问控制、电磁防护、线路备份、设备冗余等方面设计安全防护措施。

船联网物理安全防护	船联网计算环境安全防护	船联网区域边界安全防护	船联网通信网络安全防护
航运专网物理安全	系统安全	部与省市纵向边界安全	航运专网安全
机房安全防护、物理访问控制、电磁防护	终端安全、认证授权、安全加固、安全审计、病毒防护、资源控制	访问控制、入侵防范、病毒防范、安全审计、非法外联	结构安全、安全配置、网络审计、可信接入、流量管理、数据传输保护
感知层设备安全	应用安全	部、省市内边界安全	感知网安全
设备访问控制、静电屏蔽、主动防护	认证授权、访问控制、病毒防护、应用安全审计、数据加密签名	访问控制、入侵防范、病毒防范、安全审计、非法外联	安全框架、安全路由、入侵检测、网络审计、可信接入、数据传输保护

图 5-28　内河智能航运信息安全防护设计

二是针对感知层智能船载终端、RFID 读卡器、电子标签、岸端、基站、视频图像采集设备和移动执法终端等设备的物理安全，从感知设备的物理访问控制、静电屏蔽、RFID 主动防护等方面设计安全保护措施。

(2)计算环境安全防护设计。计算环境安全关注存储、处理和交换航运业务数据的软硬件设备的安全。一是系统安全，具体包括服务器系统、终端系统、船载智能终端、岸端基站等。二是应用安全，包括业务系统、数据共享交换平台、应用中间件、数据库等。都从身份认证、访问控制、安全审计、入侵防范、恶意代码防范、资源监控、数据加密等方面进行安全保护设计。

(3)区域边界安全防护设计。区域边界安全指的是计算环境与通信网络之间访问控制、包过滤、安全审计和完整性保护。可分纵向安全区域边界，上下级业务区域之间的边界；横向安全区域边界，本级业务区域内部细分的信息服务域、数据交换域、安全管理域及用户接入域之间的边界。区域边界安全防护从边界隔离与控制、入侵防范、边恶意代码防范、边界安全审计、非法外联监测等方面进行、设计。

(4)网络通信安全防护设计。网络通信安全是业务系统之间进行数据信息传输、共享交换的安全。

一是船岸通信安全，包括 RFID 电子标签、智能船载终端等船载设备与岸基设备的数据传输，从安全路由、入侵检测、安全审计、感知设备网络可信接入、安全传输加密、设备冗余与备份恢复等方面进行安全防护设计。

二是岸上通信安全，包括岸基设备、移动执法终端、视频图像检测识别系统等与数据资源平台的数据传输，从网络结构、设备防护、安全审计、网络可信接入、流量管理、安全传输加密等方面进行安全防护设计。

3. 安全基础设施

安全基础设施通过建设安全管理中心、电子身份认证中心、数据管理中心来保障内河智能航运信息服务系统信息安全，如图 5-29 所示。

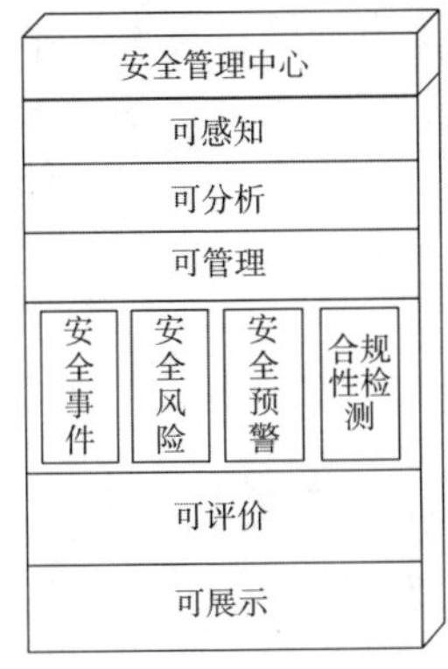

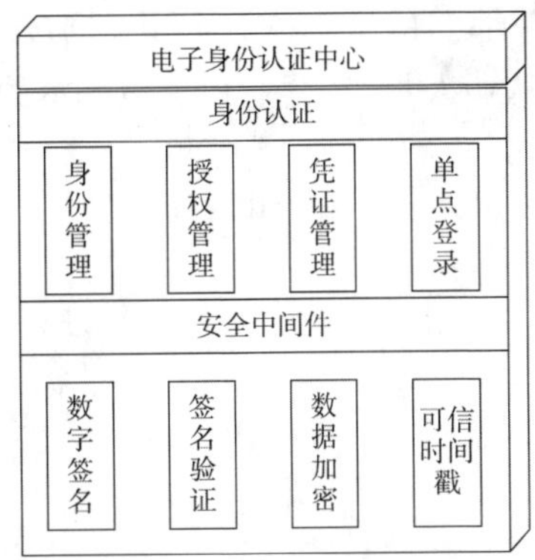

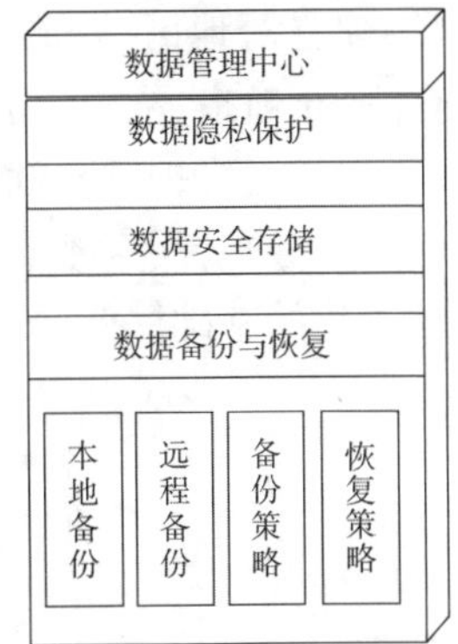

图5-29 内河智能航运信息安全基础设施

(1)安全管理中心设计。安全管理中心实现内河智能航运信息服务相关的业务系统、网络系统、终端系统、应用支撑系统等安全运行状态、安全态势、安全风险及安全事件的可感知、可分析、可管理、可评价和可展示,并能实现安全策略的统一管理及安全预警响应。主要包括数据的异构多样性采集、数据关联分析、安全风险管理、安全符合性检测和安全事件处置流程等。

(2)船舶电子身份认证中心设计。船舶电子身份认证中心为登录数据资源系统和业务应用系统的终端和人员提供基于数字证书的可靠身份标识与验证,包括数字签名验签服务系统和时间戳服务系统,实现数字证书凭证的全生命周期管理,主要包括数字证书的申请、公私密钥对产生、证书分发、更新、吊销等等。

(3)数据管理中心设计。内河智能航运信息服务数据管理中心关注数据隐私保护、数据安全存储、数据备份与恢复等问题。数据安全存储方面,研究存储设备加密、数据库加密以及应用加密等;数据隐私保护方面,主要研究匿名技术(主要包括基于代理服务器、路由和洋葱路由的匿名技术)和署名技术(主要是P3P技术即隐私偏好平台)。

5.8 小结

本章主要构筑内河智能航运信息服务的基础框架体系,分别从感知层、网络层、数据资源层、应用层、展现层以及安全保障体系几个方面阐述了各部分的主要内容和功能,形成相对完整的体系框架。通过内河智能航运信息服务技术体系设计,建立跨地区、跨省市、跨部门的数据交换与共享平台;建设统一的信息资源平台,基于航道、港口、船舶、从业人员、经营业户等最基本的信息内容,初步搭建统一运行、统一维护、统一服务的信息资源集成共享平台框架体系,以及建立统一对外信息服务平台,直接支撑了国家物联网应用示范工程建设并可作为今后内河航运信息化的基础框架。

第6章　内河智能航运数据规划及要素标识体系

本章通过对内河现有航运系统数据资源的整理分析，以信息资源规划方法论为指导，系统地介绍了构建面向服务(SOA)架构、基于数据仓库技术以及搭建式、插件式、配置式集成开发思想的中心总体数据架构和内河智能航运要素标识体系。

6.1　内河智能航运数据资源目录体系研究

6.1.1　范围

为规范内河智能航运数据元素定义、数据类型、格式、值域代码等主要属性，消除航道、船舶、交通、物流、应急等航运领域核心数据元素、信息分类编码标准的不统一问题，实现航运部门间数据资源共享和信息服务，为使用者提供统一的航运数据资源发现和定位服务，内河智能航运数据资源目录体系建立了内河智能航运信息基础数据资源统一的数据属性，规定了统一的信息基础数据元的名称、分类原则、编码规则和表示方法等。

内河智能航运数据资源目录体系涵盖内河物流信息服务平台、水路交通运输检测系统、内河航运公共信息服务平台、应急救援系统等所有业务及技术管理工作所涉及的基础性技术指标和数据项，它的建设将分期分批进行，逐步建立和形成内河智能航运数据资源目录体系。

本章全面地开展内河智能航运信息服务所涉及航运领域现有信息系统及新建系统的基础数据统一与标准化工作，重点分析了内河智能航运信息交换服务需求与现状，对象分别涵盖：航道及基础设施类、港口类、水路运输管理类、船舶交通监管类、水路应急救援类、运输物流类、行政执法类、统计类、规费征稽类等相关领域在业务系统及数据交换中涉及的技术指标和数据项。

6.1.2 规范性引用文件

下列文件中的条款通过内河智能航运数据资源目录体系的引用而成为本技术文件的条款。凡是注日期的引用文件,其随后所有的修改单(不包括勘误的内容)或修订版均不适用于本技术文件,凡是不注日期的引用文件,其最新版本适用于本技术文件。

GB/T 19488.1—2004 电子政务数据元第1部分:设计和管理规范。

GB/T 10113—2003 分类与编码通用术语。

JT/T 697.3—2007 交通信息基础数据元第3部分:港口信息基础数据元。

JT/T 697.4—2007 交通信息基础数据元第4部分:航道信息基础数据元。

JT/T 697.5—2007 通信息基础数据元第5部分:船舶信息基础数据元。

JT/T 697.6—2007 交通信息基础数据元第6部分:船员信息基础数据元。

JT/T 697.8—2007 交通信息基础数据元第8部分:水路运输信息基础数据元。

JT/T 697.10—2007 交通信息基础数据元第10部分:交通统计信息基础数据元。

JT/T 697.11—2007 交通信息基础数据元第11部分:船舶信息基础数据元。

JT/T 697.12—2007 交通信息基础数据元第12部分:船载客货信息基础数据元。

6.1.3 术语和定义

1. 数据分类 classification of data element

根据长三角智能航运数据资源内容的属性或特征,将数据资源按业务对象进行区分和归类,并建立起一定的分类体系和排列顺序。

2. 类 category

具有某种共同属性或行为特征的事物(或概念)的集合。属性是描述事物静态特征的一个数据项;行为是描述事物动态特征的一个操作序列。

3. 分类 classification

将具有某种共同属性或行为特征的类的对象集合在一起的过程。

4. 面分类法 method of faceted classification

面分类法是把给定的分类对象,依据其本身固有的各种属性,分成相互之间没有隶属关系的面,每个面中都包含了一组类目。即按选定的若干属性(或特征),将分类对象依每一属性(或特征)划分成一组独立的类目,每一组类目构成一个

“面”。再按一定顺序将各个“面”平行排列。使用时根据需要将有关“面”中的相应类目按“面”的指定排列顺序组配在一起,形成一个新的复合类目。

5. 线分类法　method of systematic classification

线分类法也称层级分类法,它是将初始的分类对象,按选定的属性作为划分基础,按选定的若干属性(或特征)将分类对象逐次地分为若干层级,每个层级又划分为若干类目,并排列成一个有层次的逐级展开的分类体系。同一分支的同层级类目之间构成并列关系,不同层级类目之间构成隶属关系。

6. 值域　value domain

允许值的集合。内河智能航运数据资源目录体系的值域允许采用三种代码标准,第一种是国际或国家已经发布的标准,第二种是交通运输部已经发布的行业标准,第三种是基于长三角智能航运管理业务需求所制定的代码标准。

6.1.4　智能航运数据资源分类原则

内河智能航运数据资源目录体系涉及的数据资源包括航道及基础设施、港口、水路运输管理、船舶交通监管、水上应急救援、运输物流、行政执法、统计、规费征稽等,在总体结构上划分为数据资源分类、数据资源集和值域引用代码集三个方面。

内河智能航运数据资源目录体系将智能航运数据资源按照所属的业务领域采用面分类法进行分类,本次划分类别:航道及基础设施、港口、水路运输管理、船舶交通监管、水上应急救援、运输物流、行政执法、统计、规费征稽等;每个类别下设置的一级、二级和三级分类采用面分类与线分类相结合的分类方法进行分类。各级分类随着智能航运信息化建设的发展不断补充完善。当某些数据资源需要同时应用于不同业务领域时,本着以业务侧重和已有标准优先考虑的原则,通过引用主要业务的数据资源属性实现相同数据资源在不同业务领域的应用。

6.1.5　智能航运数据资源编制规则

智能航运数据资源集主要包括一系列以基础业务和管理对象为主体的数据元项,为便于查询,按业务内容和数据元分类分成若干类目,按类分段列出。智能航运数据资源包括:航道及基础设施数据资源集、港口数据资源集、水路运输管理数据资源集、船舶交通监管数据资源集、水上应急救援数据资源集、运输物流数据资源集、行政执法数据资源集、统计数据资源集、规费征稽数据资源集九部分。

1. 智能航运数据资源属性

内河智能航运数据资源目录体系每个数据资源包括分类代码编号、中文名称、中文全拼、定义、类型、格式、值域、计量单位、是否是数据交通数据元、归属系统、索引项备注等属性内容。每个数据的属性内容只列出不为空的属性项,属性约束条件规定见表6-1。

属性约束条件规定　　表6-1

数据属性	约束/条件	出现次数	数据属性	约束/条件	出现次数
分类编号	M	1:1	数据格式	O	0:1
数据名称	M	1:1	值域	M	1:1
英文名称	O	0:1	计量单位	O	0:1
中文全拼	M	1:1	状态	M	1:1
版本	M	1:1	是否是数据交通数据元	O	0:1
注册机构	M	1:1	归属系统	O	0:1
定义	M	1:1	索引项	O	0:1
数据类型	M	1:1	备注	O	0:1

注:1. M-必备,O-可选。

2. "0:1"-不出现或出现一次;"1:1"-出现且仅出现一次。

2. 智能航运数据资源数据元分类编号结构

智能航运数据资源数据元分类编号为数据的特征号,它反映该数据在数据资源集中的排列位置,长度为十一位,分类编号结构如图6-1所示。

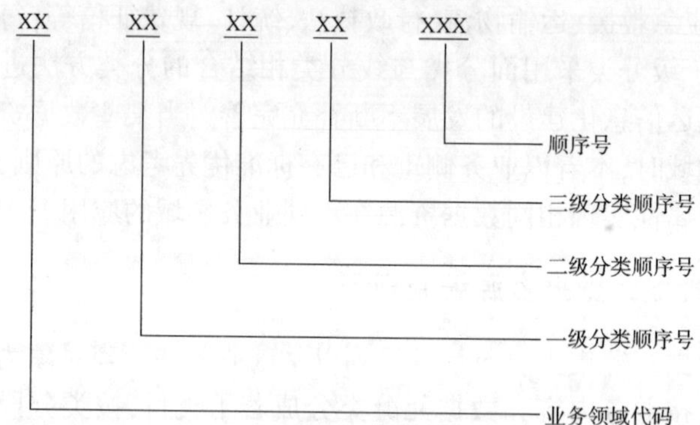

图6-1　分类编号结构

第一、二位为字母,代表所属业务领域(类别),按照业务领域名称或简称的汉语拼音第一个字母缩写组成,具体规定见表6-2。

第三、四位为数字,代表数据所属一级分类顺序号。

第五、六位为数字,代表数据所属二级分类顺序号。

第七、八位为数字,代表数据所属三级分类顺序号。

第九、十、十一位为数字，代表某一级分类下的数据的序号，从001开始顺序编码。

业务编码第一、二位规定　　表6-2

业务领域	字母代码	业务领域	字母代码
航道及基础设施	HD	运输物流	YW
水路运输管理	SY	行政执法	XZ
船舶交通监管	CJ	统计	TJ
水上应急救援	YJ	规费征稽	GF
港口	GK		

3. 智能航运数据资源数据元命名规则

智能航运数据资源数据元中文名称的命名应遵守以下三个方面的规则。

(1)唯一性规则。

规则1：在一定语境下数据元名称应该唯一，名称中一般包括对象类词、特性词、表示词和限定词。

(2)语义规则。

规则2：对象词表示数据元所属的事物或概念，它表示某一语境下一个活动或对象，它是数据元中占支配地位的部分。

规则3：数据元名称中应该有一个且仅有一个对象词。

规则4：特性词是表示数据元的对象类的显著的、有区别的特征。

规则5：数据元名称中应有一个且仅有一个特性词。

规则6：表示词是数据元名称中描述数据元表示形成的一个成分。它描述了数据元有效值集合的格式。

规则7：数据元名称中应有一个仅有一个表示词。

规则8：当需要描述一个数据元并使其在特定的语境中唯一时，可以使用限定词对对象类词、特性词或表示词进行限定。限定词是可选的。

(3)语法规则。

规则9：对象词应处于名称的第一(最左)位置。

规则10：特性词应处于第二位置。

规则11：表示词应处于最后位置。

规则12：限定词可以附加到对象类词、特性词和表示词上。限定词应位于被限定成分的前面，限定名称的顺序的不同不能用于区别不同的数据元。

规则13：当表示词与特性词有重复或部分重复时，此时，可以从名称中将冗余词删除掉。

4. 智能航运数据资源数据元名称

智能航运数据资源数据元中文名称为该数据元的单个或多个中文字词的指称。

5. 智能航运数据资源数据元中文全拼

智能航运数据资源数据元中文全拼为该数据元的汉字名称的汉语拼音全拼，每个字的全拼之间用“-”间隔。

6. 智能航运数据资源数据元定义

智能航运数据资源数据元定义是表达一个数据元的本质特性并区别于所有其他数据元的陈述。

7. 智能航运数据资源数据元类型

智能航运数据资源数据元类型为该数据元的数据类型，可以使用字符型、数字型、日期型、日期时间型、布尔型、二进制型六种。

8. 智能航运数据资源数据元格式

智能航运数据资源数据元格式为该数据元从业务的角度规定的数据元的格式需求，包括所允许的最大和/或最小字符长度，数据元内容的表示格式等(一个汉字占两个字符)。数据格式中使用的字符含义如下：

a = 字母字符。

n = 数字字符。

an = 字母数字字符。

m(m = 为自然数) = 定长 m 个字符(字符集默认为 GB2312)

ul = 长度不确定的文本。

.. = 从最小长度到最大长度，前面附加最小长度，后面附加最大长度。

YYYYMMDDhhmmss = “YYYY”表示世纪和年份，“MM”表示月份，“DD”表示日期，“hh”表示小时，“mm”表示分钟，“ss”表示秒，可以视具体实际情况组合使用。

True/False = 布尔型。

例 1：an5(aannn)表示定长 5 个字母数字字符，前 2 个为字母字符，后 3 个为数字字符。

例 2：an3..8 表示最大长度为 8，最小长度为 3 的不定长字符。

例 3：n..8,4 表示该数值最大长度为 8 位整数、4 位小数。

例 4：True/False 表示该数值为布尔型。

如果“数据元值的类型”是“二进制”，在数据格式中应标出二进制的具体格式,如"JPEG"等。

值域为该数据元内容的代码取值,根据数据元的类型、数据格式而决定的数据元的允许值的集合。该集合可以通过以下方式给出:

(1)通过名称给出,即直接指出值域的名称,比如数据元"两字母国家代码"的值域是《世界各国和地区名称代码》(GB/T 2659—2000)中的全部两字母代码。

(2)通过参考资料给出,比如数据元"产品条码"的值域是已经在物品编码中心注册的所有产品的条形码。

(3)通过一一列举的方式给出所有可能的取值以及每一个值对应的实例或含义。

9. 智能航运数据资源数据元值域

智能航运数据资源数据元值域是智能航运数据资源信息基础数据元值域引用代码的集合。

10. 智能航运数据资源数据元计量单位

智能航运数据资源数据元计量单位属于数值型的数据元值的计量单位。

11. 智能航运数据资源数据元备注

智能航运数据资源数据元备注是该数据元的补充描述或说明。

6.1.6　智能航运数据资源目录体系构成

智能航运数据资源目录体系涉及的数据资源包括航道及基础设施、港口、水路运输管理、船舶交通监管、水上应急救援、运输物流、行政执法、统计、规费征稽九个方面。

1. 航道及基础设施数据资源构成

根据智能航运数据资源编制规则,航道数据资源的代码为HD。

根据智能航运航道管理对象和管理业务信息的基本内容和属性,航道数据资源划分为六大类,主要包括航道、枢纽、过河建筑物、航标、航道水位测报、通航动态信息。具体分类见表6-3。

智能航运航道数据资源构成　　表6-3

分类编号	名　称	分类编号	名　称
HD01	航道	HD010400	航段辅助信息
HD010100	航道概况	HD010500	航道维护信息
HD010200	航段地理位置	HD010600	航道标牌
HD010300	航段基本信息	HD010700	控制桩

续上表

分类编号	名　称	分类编号	名　称
HD010800	界河航段	HD030101	水上过河建筑物基本信息
HD010900	分叉辅航段	HD030102	桥梁
HD011000	瓶颈区段	HD030103	渡槽
HD011100	主要浅滩	HD030200	水下过河建筑物
HD011200	航道断面	HD04	航标
HD02	枢纽	HD040100	航标基本信息
HD020100	枢纽基本信息	HD040200	航标异动
HD020200	通航建筑物	HD040300	航标维修
HD020201	通航建筑物基本信息	HD040400	航标失常
HD020202	通航建筑物货物通过量	HD05	航道水位测报信息
HD020203	通航建筑物货物旅客通过量	HD050100	水位信息
HD020204	船闸	HD050200	水文条件
HD020205	升船机	HD06	通航动态信息
HD020206	可通航节制闸	HD060100	维护水深通告
HD020207	套闸	HD060200	航道开放通告
HD03	过河建筑物	HD060300	航道改槽通告
HD030100	水上过河建筑物	HD060400	航道疏浚施工通告

2. 港口数据资源构成

根据智能航运数据资源编制规则,港口数据资源的代码为GK。

根据智能航运港口管理对象和管理业务信息的基本内容和属性,港口数据资源划分为四大类:港口概况、港域情况、港口营运情况、港口生产信息。具体分类见表6-4。

智能航运港口数据资源构成　　表6-4

分类编号	名　称	分类编号	名　称
GK01	港口概况	GK010400	堆场
GK010100	港口基础信息	GK010500	码头
GK010200	库场	GK010600	泊位
GK010300	仓库	GK010700	港区铁路

续上表

分类编号	名　　称	分类编号	名　　称
GK010800	运输管道	GK020800	冰况
GK010900	疏港公路	GK020900	锚地
GK011000	进港航道	GK021000	无线电通信和信号
GK011100	闸口信息	GK03	港口营运情况
GK02	港域情况	GK030100	装卸设备及能力
GK020100	风况	GK030200	港务船舶
GK020200	气温	GK030300	港口服务
GK020300	降水	GK04	港口生产信息
GK020400	雾况	GK040100	港口货物吞吐量
GK020500	潮汐	GK040200	港口集装箱吞吐量
GK020600	潮流	GK040300	港口旅客吞吐量
GK020700	波浪		

3. 水路运输管理数据资源构成

根据智能航运数据资源编制规则，水路运输管理数据资源的代码为 SY。

根据智能航运水路运输管理对象和管理业务信息的基本内容和属性，水路运输管理数据资源分为三大类：航运企业、港口企业管理、渡口管理。具体分类见表 6-5。

智能航运水路运输管理数据资源构成　　表 6-5

分类编号	名　　称	分类编号	名　　称
SY01	航运企业管理	SY02	港口企业管理数据
SY010100	航运企业基本数据	SY020000	港口企业基本数据
SY010200	航运企业投资人数据	SY03	渡口管理数据
SY010300	航运企业运力数据	SY030000	渡口管理基本数据
SY010400	航运企业相关证书数据		

4. 船舶交通监管数据资源构成

根据智能航运数据资源编制规则，船舶交通监管数据资源的代码为 CJ。

根据智能航运船舶交通监管管理对象和管理业务信息的基本内容和属性，船舶交通监管数据资源划分为四大类：船舶基本数据、船舶登记数据、内河水上交通监管数据、船员。具体分类见表6-6。

智能航运船舶交通监管数据资源构成　　表6-6

分类编号	名　称	分类编号	名　称
CJ01	船舶数据	CJ03	内河水上交通监管数据
CJ010100	船舶基本数据	CJ030100	国际国内安检数据
CJ010200	船舶登记数据	CJ030200	船舶签证数据
CJ010300	相关证书数据	CJ030300	船舶查验数据
CJ010400	船舶营运证数据	CJ030400	船舶动态数据
CJ010500	最低配员数据	CJ04	船员
CJ02	登记数据	CJ040100	船员基本数据
CJ020101	所有权登记	CJ040200	适任证书数据
CJ020202	变更登记	CJ040300	培训数据
CJ020300	抵押权登记		

5. 水上应急救援数据资源构成

根据智能航运数据资源编制规则，水上应急救援数据资源的代码为YJ。

根据智能航运水上应急救援管理对象和管理业务信息的基本内容和属性，水上应急救援数据资源划分为两大类：水上应急救援基础数据、搜救指令及应急支持数据。具体分类见表6-7。

智能航运水上应急救援数据资源构成　　表6-7

分类编号	名　称	分类编号	名　称
YJ01	水上应急救援基础数据	YJ02	搜救指令及应急支持数据
YJ010100	船舶基础数据	YJ020100	应急案例数据
YJ010200	船舶GPS实时数据	YJ020200	应急预警数据
YJ010300	气象实时数据	YJ020300	应急物资数据
YJ010400	水文实时数据	YJ020400	应急联络数据
YJ010500	应急管理机构数据	YJ020500	执法装备数据

6. 运输物流数据资源构成

根据智能航运数据资源编制规则，运输物流据资源的代码为YW。

根据智能航运运输物流对象和管理业务信息的基本内容和属性，运输物流资源划分为四大类：物流公共信息、船载GPS信息、集装箱物流状态信息、危险品物流状态信息。具体分类见表 6-8。

智能航运运输物流数据资源构成　　表 6-8

分类编号	名　称	分类编号	名　称
YW01	物流公共信息	YW020200	AIS 信息
YW010100	船公司订舱信息	YW020300	VTS 信息
YW010200	航运船期	YW03	集装箱物流状态信息
YW010300	航运船期详细信息	YW030100	空箱堆存
YW010400	船公司船舶配载	YW030200	集装箱信息
YW010500	海事签证	YW030300	港口船舶靠泊计划
YW010600	船舶出/入港口信息	YW030400	港口装卸作业计划
YW010700	通航计划	YW030500	申报基本信息
YW010800	船舶过闸计划	YW030600	出/入港口信息
YW010900	船舶出/入港口信息	YW030700	出口/进口申报
YW011000	船舶移泊信息	YW030800	装/卸箱信息
YW011100	港口货物进出港信息	YW030900	装/卸船信息
YW011200	船舶通航信息	YW031000	提单信息
YW011300	航运船舶信息	YW04	危险品物流状态信息
YW02	船载 GPS 信息	YW040100	危险品
YW020100	GPS 信息	YW040200	危险品船舶动态跟踪信息

7. 行政执法数据资源构成

根据智能航运数据资源编制规则,行政执法数据资源的代码为 XZ。

根据智能航运行政执法管理对象和管理业务信息的基本内容和属性,行政执法数据资源划分为三大类:国家及地方航运政策法规、行政许可检查信息、行政处罚信息。具体分类见表 6-9。

智能航运行政执法数据资源构成　　表 6-9

分类编号	名　称	分类编号	名　称
XZ01	国家及地方航运政策法规	XZ02	行政许可信息
XZ010100	国家航运政策法规信息	XZ020100	行政许可信息基本信息
XZ010200	本省航运政策法规信息	XZ020200	行政许可信息申请信息
XZ010300	其他省区航运政策法规信息	XZ020300	行政许可信息受理信息

续上表

分类编号	名　称	分类编号	名　称
XZ020400	行政许可信息审批信息	XZ03	行政处罚
XZ020500	行政许可信息注销信息	XZ030100	行政处罚案件
XZ020600	行政许可信息审核信息	XZ030200	调查处理
XZ020700	行政许可信息变更信息	XZ030300	行政处罚决定
XZ020800	行政许可信息登记备案信息		

8. 统计数据资源构成

根据智能航运数据资源编制规则,统计数据资源的代码为 TJ。

根据智能航运信息的基本内容和属性,统计数据资源划分为四大类:港口统计、船舶统计、航道统计、航运运量统计。具体分类见表 6-10。

智能航运统计数据资源构成　　表 6-10

分类编号	名　称	分类编号	名　称
TJ01	港口统计	TJ02	船舶统计
TJ010100	船舶进出港统计	TJ020100	船舶实有数统计
TJ010200	港口设备实有数统计	TJ020200	船舶运用情况统计
TJ010300	水路运输量统计	TJ020300	船舶燃油消耗统计
TJ010400	港口集疏运统计	TJ03	航道统计
TJ010500	船舶在港停时同事及	TJ030100	航道里程及航道维护统计
TJ010600	港口货物吞吐量	TJ04	航运运量统计
TJ010700	港口旅客吞吐量	TJ040100	航运船舶运量统计
TJ010800	港口集装箱吞吐量	TJ040200	航运集装箱运量统计

9. 规费征稽数据资源构成

根据智能航运数据资源编制规则,规费征稽数据资源的代码为 GF。

根据智能航运信息的基本内容和属性,规费征稽数据资源划分为四大类:基本信息、缴费信息、返还信息及减免信息。具体分类见表 6-11。

智能航运规费征稽数据资源构成　　表 6-11

分类编号	名　称	分类编号	名　称
GF01	基本信息	GF03	返还信息
GF02	缴费信息	GF04	减免信息

6.2　数据中心及数据架构

6.2.1　数据中心建设目标与内容

1. 数据中心建设目标

智能航运数据中心建设的总体建设目标是：通过整合内河智能航运信息服务各系统基础信息资源，建立内河智能航运基础数据模型，最大限度地利用现有数据资源，运用信息化手段和先进技术，建设集中统一、高度共享、标准化、权威化的内河智能航运信息数据资源交换、管理及应用平台。通过数据交换和服务平台，实现基础数据的汇集管理、交换共享和服务应用，为内河智能航运信息服务各类应用提供统一的信息交换与数据支撑，为内河智能航运信息服务提供统一的基础支撑环境，并实现与行业外相关系统的数据共享。

2. 数据中心功能定位

智能航运数据中心建设的功能定位：

(1)内河智能航运信息服务系统的基础数据存储与索引中心。

(2)内河智能航运信息服务各信息系统之间数据的汇集、交换与共享中心。

(3)内河智能航运信息服务系统数据对外接入接出的统一接口。

(4)内河智能航运信息服务系统数据应用定制与集成服务中心。

(5)水运数据中心的重要组成部分，也是交通运输信息化建设的重要信息基础设施。

数据中心的主要功能：

(1)支撑内河智能航运信息服务各信息系统建设，提供业务、管理及基础数据的整合、共享和应用基础架构。

(2)完成内河智能航运信息服务系统中跨业务、跨部门、跨区域数据清洗、整合、索引、交换与共享。

(3)提供内河智能航运信息服务系统数据资源存储及其质量的运维管理。

(4)提供内河智能航运信息服务系统数据的应用定制与集成服务。

3. 数据中心建设内容

数据中心建设主要包括以下内容：

(1)将服务器、存储等基础设施虚拟化整合的计算资源进行统一管理和动态分配，实现资源自动协调优化。将应用与硬件分离，建设大容量、高性能、易扩展、低能耗的统一的基础设施支撑平台。

(2)按照部省两级层次分级构建智能航运数据中心网络,依托船联网示范工程重点建设全域数据库和数据仓库,通过统一的元数据库提供完整、一致、标准化的数据描述。利用虚拟化技术,提供安全、可靠、便捷的数据服务。

(3)建立面向服务体系架构,迅速构建开放的、模块化的、可重用、可扩展的数据中心应用支撑平台。依据共性技术体制、依托信息资源中心,提供数据综合应用服务的共性技术支撑。

(4)以应用支撑平台为基石,快捷、高效地构建开放的、模块化、可重用、可扩展的数据中心应用服务。

(5)建设数据中心门户或专网门户,为各级领导、管理人员、业务人员、一般用户以及社会公众提供信息服务,同时为用户提供一站式的、个性化的数据中心系统访问入口。

(6)通过梳理内河智能航运信息服务的相关业务流程,搞清信息需求,建立业务架构、信息架构、应用架构、技术架构和标准规范体系,用这些标准和参考模型来指导各内河智能航运信息服务应用系统基础数据资源系统的改造、优化与新建。

(7)对数据中心系统进行全面而集中的管理,构建统一的运维工作规范和运维管理平台,实现对数据中心系统的统一协调管理。

(8)建设数据中心的信息安全保障体系,从技术、管理和运维三方面贯彻国家信息安全等级保护政策的核心思想。

6.2.2　数据中心总体架构

1. 数据中心部署架构

按照两级部署架构建设智能航运数据中心网络,分别建设内河智能航运信息服务系统部级数据中心和内河智能航运信息服务系统省级数据分中心。

2. 数据中心体系架构

智能航运数据中心建设基于先进的数据库系统、数据仓库、BI 工具和 ETL 工具,将内河智能航运信息服务数据资源进行交换管理,为内河智能航运信息服务各个应用系统提供信息资源集中服务的数据环境,实现数据的共享共用,并通过对数据的挖掘展现,提供辅助决策支持。

(1)数据中心体系架构。数据中心技术体系庞大而复杂,需采用分而治之方法,应用分层、分离设计原则,才可以降低技术体系设计的复杂度,构造出结构清晰、适应性强的总体技术框架。依据分层、分离原则,按信息化技术功能不同,抽象、归纳出“五横三纵”的体系结构参考模型。“五横”依次为基础设施层、信息资源层、应用支撑层、应用层和展现层五个层次。“三纵”为支撑“五横”的保障环境，包括标准规范体系、运行维护体系和安全防护体系。数据中心体系结构如图6-2所示。

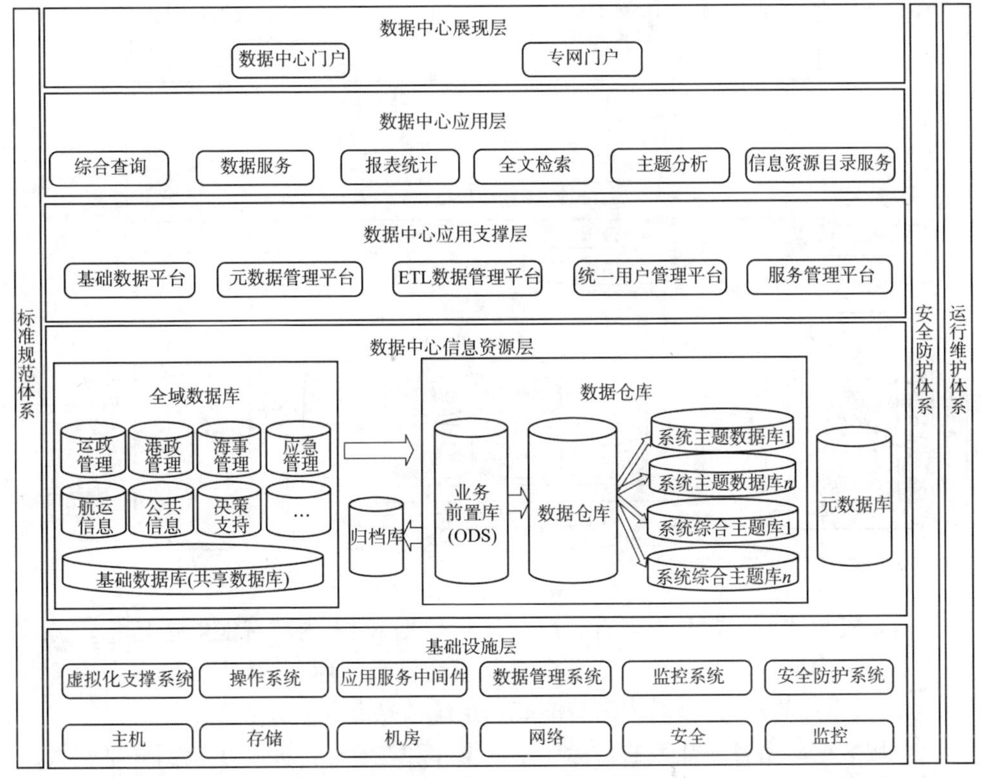

图6-2　数据中心体系结构图

(2)数据中心信息资源体系。信息资源体系基于虚拟化的内河智能航运信息服务两级数据中心网络，以标准规范体系、安全防护体系、运行维护体系为技术标准、安全保障及质量保障，面向内河智能航运内外提供信息资源服务。

通过智能航运数据中心信息资源体系的建设，逐步完成基于信息资源目录和元数据的内河智能航运信息服务系统全域数据库、归档库和数据仓库的建设，最大限度地利用现有数据资源，运用各种信息化手段，通过数据共享打破信息壁垒，满足船联网工程所涉及的跨区域、跨领域业务部门信息互联互通、共享交换、深度应用和支撑服务创新的需要。信息资源体系划分为多个有机组成部分，如图6-3所示。

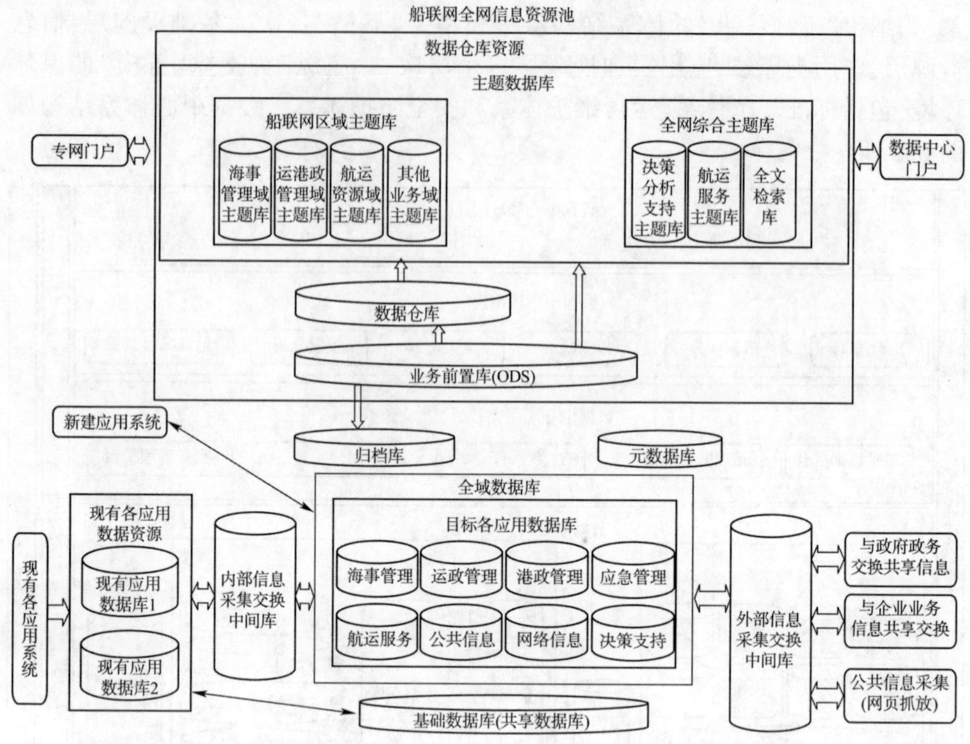

图 6-3　数据中心信息资源体系结构图

信息资源体系主要分为现有各应用系统数据资源、内河智能航运信息资源池两个部分。内河智能航运系统信息资源池以全域数据库、归档库和数据仓库为核心，以元数据库为纽带，提供内河智能航运系统信息资源服务支撑。

全域数据库由各职能域的目标应用数据库和在它们之间提供数据共享交换的基础数据库构成，基础数据库也称共享数据库。基于全域数据库建立全局的数据共享机制，实现全域范围内的数据共享，解决信息孤岛问题。

归档库提供一个专用的数据归档环境，实现全域数据库的历史数据的归档和迁移，既保证归档数据的安全，又保证全域数据库运行环境的效率。

数据仓库整合来自全域数据库的数据资源，按照多维数据模型的方式进行组织，提供面向各职能域的主题数据库和面向内河智能航运系统的综合主题数据库，支持各跨区域航运业务部门和参与方的主题应用，挖掘信息价值。为了降低数据仓库 ETL 过程对全域数据库运行效率的影响，建立业务前置库(ODS)进行数据同步处理，之后在业务前置库中对数据进行 ETL 形成数据仓库的多维数据模型。主题数据库是数据仓库的子集。在数据仓库建成前，可以直接对业务前置库中数据进行 ETL 形成主题数据库。

元数据库实现对以上三类数据库的元数据的整体管理,使元数据管理趋于标准化、规范化和工具化,并提供通过网络对元数据进行查询检索的方法或途径,帮助用户了解数据,对数据是否能满足其需求作出正确的判断。建立完整的、规范的元数据标准,从而保障信息资源质量。

6.2.3　数据中心功能设计

1. 全域数据库设计

(1)全域数据库构成。全域数据库是内河智能航运信息服务数据架构建设的总体设计要求和信息标准规范体系,提供长三角智能航运系统运政、港政、海事、航运、应急、决策分析等专题信息方面建设的数据库。全域数据库以业务应用为核心目标,面向各类业务系统提供业务处理能力,建设内河智能航运信息服务集中统一的业务数据整合、存储和数据管理的平台。

全域数据库是数据中心建设的一个重要组成部分,从数据的角度来看,全域数据库是智能航运数据中心的业务操作型数据库,全域数据库与数据仓库、主题数据库一起构成了数据中心的整体数据架构。全域数据库与数据仓库遵循相同的数据编码规则,执行统一的元数据管理及数据质量控制。数据仓库通过 ETL 从全域数据库中获取业务数据;全域数据库面向业务系统提供业务处理能力,数据仓库、主题数据库关注数据的分析与挖掘。

(2)数据共享与交换。为了实现内河智能航运信息服务各业务系统间的互通互联,需要建立数据共享与交换机制,解决信息孤岛和信息流通问题。内河智能航运信息服务所有业务系统数据统称为数据源,主要包括两个方面的内容,一是内河智能航运信息服务现有业务系统数据资源,二是后续新建业务系统的数据资源。数据中心共享数据库是所有共享数据的集成地,所有业务系统的共享数据在这里汇集、集成。共享数据库从数据源集成数据并保持更新同步,成为各个业务系统之间的共享数据通道。共享数据库通过数据集成工具从数据源的各个业务系统数据库中抽取数据,并根据数据类型进行分类存储。

(3)数据仓库建设。在全域数据库建立的基础上依据内河智能航运信息服务数据架构的总体设计要求及信息标准规范体系,通过数据的抽取、转换和加载过程从全域数据库中获取业务数据,按照内河智能航运系统的职能域划分要求,以主题数据库模式组织数据,建设集成化、标准化、权威化的数据仓库。数据仓库主要面向分析应用需求,以主题为核心,打破原有业务数据来源限制,不局限于现有业务系统数据的划分,通过对一些主题数据库进行萃取和深加工,形成各个职能域的主题数据库，并通过业务间的有机联系，将各个主题数据库关联起来，为各级不同层次用户的综合查询和辅助决策提供良好的数据基础。

2. 数据中心应用支撑平台

通过对智能航运数据中心的业务特征、技术共性进行抽象、总结和分析，本次数据中心建设需要规划应用支撑平台，以提供对业务服务的技术支撑以及统一的技术规范和技术实现标准。

智能航运数据中心应用支撑平台包括：基础数据平台、服务管理平台、统一用户管理平台、ETL 数据管理平台以及元数据管理平台。

（1）基础数据平台。基础数据平台以共享数据库为核心，提供统一的信息整合，实现内河智能航运信息服务各业务系统间信息共享。基础数据平台实现对共享数据的统一管理、维护及访问控制，为业务系统提供共享数据访问和交换的接口，提供给各个业务系统访问共享数据资源的统一技术途径，并提供第一次共享数据建立的途径和方法，是统一数据资源、实现数据交换与共享机制的核心支撑平台。

基础数据平台包括数据访问服务子系统和数据管理子系统。数据访问服务子系统由系统用户管理、服务权限管理、技术元数据、服务生成、服务下发和服务监控六个模块组成。数据管理子系统由业务元数据管理、基础数据维护、数据库打包部署、数据库系统管理、系统管理、日志管理和数据采集工具七个模块组成。

（2）服务管理平台。服务管理平台主要对智能航运数据中心提供的各种数据服务的注册、发布、订阅、检索查询等进行管理和监控，是统一数据服务管理、实现数据中心数据集成的核心支撑平台。服务管理平台作为服务使用者和服务提供者的中间桥梁，将路由规则、转换、安全和访问策略从服务端分离出来，并予以维护，从而消除了脆弱的点对点连接，并消除这些连接的专门维护。使用者不必详细了解服务端的接口和实现，就可以灵活地连接不同资源。通过服务管理平台，还可以对服务的状态、服务访问情况、系统资源使用状况等进行实时监控，同时采用图形化的方式来展现监控内容，帮助平台管理员和相关业务监控人员来实时的处理和监管平台中发生的各类业务操作。

服务管理平台功能主要包括：访问控制、统一接入、服务管理、服务分类管理、服务权限管理、服务监控、通用监控、服务代理、系统管理、异常处理、任务调度等模块。

（3）统一用户管理平台。统一用户管理平台包括用户管理、组织机构管理、角色管理、统一资源管理、菜单管理、统一授权、单点登录、统一身份认证、集中鉴权、刷新缓存等功能。

(4) ETL 数据管理平台。ETL 数据管理平台是智能航运数据中心内部各类数据库之间的抽取、转换和加载过程的数据调度平台，实现包括全域数据库中的专题数据库与共享数据库之间、全域数据库与业务前置库之间、业务前置库与数据仓库之间以及数据仓库与主题数据库之间的数据导入导出。

智能航运数据中心数据调度流程如图 6-4 所示。

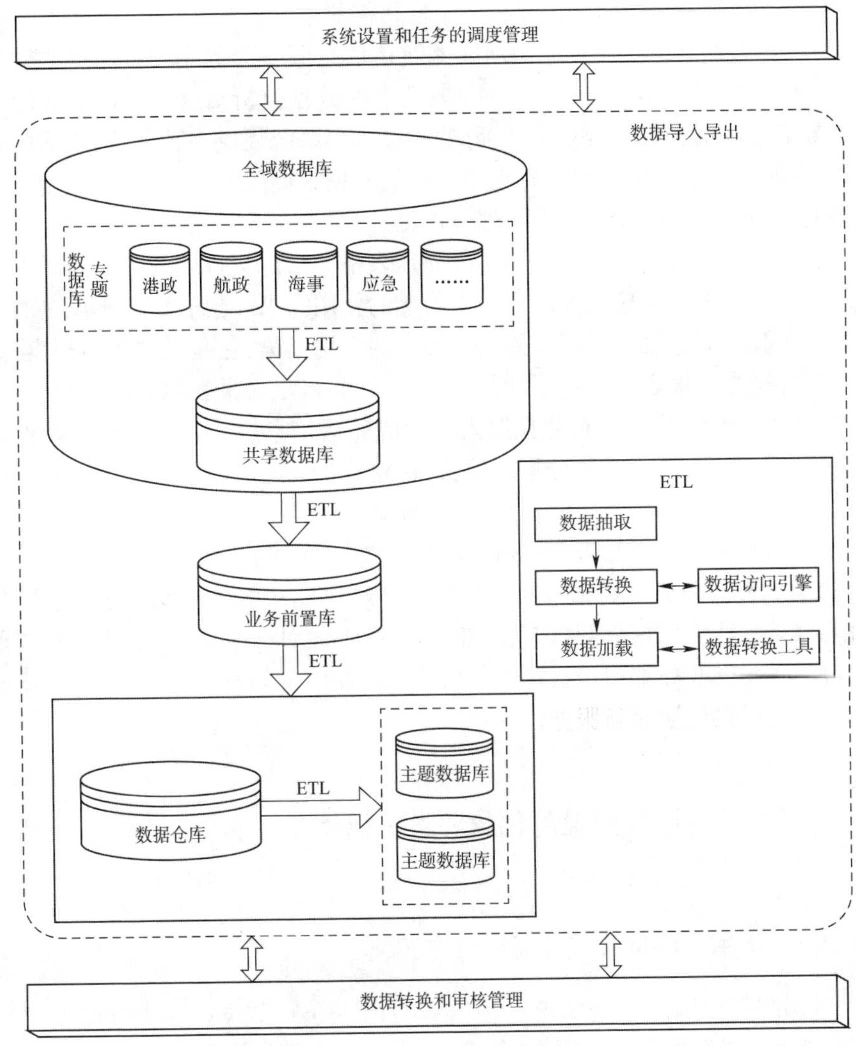

图 6-4　数据中心数据调度流程图

3. 数据综合应用系统

在智能航运数据中心构建数据综合分析应用环境，创建数据间的有机联系，针对内河智能航运信息服务的管理与应用全貌信息进行综合监测、深度钻取，建立多角度的分析监测体系，增强数据针对性，为不同层面的用户提供决策支持。按照以上原则和目标，确定了综合查询、报表统计及主题分析三个数据综合利用的基本方向。同时按照数据标准和统计准则，为内河智能航运信息服务各级管理人员提供数据订阅服务，以满足数据加工分析的个性化需要。

(1)综合查询。综合查询是内河智能航运信息服务业务用户使用中心数据库数据资源的一种最基本操作，也是一种最简单的数据分析活动。在内河智能航运信息服务工程数据资源整合和集中存储的基础上，系统提供多种方便、灵活的查询手段，为内河智能航运信息服务各类用户提供数据查询服务。

(2)报表统计。根据业务需要对可预见的、具有固定或相对固定的业务逻辑的分析需求预先定义出报表。主要是以固定表格或自定义报表的形式满足内河智能航运信息服务工程相应业务用户对于信息的使用需求。报表统计所反映的往往是内河智能航运信息服务工程相关人员关心的常用指标，它是一种例行报表，如年报、月报、日报等。报表统计包括：固定报表统计和自定义报表的统计。

(3)主题分析。主题分析是按照内河智能航运信息服务工程管理的特点和日常分析的主题要求，设立主题分析的项目，建立分析思路，选择分析工具和指标，计算指标的统计情况、执行情况、分布情况，并能根据指标和统计计算结果、设定阀值、用指标和阀值的比对结果，发现指标异常并提取异常记录。

(4)数据订阅服务。数据订阅服务是对已经形成的内河智能航运信息服务工程的相关数据，建立数据订阅机制，按照时间序列、统计分类等口径进行组合，形成电子数据文档，供业务部门进行深入分析使用。同时，用户还可以定制个性化的数据需求，系统提供定期更新服务。

6.3 内河智能航运数据规范化及要素标识体系

6.3.1 国家物联网标识体系建设方案

物联网统一标识体系包括统一编码方案(Ecode)、数据标识、中间件、解析系统、信息查询和发现服务、应用模式等部分，是一个完整的体系，可以将此体系叫作Ecode 标识体系。既能实现物联网环境下对“物”的唯一编码，又能针对当前物联网中多种编码方案共存的现状，兼容各种编码方案。物联网统一编码物联网统一编码适用于物联网各种物理实体、虚拟实体的编码。

Ecode 的一般结构为："版本 + 编码体系标识 NSI + 主体代码"，采用定长并且可扩展的方案，基本长度为 96bits、128bits、256bits 等，根据选择不同的版本，长度不同，版本可根据需要灵活扩展。具体方案见表 6-12。

Ecode 编码结构　　表 6-12

物联网统一编码 Ecode			描　述	
版本	NSI	主体代码	总长度(bits)	备注
00002	8bits	结构由 NSI 决定		
00012	12bits	结构由 NSI 决定	96bits	
00102	12bits	结构由 NSI 决定	128bits	
00112	16bits	结构由 NSI 决定	256bits	
01002	16bits		不定长	
01012 ~ 10012	预留			
10102 ~ 11112	禁用			

6.3.2　内河智能航运要素感知设备标识体系发展现状

1. 内河智能航运信息感知设备标识定义

船联网感知设备产品编码就是通过对产品制定统一的编码规则，来识别船联网感知设备的有效身份标识，该标识具有唯一性。

2. 内河智能航运信息感知设备标识发展现状

目前，内河智能航运信息感知设备主要有自动识别产品及各种传感器等，由于感知设备产品刚刚兴起，产品编码还没有标准可依。内河智能航运信息感知设备产品编码通常有以下两种情况。

(1)不单独编制产品标识。由于没有标准可依，部分企业生产的产品数量有限，也仅用于测试、示范阶段，企业对此类产品就没有单独为其编制产品编码，典型的是自动识别产品，直接采用芯片序列号，作为产品编码，该芯片序列号在出厂时就已固定在芯片中。

(2)单独编制产品标识。部分企业根据自己的需要在企业内部为产品做了编码，但此类编码只能在企业内部被识别，往往以字母和数字的组合形式出现。如我国境内的自动识别产品生产企业大都单独编制产品编码。产品在被读取时，能够同时读到产品编号和芯片号。

3. 内河智能航运信息感知设备标识编码分析

在交通运输领域,已经开展了大量的专用编码的应用工作,并在实际应用中取得了良好的效果。最典型的专用编码,如集装箱箱号。集装箱 11 位箱号编码采用了国际集装箱注册局 BIC 的编码体系,因而能够全球管理集装箱编码,促进了全球范围内的推广应用。集装箱 RFID 产品编码也是具有同样的专用编码性质。

内河智能航运信息感知设备产品编码作为专用编码,应具有如下特性:

(1)编码唯一性。每个产品只有一个编码,在全球范围内不允许有重复编码出现。通过技术手段,能够将编码与芯片制造信息绑定,确保唯一性。

(2)编码包容性。编码组成尽可能与国家物品编码中心发布的相关编码融合。

(3)编码可操作性。编码编制要简单易懂便于操作。生产及经销企业能快速掌握实施,管理部门能快速采集数据,并能及时查找和核对产品。

(4)编码位置统一性。编码在产品中的存储位置统一并固定位置,且不可更改。

(5)编码标识的永久性。刻制在产品上的编码必须永久保持,不易磨损和腐蚀损坏。

6.3.3 智能航运感知设备标识体系建设方案

1. 编码规则

对于内河智能航运感知设备标识,针对不同对象分配不同的版本和编码体系标识(NSI)。分配版本 V = 3,NSI 为 10001,其主体编码采用 18 位字母和数字代码,共有 5 部分组成,从左至右依次是企业代码、产品分类代码、生产年份代码、生产流水号代码、确认码。如表 6-13 所示:3 10001 X1 X2 X3 X4 X5 X6 X7 X8 X9 X10 X11 X12 X13 X14 X15 X16 X17 X18。

编码组成

表 6-13

Ecode -内河智能航运感知设备标识						
V	NSI	主体代码(MD)				
		企业代码	产品分类代码	生产年份代码	生产流水号代码	确认码
3	10001	X1X2…X4	X5X6X7	X8X9…X11	X12X13…X17	X18

(1)X1 ~ X4 是企业代码。由企业申请,注册中心统一分配,在全国范围内唯一地表示生产企业,全部为字母型。

(2)X5 ~ X7 是产品分类代码。感知设备类别,采用数字型,如 001 表示电子标签,002 表示电子箱封,003 表示安全智能设备。

(3)X8～X11是生产年份代码。以公元纪年的后两位加月份表示,由企业根据生产年份自行分配。如1301(2013年1月)。

(4)X12～X17是生产流水号代码。由企业自行分配的产品流水号,与企业代码、分类代码、生产年份代码一起,唯一地表示某一产品。

(5)X18确认码。根据数字解析确认。

标识的表示:

①如果不采用自动识别载体标识,其代码形式为:(VNSI)X1 X2 X3 X4 X5 X6 X7 X8 X9 X10 X11 X12 X13 X14 X15 X16 X17 X18。

其中,V是1位数字表示,NSI是5位十进制数表示。

②如果采用二维码表示。18位的内河智能航运感知设备标识为:A123456789123456789,版本V=3,NSI为10001。因此对应的Ecode编码为:310001A123456789123456789;编码数据为"Ecode=310001A123456789123456789"。

③如果采用RFID标签表示。当采用使用最广泛的18000-63超高频RFID标签标识:18位的内河智能航运感知设备标识为:**A123456789123456789**,版本V=3,NSI为10001。对于18位的内河智能航运感知设备标识,在标签中存在需要按照6位二进制表示1个字符,见表6-14。内河智能航运感知设备标识转换成二进制为128bit。

位二进制数表示数字字母转换表　　表6-14

字符	二进制编码	字符	二进制编码	字符	二进制编码	字符	二进制编码
0	000000	B	001011	M	010110	X	100001
1	000001	C	001100	N	010111	Y	100010
2	000010	D	001101	O	011000	Z	100011
3	000011	E	001110	P	011001	a	100100
4	000100	F	001111	Q	011010	b	100101
5	000101	G	010000	R	011011	c	100110
6	000110	H	010001	S	011100	d	100111
7	000111	I	010010	T	011101	e	101000
8	001000	J	010011	U	011110	f	101001
9	001001	K	010100	V	011111	g	101010
A	001010	L	010101	W	100000	h	101011

续上表

字符	二进制编码	字符	二进制编码	字符	二进制编码	字符	二进制编码
i	101100	n	110001	s	110110	x	111011
j	101101	o	110010	t	110111	y	111100
k	101110	p	110011	u	111000	z	111101
l	101111	q	110100	v	111001		
m	110000	r	110101	w	111010		

对应的 Ecode 编码为：0011 0000 0000 0000 1000 001010 000001 000010 000011 000100 000101 000110；编码数据为“Ecode = 0011 0000 0000 0000 1000 001010 000001 000010 000011 000100 000101 000110 000111 001000 001001 000001 000010 000011 000100 000101 000110 000111 001000”。

在 RFID 标签中的内存结构编码，见表 6-15。

在 RFID 标签中的内存结构编码示例 表 6-15

内存区	域名		值	说明
Bank01 内存段	循环冗余校验 CRC-16		$(1001\ 0100\ 0111\ 1001)_2$	校验位
	PC 协议控制位	长度指示符	$(0\ 1010)_2$	8words
		用户数据指示符	0_2	无用户数据区
		扩展协议指示符	0_2	无扩展协议
		应用领域指示符	1_2	$X_8 = 1$
		AFI	$(0000\ 1010)_2$	用于 Ecode
		版本	$(0000)_2$	
		NSI	$(0000\ 0000\ 0000\ 1000)_2$	16 比特
	用户唯一标识区	Master Data	(0011 0000 0000 0000 1000 001010 000001 000010 000011 000100 000101 000110 000111 001000 001001 000001 000010 000011 000100 000101 000110 000111 001000)$_2$	UII

2. 标识解析

解析发生在内河智能航运信息服务体系领域内时，接入端首先向内河智能航运数据平台发送查询请求，然后判断是否内河智能航运体系领域内的编码，如果是内河智能航运信息服务领域内的编码，则通过内河智能航运数据顶层平台的体系解析服务，返回具体内河智能信息服务子系统的 url，最终接入端根据信息交互，返回最终所要查询的信息，如图6-5所示。

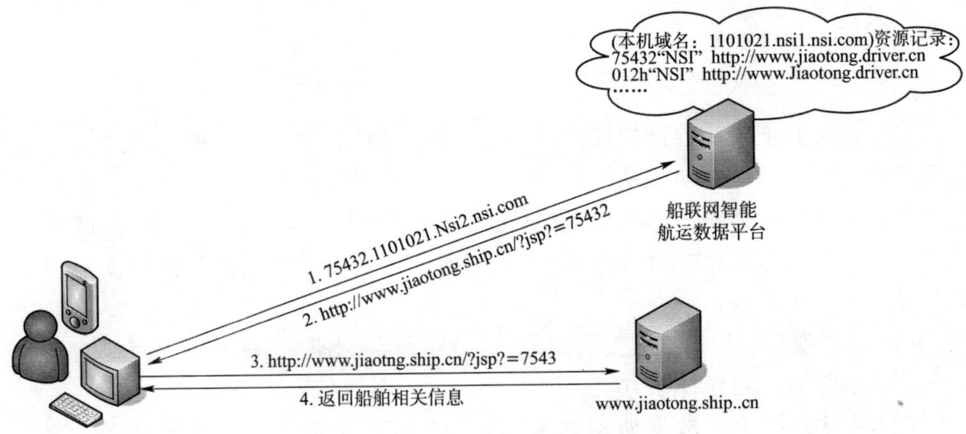

图6-5 系统内部解析示意图

当发生跨系统、跨领域解释时，接入端首先向内河智能航运数据平台发送查询请求，然后判断是否内河智能航运信息服务系统领域内的编码，如果不是发送给国家物联网统一标识服务平台，通过国家物联网标识服务平台的体系解析服务，指向对应的服务信息平台，返回用户最终所要查询的信息，如图6-6所示。

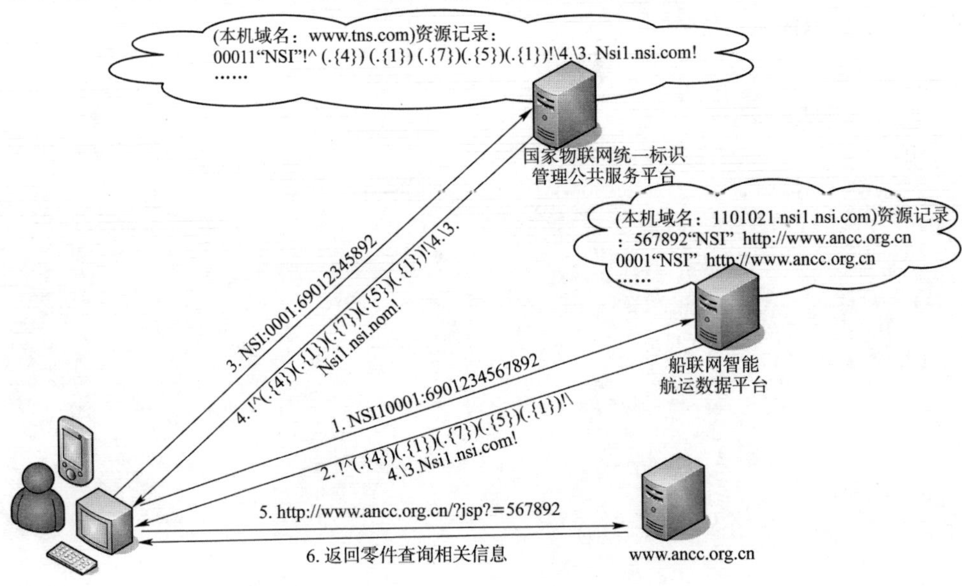

图6-6 跨系统解析示意图

6.4 小结

通过内河智能航运数据规划及要素标识体系研究,全面地开展了内河智能航运领域现有信息系统及新建系统的基础数据统一与标准化工作,建立了内河智能航运数据资源目录体系、智能航运数据规范化及要素标识体系,提出了智能航运数据中心数据架构方案,为工程项目的实施和研究课题的开展提供基础和支撑。具体包括以下五个方面:

(1)通过现有航运系统数据资源分类、分布及存储研究,提出了内河智能航运信息服务数据资源目录体系方案。

(2)通过数据中心数据架构技术研究,提出了数据中心系统架构总体设计方案。

(3)按照信息资源管理方法,根据现有航运信息系统资源分类与分布情况,提出了航道、船舶、交通、物流、应急等领域关键航运要素数据元素定义与信息分类编码规则。

(4)围绕内河智能信息服务中感知设备、终端设备、电子身份标签等航运设备设施的应用趋势,开展了航运要素标识信息分类与编码规则研究,提出了内河智能航运要素标识体系。

第7章　内河智能航运信息服务标准体系

内河智能航运信息服务标准化是内河智能航运信息服务建设的重要任务之一,不仅是实现示范区域“船舶电子身份通读通认,航运数据互联互通”的前提,也是促进我国内河智能航运信息服务产业全面发展的基础保障。由于我国内河航运信息服务发展时间短,标准化建设工作处于初期,标准化体系建设工作尤为重要。

内河智能航运信息服务标准体系研究将内河智能航运信息服务标准按照一定的逻辑结构有序排列,形成有机的整体,为内河智能航运信息采集、数据处理、系统建设、管理以及信息服务等具体工作的实施提供关键性的指导作用。

内河智能航运信息服务标准体系具体表现形式是标准体系框架图和体系表,标准体系框架描述标准体系的组成及其相互关系;标准体系表则具体给出标准体系中各个标准的名称,并阐述每个标准的内容、用途及其与信息活动各环节的对应关系。

具体的研究工作通过以下几个方面开展:

(1)参考和借鉴国内外内河智能信息服务相关技术标准的研究成果,在内河智能航运信息服务系统功能架构和技术体系的基础上,运用信息系统理论、模型研究等方法构建内河智能航运信息服务标准体系框架。

(2)根据内河智能航运信息服务的组成结构、系统功能、业务范围和建设目标,通过调查研究,分析内河智能航运信息服务标准要素,从而建立全面、统一、协调、完备的内河智能航运信息服务标准集合,并完成对标准内涵及标准之间逻辑关联的界定。

(3)综合采用分类研究法、文献研究法,对内河智能航运信息服务标准集进行渐进式重组和优化,并理清标准状态和亟须制定的标准,形成内河智能航运信息服务标准体系表,为内河智能航运信息服务标准化建设提供指导。

7.1　相关标准体系

内河智能航运信息服务是物联网技术在内河航运中的应用,是交通信息化在内河航运业务中的实现。内河智能航运信息服务标准体系正是在充分研究物联网标准体系、与交通信息化标准体系的基础上,结合内河智能航运信息服务系统功能架构和技术体系构建的。

7.1.1 物联网标准体系

2010 年 11 月,国家标准化管理委员会、国家发展和改革委员会联合成立了国家物联网基础标准工作组。工作组由物联网基础技术涉及的各标准化技术组织专家组成,研究构建了物联网标准体系框架,以求通过标准体系指导成体系、系统的物联网标准制定工作,同时为今后的物联网产品研发和应用开发中对标准的采用提供重要的支持。

物联网标准体系框架按照技术基础标准和应用子集标准两个层次,应采取引用现有标准、裁剪现有标准或制定新规范等策略,形成包括总体技术标准、感知层技术标准、网络层技术标准、服务支撑技术标准和应用子集类标准,如图 7-1 所示。

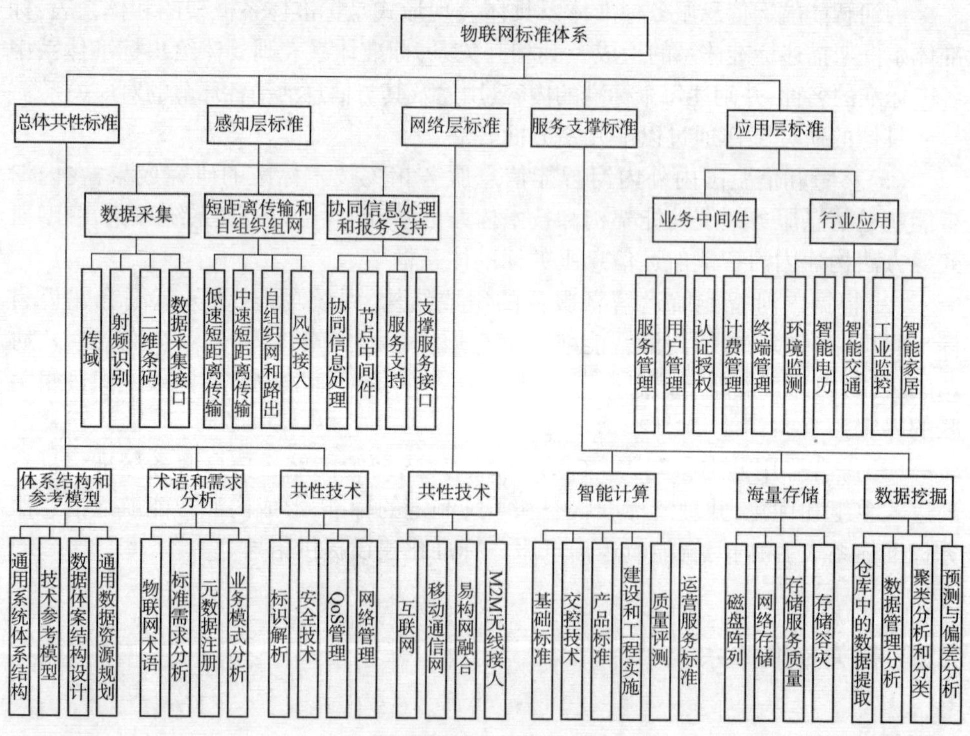

图 7-1 物联网标准体系结构图

7.1.2　物联网交通领域应用标准体系

2012年1月,交通部成立了物联网交通领域应用标准工作组,工作组的重要工作之一就是制定全面成套、层次结构合理的物联网交通领域应用标准体系,从而为未来标准的制、修订规划和计划提供依据和指导,推动物联网相关技术在交通领域的大规模推广应用。

物联网交通领域应用标准体系结构如图7-2所示,采用二维直角坐标系的表示方法,从应用领域和作用功能两个维度(层次)进行定义。

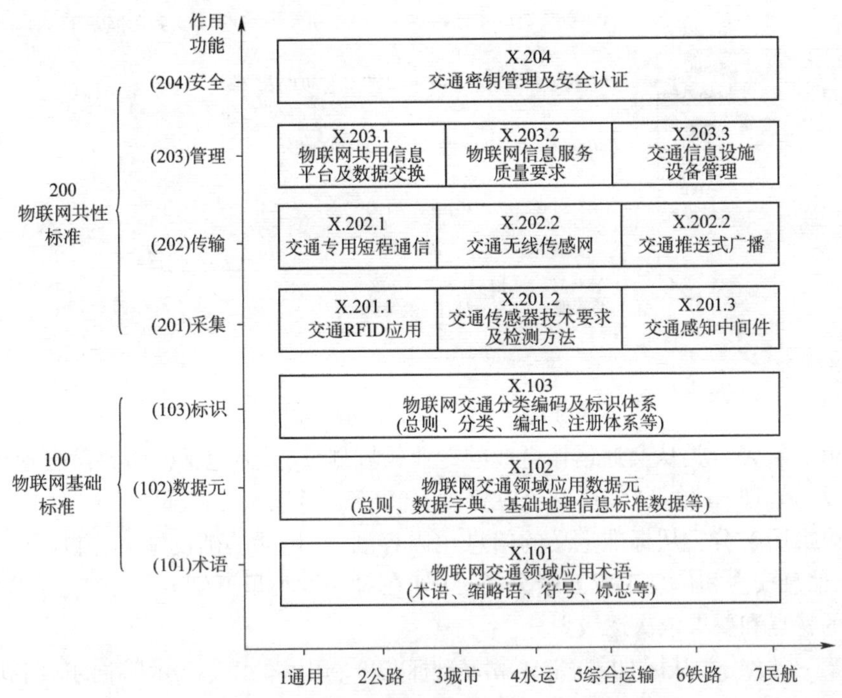

图7-2　物联网交通领域应用标准体系结构图

横轴从交通运输行业的应用领域划分,描述各个应用领域专用的标准。具体包括通用、公路、城市、水运、综合运输、铁路和民航7个分类。

纵轴从标准定义的作用和功能划分进行分类,包括基础标准、物联网共性标准。基础标准大类是指物联网交通领域应用的基础性标准,是制定其他共性及应用标准的基础性标准;物联网共性标准是能够描述物联网交通领域应用共性特征并具有交通应用特点的标准。

7.1.3 交通信息化标准体系

交通运输信息化标准体系是推动交通运输行业信息化建设规范有序发展,支撑信息资源共享和交换,提升信息化服务效能的基础保障。标准体系采用交通运输行业的专业领域(对象)、信息化内容(内容)和标准层次(级别)三个属性构建三维模型,交通信息化标准体系结构如图 7-3 所示。

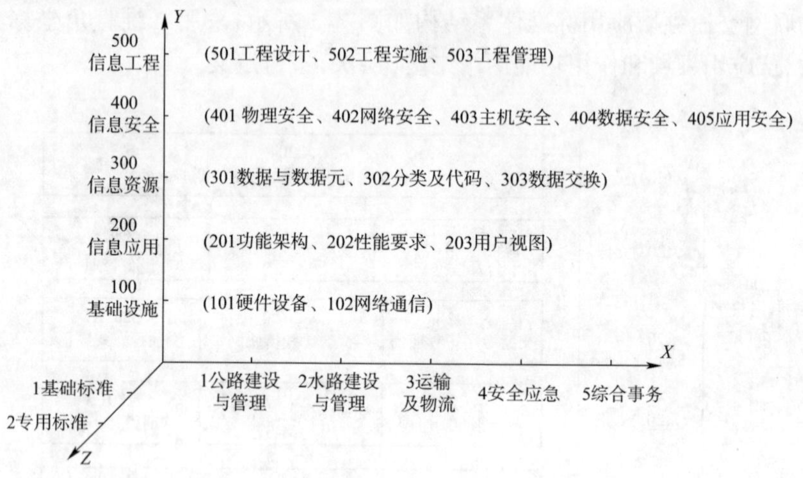

图 7-3 交通信息化标准体系结构

第一层 X 分类从交通运输行业的专业领域划分,具体包括公路建设与管理、水运建设与管理、运输及物流、安全应急、综合事务五个分类。

第二层 Y 分类从标准定义的信息化内容划分,包括基础设施、信息应用、信息资源、信息安全和信息工程五个分类,此外在每一大类里又细分为小类,结合每类分支的特点和要求依次逐级划分。

第三层 Z 分类从标准层次定义,由基础标准和专用标准组成,表示标准的适用范围。

7.1.4 航运信息服务标准体系

我国内河航运信息服务发展时间短,尚无完善的标准体系。目前,国际上较为完善的内河航运信息服务主要是欧盟 RIS 标准体系,其体系架构以下五个方面标准构成,如图 7-4 所示。

(1)术语及定义:主要包含 RIS 通用术语、RIS 缩略语等标准。

(2)数据分类及交换标准:主要包含 RIS 数据元目录、数据字典、RIS 数据交换标准等内容。

(3)信息服务规范:主要包含RIS框架性指南,如《内河信息服务指南2004》。其主要是对RIS体系框架和所含子系统服务的定义。

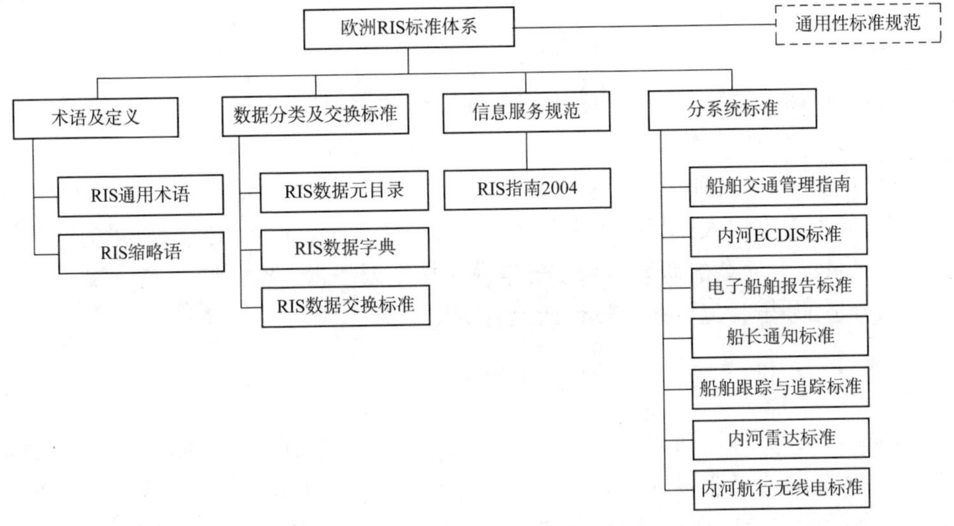

图7-4　RIS标准体系

(4)分系统标准:包括内河船舶交通管理指南、内河电子航道图显示与信息系统标准、电子船舶报告标准、船长通知标准、船舶跟踪与追踪标准、内河雷达标准、内河航行无线电标准。

(5)通用性标准:主要包含商品名称及编码国际分类标准、世界各国和地区名称代码、UN/EDIFACT标准、数据通信标准(AIS、GNSS、Internet)等。

7.1.5　与相关标准体系的关系

内河智能航运信息服务标准体系与相关标准体系并不是以单独的个体存在,它们之间相互联系、匹配、协调,形成形式多样的聚合性复杂系统。

内河智能航运信息服务标准体系隶属于交通信息化标准体系,是在《交通信息化标准体系》的指导下,在对船联网工程相关的交通运输行业信息化标准进行重新梳理的基础上编制而成。

内河智能航运信息服务标准体系包含物联网交通领域应用标准体系中水运部分的共性标准,但不局限于此,还包含船联网建设所需的各应用标准。

此外本标准体系包含交通运输部的全国智能运输标准委员会、全国集装箱标准化技术委员会、信息通信及导航标准委员会及交通运输部各相关业务司局归口管理的涉及内河水运的信息化标准。

7.2 标准体系框架设计

标准体系框架主要有层次结构和三维结构两种形式,从不同的角度描述标准之间的关系。层次结构具有简洁、逻辑关系表述清晰的优点,但体系容量较小,适合标准信息量较少的研究对象;三维体系框架具有体系容量大,标准要素定位精确等优点,但由于定位太过精确而会导致标准要素重复、交叉、空值等不良现象,适合标准信息量庞大繁杂的研究对象。标准体系框架要根据研究对象的总体特征来选择较为合适的形式,也可在上述形式上有所创新。

7.2.1 标准体系二维结构划分原则

内河智能航运信息服务标准体系框架的构建将综合利用层次结构和三维架构的优点,从横向的专业领域和纵向的技术层次两个角度出发,构建二维的内河智能信息服务标准体系框架,包括专业领域(X 轴)和技术层次(Y 轴)两部分。

第一层 X 轴为专业领域维,根据内河智能信息服务功能结构来分类。

第二层 Y 轴为技术层次维,根据内河智能信息服务技术体系架构分类。

按标准体系内各标准级别的高低、共性程度的大小及标准的适用范围,形成不同的梯级,每一个梯级为一个层次。

为保证标准的简洁性和协调性,一般情况下尽量将标准安排在高层次上,应当在大范围内协调统一的标准,不宜在几个小范围内各自制定标准。对同一共性的内容,如果只顾在自己范围内通用而不考虑到应在大范围内统一,势必造成同一共性标准分别在几个不同的范围内各自重复制定,由此造成大量重复劳动和混乱。同时也应注意不要不恰当地扩大标准的适用范围,以免对技术发展造成限制。

标准体系号分类代码结构图如图 7-5 所示,由标准体系第一层(X)分类编号、第二层(Y)分类编号和标准序号组成,并以符号“.”分隔。

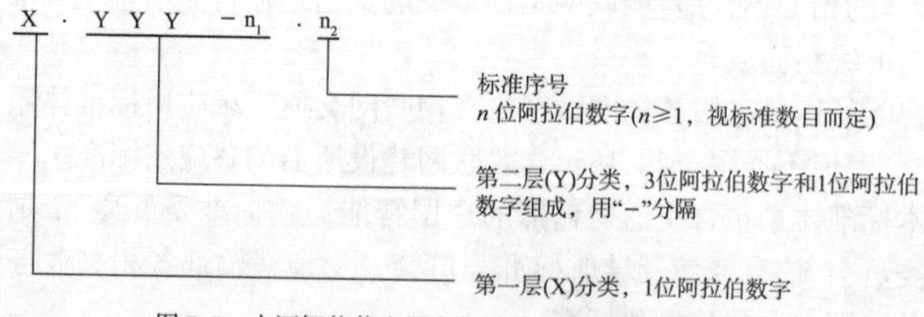

图 7-5 内河智能信息服务标准体系号分类代结构码图

第 1 位编码 X 为第一层分类编号，第 2 位编码 Y 为第二层大分类编号，第 3 位编码 n_1 第二层小分类编号（若无小分类则无此编号），第 4 位编码 n_2 为标准的序号。

7.2.2　内河智能航运信息服务标准专业领域

内河智能航运信息服务标准体系专业领域分类如图 7-6 所示。其中，通用部分标准适用于通航基础设施、运输物流、水运管理、安全应急四大专业领域。

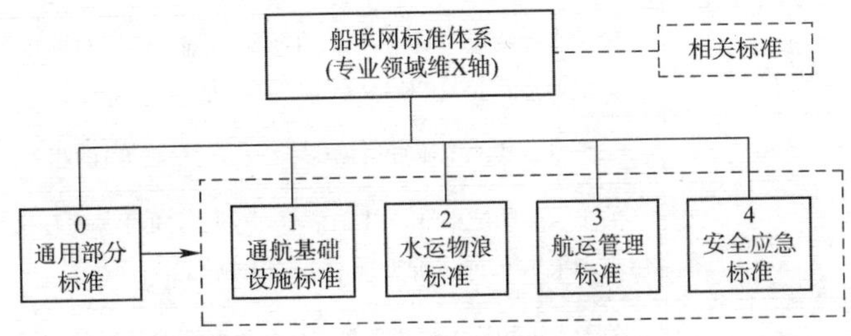

图 7-6　内河智能航运信息服务标准体系框架 X 轴结构关系图

通航基础设施主要包括航道、船闸等通航基础设施，是内河智能航运信息服务工程建设的基础保障。

水运物流是指内河水上交通运输以及港口物流，是内河智能航运信息服务工程建设的交通枢纽环节，对整个工程建设的经济高效发展发挥着重要作用。

航运管理是指港航、航道、海事、运管等管理部门对港航企业（船公司、船代、货主、货代、港口/码头企业、船闸管理机构）、船民、船员以及航运业务的行政管理，是内河智能航运信息服务工程建设的管理保障。

安全应急是指水上交通安全航行、监测预警和水上交通应急救援，是内河智能航运信息服务工程建设的安全保障。

内河智能航运信息服务专业领域（X 轴）具体的标准要素集如表 7-1 所示。

内河智能航运信息服务标准专业领域标准要素集（X 轴）　　表 7-1

一级要素	二级要素	标准要素描述
0 通用部分	—	该部分标准通用于 X 轴的所有领域
1 通航基础设施	航道	关于通航基础设施中航道的地理、水文气象（水深、水流、水位、气象灾害）、电子航道图（性能、测试、安装、信息编码、显示规则、维护更新）、助航标志（航标、标志标牌）、碍航物等相关信息
	船闸	关于通航基础设施中船闸的基础术语、船舶智能过闸（船闸视频监控系统、船闸广播指挥系统、船闸 PLC 系统、信号检测装置、光缆线路设备）等相关信息

续上表

一级要素	二级要素	标准要素描述
1 通航基础设施	通信导航	关于用于通航基础设施中的通信、导航等工程技术相关信息
	其他	关于其他通航基础设施中标准信息，如通航建筑物的基础信息、水上水下施工作业、运行状态等信息
2 水运物流	货运	关于水运物流中货物运输、集装箱运输（代码与标识、运输工具类型、电子单证格式）、货物信息跟踪等相关信息
	客运	关于水运物流中旅客运输（客运码头、轮渡等）的相关信息
	港口码头	关于水运物流中港口基础信息、码头装卸设备与技术（码头装卸作业信息采集系统、码头信息平台）等相关信息
	物流信息平台	关于水运物流中物流信息平台建设的平台体系结构、运营模式、术语单证、平台建设规范、数据交换规范、应用接口及网络系统安全等相关信息
3 航运管理	水上交通信息服务	关于航运管理中船舶、船员、船公司的基本信息、船舶登记、引航服务、航行支持、诚信管理等相关信息
	规费征稽	关于航运管理中针对运输、港口、过闸等收费业务的网上/电子化征稽和常规征稽等相关信息
	执法通知	关于航运管理中政策法规、违章及行政处罚等相关信息
	航运统计	关于航运管理中船舶、货物、船员、港口生产、安全情况、水上事故等相关统计信息
4 安全应急	安全监管	关于安全应急中船舶签证、危险货物申报和船舶防污染管理、船舶检查、船员培训、适任考试和评估、航运公司安全管理体系航运公司运营、船舶航行计划与动态报告、交通诱导等相关信息
	应急资源	关于安全应急中应急资源（救援队伍、物资、资金、设施、技术、信息、特殊资源）等相关信息
	应急通信	关于安全应急中船载应急设备（紧急无线电示位标 EPIRB、搜救雷达应答器 SART）、应急烟火信号、应急通信系统（GMDSS、北斗卫星导航系统、海事卫星导航系统）等相关信息
	应急指挥	关于安全应急中应急指挥平台建设规范、应急救援指令、应急预案等相关信息
	事故调查	关于安全应急中事故调查报告、海事执法人员、水上交通事故数据等相关信息

7.2.3　内河智能航运信息服务标准技术层级

内河智能航运信息服务技术层次。内河智能航运信息服务技术层次维(Y轴)标准表示内河智能航运信息服务建设过程中涉及的技术应用,充分反映出航运信息化技术和物联网技术在内河智能航运信息服务工程中的应用情况。

根据标准的基本属性不同,分为基础标准、共性标准和应用标准三大类,如图7-7所示。基础标准按标准的基本特点分为术语及定义、基础信息表述、编码标识三小类;共性标准根据内河智能航运信息服务技术体系架构分为信息采集、网络通信、数据管理、信息安全四小类。其中,信息采集标准包括识别技术标准、传感器标准、感知中间件标准和定位技术标准;网络通信标准由短距离传输标准、自组织组网标准和承载网标准组成;数据管理标准包括数据服务标准和数据交换标准;信息安全标准分为安全技术标准和安全管理标准。

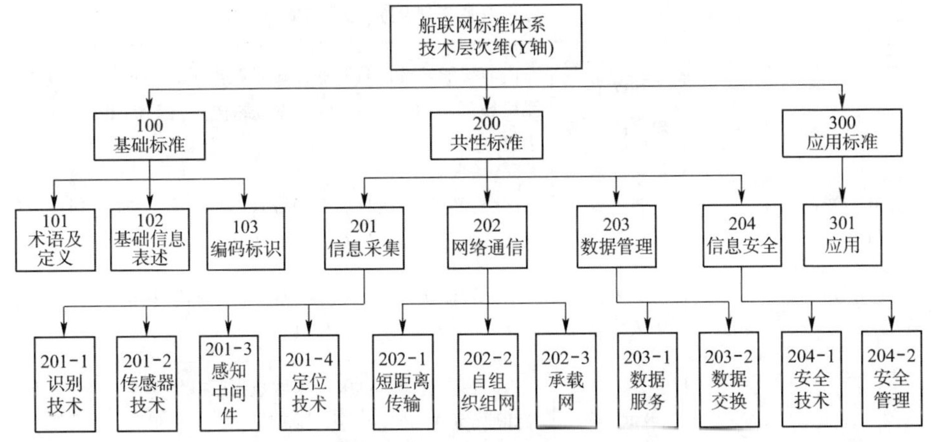

图7-7　内河智能航运信息服务标准体系框架Y轴一级分类图

内河智能航运信息服务技术层次标准要素集与内河智能航运信息服务技术维(Y轴)相对应,根据上节对内河智能航运信息服务技术层次的划分与分析得出内河智能航运信息服务标准技术层次标准要素集如表7-2所示。

内河智能航运信息服务标准体系总体结构及标准要素集(Y轴)　　表7-2

一级要素	二级要素	三级要素	标准要素集描述
100 基础标准	101 术语及定义		内河智能航运信息服务领域术语及定义类标准,包括术语、缩略语、符号、标志等
	102 基础信息表述		内河智能航运信息服务领域数据元类标准,包括总则、数据元、数据字典、数据模型、基础地理信息标准数据等

续上表

一级要素	二级要素	三级要素	标准要素集描述
100 基础标准	103 编码标识		内河智能航运信息服务领域分类编码及标识体系类标准，包括总则、分类、代码、编码规则、注册体系等
200 共性标准	201 信息采集	201-1 识别技术	内河智能航运信息服务领域中识别技术相关标准，包括射频识别（RFID）技术、自动识别系统（AIS）技术等
		201-2 传感器技术	内河智能航运信息服务领域中传感器技相关类标准
		201-3 感知中间件	内河智能航运信息服务领域中间件标准，包括射频识别中间件、传感器中间件的标准协议、标准接口等
		201-4 定位技术	内河智能航运信息服务领域中定位技术相关标准，包括全球定位系统（GPS）、北斗卫星定位等
	202 网络通信	202-1 短距离传输	内河智能航运信息服务领域短距离无线通信标准，包括无线局域网（WLAN，Wi-Fi）、Zigbee 技术、蓝牙（Bluetooth）技术等
		202-2 自组织组网	内河智能航运信息服务领域自组织组网标准，包括自组织组网技术、路由协议、网关技术等
		202-3 承载网	内河智能航运信息服务领域承载网标准，包括移动通信网、互联网、IP 承载网、异构网融合等
	203 数据管理	203-1 数据服务	内河智能航运信息服务领域数据服务类标准，包括数据服务注册、策略、开发及管理规范等
		203-2 数据交换	内河智能航运信息服务领域数据交换标准，包括电子报文交换、系统间信息交换、数据库交换等
	204 信息安全	204-1 安全技术	内河智能航运信息服务领域涉及的信息安全技术类标准，包括电子身份认证、隐私保护、访问控制、网络安全接入、密钥管理等
		204-2 安全管理	内河智能航运信息服务领域涉及的信息安全管理类标准，包括信息安全基本要求规范、信息安全管理体系等
300 应用标准	301 应用		内河智能航运信息服务领域应用类标准，包括系统平台技术规范、公共信息服务平台、联网技术应用硬件终端技术标准等

7.2.4 内河智能航运信息服务标准体系总体框架

根据二维结构划分原则，结合从内河智能航运信息服务领域和技术层次两个方向对标准分类的研究分析，内河智能航运信息服务标准体系二维框架如图7-8所示。协调标准间的相互联系和相互制约的关系，结构上体现了框架的系统性和科学性。

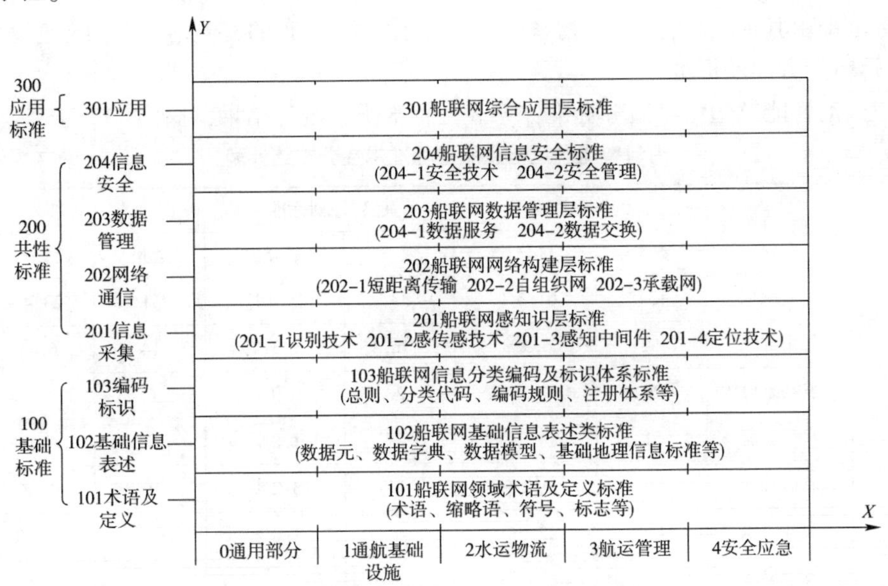

图7-8　内河智能航运信息服务标准体系结构各层次内容

7.3 内河智能航运信息服务标准体系表

7.3.1 内河智能航运信息服务标准体系表编制

标准体系表是标准体系层次结构和标准之间关系的一种表达方式，是编制标准制、修订计划的重要依据之一。遵照国家标准《标准体系表编制原则和要求》(GB/T 13016—2009)的统一规定和要求，按照统一格式将已发布标准、已列计划标准项目和拟待建标准项目进行归纳整理，分类编码，形成标准体系表，最终形成《内河智能航运信息服务标准体系表》，用以规划和指导行业标准化的建设。详见附录。

7.3.2 内河智能航运信息服务标准体系表统计

内河智能航运信息服务标准体系表共收录内河智能航运信息服务标准目录共218项。其中,已发布的内河智能航运信息服务标准134项、已列计划的内河智能航运信息服务标准项目33项、拟建标准51项。此外,还收录相关标准82项。相关标准即由其他相关行业(如物联网、物流运输等)发布的,涉及信息系统建设、安全、运行等方面的标准。

内河智能航运信息服务标准体系表按标准类目统计结果,见表7-3。

内河智能航运信息服务标准属性分布统计表　　表7-3

序号	属　性	已发布标准		已列计划标准		拟建标准	
		数量	百分比	数量	百分比	数量	百分比
一	专业领域	134	61.5%	33	15.1%	51	23.4%
0	通用部分	14	6.4%	16	7.3%	14	6.4%
1	通航基础设施	20	9.2%	2	0.9%	6	2.7%
2	水运物流	31	14.2%	4	1.8%	9	4.1%
3	航运管理	20	9.2%	7	3.2%	10	4.6%
4	安全应急	49	22.5%	4	1.8%	12	5.5%
二	技术层次						
1	基础标准	42	19.3%	6	2.8%	17	7.8%
1.1	术语及定义	9	4.1%	0	0%	6	2.7%
1.2	基础信息表述	21	9.6%	5	2.3%	3	1.4%
1.3	编码标识	12	5.5%	1	0.5%	8	3.7%
2	共性标准						
2.1	信息采集	35	16.1%	6	2.7%	8	3.7%
2.1.1	识别技术	4	1.8%	3	1.4%	1	0.5%
2.1.2	传感器技术	25	11.5%	1	0.5%	7	3.2%
2.1.3	感知中间件	1	0.5%	1	0.5%	0	0%
2.1.4	定位技术	5	2.3%	1	0.5%	0	0%
2.2	网络通信	6	2.7%	1	0.5%	9	4.1%

续上表

序号	属　性	已发布标准		已列计划标准		拟建标准	
		数量	百分比	数量	百分比	数量	百分比
2.2.1	短距离传输	0	0%	0	0%	4	1.8%
2.2.2	自组织组网	0	0%	1	0.5%	1	0.5%
2.2.3	承载网	6	2.7%	0	0%	4	1.8%
2.3	数据管理	24	11.0%	15	6.9%	4	1.8%
2.3.1	数据服务	0	0%	2	0.9%	1	0.5%
2.3.2	数据交换	24	11.0%	13	6.0%	3	1.4%
2.4	信息安全	5	2.3%	2	0.9%	3	1.4%
2.4.1	安全技术	2	0.9%	0	0%	3	1.4%
2.4.2	安全管理	3	1.4%	2	0.9%	0	0%
3	应用标准						
3.1	应用	22	10.1%	3	1.4%	9	4.1%

按专业领域标准分类统计(图 7-9),已发布的安全应急标准为 49 条,占总数的 22.3%,位列同类标准第一,其次为运输物流标准。由此看出,安全应急标准建设是内河智能航运信息服务标准化工作中的重点任务。已列计划标准和拟建标准中,通用标准数量最多共计 32 条。通用标准主要是内河智能航运信息采集、传输、交换方面的标准,随着物联网技术的飞速发展,此类通用标准也成为内河智能航运信息服务标准化工作方向的又一重点方向之一。

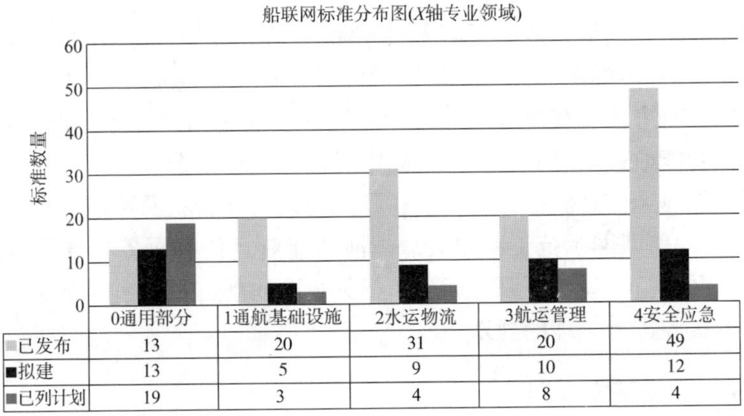

	0通用部分	1通航基础设施	2水运物流	3航运管理	4安全应急
已发布	13	20	31	20	49
拟建	13	5	9	10	12
已列计划	19	3	4	8	4

图 7-9　内河智能航运信息服务标准分布总图(专业领域)

按内河智能航运信息服务技术层次分类统计(图 7-10),由图可见,无论是已发布标准还是已列计划标准中,共性技术标准数量分布最大,占总数最多。同上述通用标准一样,随着物联网技术的快速发展,RFID、传感网等信息采集技术、网络通信技术、电子数据交换等得到大势发展,共性标准成为内河智能航运信息服务标准化工作的重点。

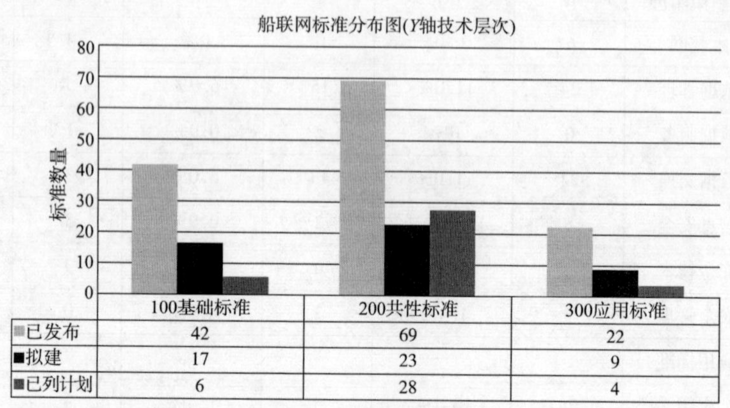

图 7-10　内河智能航运信息服务标准分布图(技术层次)

7.4　内河智能航运信息服务标准体系建设与实施

内河智能航运信息服务标准体系建设指南重点探讨了内河智能航运信息服务标准体系建设的原则、方法和过程,并依据船联网示范工程建设目标和工程实施需求梳理亟须制定的内河智能航运信息服务标准;从标准建设亟须程度、标准之间的逻辑关系、具体标准的内涵等角度研究内河智能航运信息服务标准建设的时间特征;从标准编制、方法及程序等方面指导内河智能航运信息服务标准的建设工作;重在为内河智能航运信息服务标准的制定提供建议和依据。

内河智能航运信息服务标准体系建设指南将指导船联网示范工程专项研究和未来 3 ~ 5 年的船联网示范工程建设。内河智能航运信息服务标准体系的建设规划将对船联网示范工程亟须制定标准和相关标准的制定及内河智能航运信息服务标准体系的实施进行合理的规划。

7.4.1　建设基本原则

针对船联网示范工程的特点,结合船联网示范工程的实际建设需求,以内河智

能航运信息服务标准体系表为基础,制定内河智能航运信息服务标准体系的建设规划的基本原则,即“三优先”原则,具体内容如下:

1.专业领域维,通用部分标准优先

通用部分标准含有各专业领域的共性内容,应优先于各具体专业领域编写,对于已经具有一定基础的专业领域可以编写相关标准。

2.技术维,底层标准优先

技术维方面,根据标准的基本属性不同,可以将其分为基础标准、共性标准和应用标准三大类。基础标准要优先于共性技术标准编写,共性标准要优先于应用标准编写。另外,共性标准和应用标准结合内河智能航运信息服务技术体系架构设计,从感知层、网络层、数据资源层、应用展示层以及安全保障体系五个层次将进一步划分为:信息采集、网络通信、数据管理、信息安全、服务应用。底层标准要优先编写。

3.工程建设中,与两省一市“互联互通”相关的标准优先

对于船联网示范工程,“互联互通”是核心。与“互联互通”相关的标准应优先编写,例如:船舶电子身份认证标准、内河智能航运信息服务数据加密、船岸通信系列标准、内河智能航运数据交换规范等标准应优先编写。

7.4.2　内河智能航运信息服务标准体系的建设规划

从船联网示范工程的实际出发,内河智能航运信息服务标准体系的建设规划可划分为两个阶段,第一阶段是船联网示范工程专项研究课题阶段,围绕两省一市水运交通及物流信息的“互联互通”这一核心,从内河智能航运信息服务标准体系的各层次出发,梳理并制定船联网示范工程建设所亟须的标准,共计46项,见表7-4。

内河智能航运信息服务亟须制定标准表　　表7-4

序号	层次	标准体系表编号	标准名称	宜定级别	标准状态
基础标准					
1	术语及定义	0.101-2	内河智能航运信息服务通用术语	GB	拟建
2		1.101-3	船闸通用术语	GB	拟建
3		3.101-1	水运管理通用术语及定义	JT	拟建
4		4.101-2	水上交通应急救援通用术语及定义	JT	拟建

续上表

<table>
<tr><th>序号</th><th>层次</th><th>标准体系表编号</th><th>标 准 名 称</th><th>宜定级别</th><th>标准状态</th></tr>
<tr><td colspan="6">基 础 标 准</td></tr>
<tr><td>5</td><td rowspan="5">基础信息表述</td><td>0.102-3</td><td>内河智能航运信息服务数据模型</td><td>JT</td><td>已列计划</td></tr>
<tr><td>6</td><td>0.102-4</td><td>航运主数据模型——逻辑模型设计分册</td><td>JT</td><td>已列计划</td></tr>
<tr><td>7</td><td>0.102-5</td><td>航运主数据模型——物理模型设计分册</td><td>JT</td><td>已列计划</td></tr>
<tr><td>8</td><td>0.102-6</td><td>航运数据元规范</td><td>JT</td><td>已列计划</td></tr>
<tr><td>9</td><td>1.102-7</td><td>长三角地区内河电子航道图的空间和属性数据标准</td><td>JT</td><td>已列计划</td></tr>
<tr><td>10</td><td>编码标识</td><td>0.103-3</td><td>航运数据编码规范</td><td>JT</td><td>拟建</td></tr>
<tr><td colspan="6">共 性 标 准</td></tr>
<tr><td>11</td><td rowspan="7">信息采集</td><td>0.201-1.1</td><td>内河船舶　射频识别 2.45GHz 第 1 部分 系统及产品技术规范</td><td>GB</td><td>已列计划</td></tr>
<tr><td>12</td><td>0.201-1.2</td><td>内河船舶　射频识别 2.45GHz 第 2 部分 设备安装及维护技术规范</td><td>GB</td><td>已列计划</td></tr>
<tr><td>13</td><td>0.201-1.3</td><td>RFID 岸基设备成套技术暂行技术规范</td><td>JT</td><td>已列计划</td></tr>
<tr><td>14</td><td>0.201-2.1</td><td>在航船舶动态交通流采集暂行技术规范</td><td>JT</td><td>拟建</td></tr>
<tr><td>15</td><td>0.201-3.1</td><td>传感器网络节点中间件数据交互规范</td><td>GB</td><td>已列计划</td></tr>
<tr><td>16</td><td>0.201-4.1</td><td>内河船舶卫星定位系统终端通讯协议及数据格式</td><td>JT</td><td>已列计划</td></tr>
<tr><td>17</td><td>1.201-1.1</td><td>水上 ETC(船舶过闸)系统标准</td><td>JT</td><td>拟建</td></tr>
<tr><td>18</td><td rowspan="7">网络通信</td><td>0.202-1.1</td><td>船岸专用短程通信　总体框架与技术要求</td><td>JT</td><td>拟建</td></tr>
<tr><td>19</td><td>0.202-1.2</td><td>船岸专用短程通信　物理参数</td><td>JT</td><td>拟建</td></tr>
<tr><td>20</td><td>0.202-1.3</td><td>船岸专用短程通信　链路协议</td><td>JT</td><td>拟建</td></tr>
<tr><td>21</td><td>0.202-1.4</td><td>船岸专用短程通信　应用规范</td><td>JT</td><td>拟建</td></tr>
<tr><td>22</td><td>0.202-2.1</td><td>船载自组织网通信网络标准</td><td>JT</td><td>拟建</td></tr>
<tr><td>23</td><td>0.202-3.2</td><td>内河智能航运信息服务　异构网络通用通信协议</td><td>JT</td><td>拟建</td></tr>
<tr><td>24</td><td>4.202-2.1</td><td>船载传感网络组网技术规范</td><td>JT</td><td>拟建</td></tr>
</table>

续上表

序号	层次	标准体系表编号	标 准 名 称	宜定级别	标准状态
共 性 标 准					
25	数据管理	0.203-1.2	内河智能航运信息服务数据服务规范	JT	已列计划
26		0.203-1.3	航运数据治理规范	JT	已列计划
27		0.203-2.1	内河智能航运信息服务数据交换规范	GB	已列计划
28		1.203-2.2	长三角智能航运公共综合信息服务平台航道信息接入接口标准	JT	已列计划
29		2.203-2.14	内河智能航运物流信息平台数据标准规范	JT	已列计划
30		2.203-2.15	内河智能航运物流信息平台信息传输交换规范	JT	已列计划
31		3.203-2.9	海事综合执法终端与海事管理信息系统间的远程信息交换接口	JT	拟建
32		3.203-2.10	长三角智能航运公共综合信息服务平台信息接入与服务输出接口标准体系	JT	已列计划
33		3.203-2.11	长三角智能航运公共综合信息服务平台信息接入与服务输出接口技术规范	JT	已列计划
34		3.203-2.12	长三角智能航运公共综合信息服务平台水上交通信息接入接口标准	JT	已列计划
35		3.203-2.13	长三角智能航运公共综合信息服务平台交通执法信息接入接口标准	JT	已列计划
36		3.203-2.14	长三角智能航运公共综合信息服务平台航运统计信息接入接口标准	JT	已列计划
37		3.203-2.15	长三角智能航运公共综合信息服务平台业务办理信息接入接口标准	JT	已列计划
38		3.203-2.16	长三角智能航运公共综合信息服务平台服务输出接口标准	JT	已列计划
39		4.203-2.5	长三角智能航运公共综合信息服务平台交通管理信息接入接口标准	JT	已列计划
40		4.203-2.6	长三角智能航运公共综合信息服务平台应急救援信息接入接口标准	JT	已列计划

续上表

序号	层次	标准体系表编号	标 准 名 称	宜定级别	标准状态
共 性 标 准					
41	信息安全	0.204-1.1	船舶电子身份认证标准	JT	拟建
42		0.204-2.4	船联网应用示范工程信息安全建设指南	JT	已列计划
43		2.204-2.1	内河智能航运物流信息平台信息安全标准规范	JT	已列计划
应 用 标 准					
44	应用标准	2.301-6	内河智能航运物流信息平台管理规范	JT	已列计划
45		4.301-19	内河智能船载终端产品技术规范	JT	已列计划
46		4.301-20	内河航运现场综合执法终端设备标准	JT	已列计划

第二阶段是未来三至五年船联网示范工程建设阶段,主要是在示范工程建设实施过程中进一步制定和完善所需的标准,并推广标准的应用领域,共计38项,见表7-5、表7-6。

1.通用部分标准

规划建设标准——通用部分　　表7-5

序号	层次	标准体系表编号	标 准 名 称	宜定级别	标准状态
基 础 标 准					
1	编码标识	0.103-4	内河智能航运信息服务标识　总体规则	JT	拟建
2		0.103-5	内河智能航运信息服务标识　航运基础设施地理信息	JT	拟建
共 性 标 准					
3	信息采集	0.201-2.2	内河智能航运信息服务领域传感器通用技术条件	JT	拟建
4		0.201-2.3	内河智能航运信息服务领域传感器测试方法与安装规范	JT	拟建
5	数据管理	0.203-1.1	水路交通信息服务　数据服务质量规范	GB	拟建
6	信息安全	0.204-1.2	内河智能航运信息服务密钥管理标准	JT	拟建
7		0.204-1.3	内河智能航运信息服务数据加密标准	JT	拟建

2. 其他部分标准

规划建设标准——其他部分　　表 7-6

序号	层次	标准体系表编号	标准名称	宜定级别	标准状态
基础标准					
1	术语及定义	2.101-5	港口货物及设备监控技术术语	JT	拟建
2		2.101-6	货物在途运输状态及参数描述用语	GB	拟建
3	基础信息表述	4.102-2	内河安全应急基础数据元	GB	拟建
4		4.102-3	内河数字化应急预案通用模型	JT	拟建
5		4.102-4	内河事故预警的手持终端数据格式	JT	拟建
6	编码标识	3.103-4	水上移动业务标识码编制规则、分配和管理	GB	拟建
7		3.103-5	水上专业电台分类与代码	GB	拟建
8		3.103-6	海事执法信息分类代码	JT	拟建
9		4.103-3	应急资源分类与代码	JT	拟建
10		4.103-4	内河船员违章信息分类与代码	GB	拟建
11		4.103-5	水上安全搜救信息代码	GB	拟建
共性标准					
12	信息采集	1.201-2.5	船闸状态感知技术标准	JT	拟建
13		1.201-2.6	水路交通信息采集　水文监测器	JT	拟建
14		1.201-2.7	水路交通信息采集　气象观测传感器	JT	拟建
15		2.201-2.1	船载货物状态监测传感器性能标准	JT	拟建
16		2.201-2.2	船载货物状态监测传感器布设技术要求	JT	拟建
17	网络通信	1.202-3.3	船闸通信网技术要求	JT	拟建
18		2.202-3.2	港口货物监控网络网管节点技术参数标准	JT	拟建
19		3.202-3.2	中国水上无线电通信规则	GB	拟建
20		4.202-3.2	水上交通事故应急通信协议	JT	拟建
21	数据管理	2.203-2.13	货物多式联运数据接口及同步规范	JT	拟建
22		4.203-2.4	内河应急寻呼系统空中接口协议	JT	拟建

续上表

序号	层次	标准体系表编号	标准名称	宜定级别	标准状态
应用标准					
23	应用标准	2.301-3	物流公共信息服务平台架构及功能标准	JT	拟建
24		2.301-4	港口货物信息查询终端	JT	拟建
25		2.301-5	港口物流公共信息服务平台智能手机终端技术标准	JT	拟建
26		3.301-1	海事管理信息系统　水上交通信息服务	JT	拟建
27		3.301-2	海事管理信息系统　规费征稽	JT	拟建
28		3.301-3	海事管理信息系统　执法通知	JT	拟建
29		3.301-4	海事管理信息系统　航运统计	JT	拟建
30		4.301-3	内河事故手持终端预警软件编制要求	JT	拟建
31		4.301-18	船载航行数据记录仪　通用技术要求	JT	拟建

7.4.3　内河智能航运信息服务标准体系的实施

1. 基本原则

针对船联网示范工程的特点，结合船联网示范工程的实际建设情况，制定内河智能航运信息服务标准体系实施的基本原则，具体内容如下：

(1)统筹规划，有序推进。在统一的内河智能航运信息服务标准体系框架下，充分利用国家、交通行业以及企业开展的内河水运信息标准化工作基础，科学合理地确定标准制、修订计划，有步骤、有目的地推进内河智能航运信息服务标准体系的建设工作。

(2)加强组织，广泛参与。建立交通运输主管部门、内河水运物流服务需求方和提供方、信息化技术提供商、科研单位以及有关标准化技术委员会之间协调配合、合作联动的工作机制，以船联网示范工程为依托，加强政府引导，鼓励多方参与，积极发挥市场和社会力量，共同推动内河智能航运信息服务标准体系建设。

(3)需求导向，持续深化。依托船联网示范工程，以各方水运交通、物流信息化需求为导向，通过标准的试点应用效果反馈，深化标准研究和制定，不断补充与完善内河智能航运信息服务标准体系。

2. 实施的主要任务

(1)完善内河智能航运信息服务标准体系表。内河智能航运信息服务标准体系表是为实现船联网示范工程基础数据交换和信息服务功能,各方应统一遵循的技术标准和工程技术规范的集合。在船联网示范工程建设和内河智能航运信息服务标准制定过程中,结合实际工程建设需要,进一步完善内河智能航运信息服务标准体系表。

(2)制、修订内河智能航运信息服务关键标准及规范。

①元数据标准。元数据标准的主要内容包括信息资源的分类、描述信息资源的元素及其基本属性、信息资源存储的位置、访问的时间记录以及获取信息资源的方式等。

②内河水运信息交换基础标准。在交通运输信息基础数据元行业标准 JT/T 697 的基础上,根据内河智能航运信息服务智能信息服务需求,制定内河水运公共综合信息服务和内河航运物流信息平台涉及的应用数据元(含代码)标准。主要内容包括信息交换中主要数据元的分类和表示、详细的数据元目录以及代码型数据元的代码值。

③统一身份认证标准。统一身份认证标准主要规定区域交换节点、外部应用系统和平台用户的身份认证或访问控制要求、认证流程、代码分配方法、密钥应用、数字签名等,确保安全高效接入互联以及业务操作过程中的防身份篡改、防抵赖和防止任何人访问超越其权限以外的数据。

④信息安全管理规范。根据信息安全管理的需要,为保护各种业务数据的隐私,保证数据的可用性、完整性和保密性,同时防止系统瘫痪、漏洞攻击等信息安全隐患,保障参与方的利益不受损害,按照国家及交通行业信息安全管理要求,参照国家及交通行业信息安全相关标准,编制内河智能航运信息安全管理规范,包括系统安全、数据安全、用户隐私等。

(3)标准升级维护与管理。根据标准升级维护与管理的需要,开发和建设标准升级维护管理系统,实现平台标准的审核、发布、管理和维护过程的信息化和规范化,提高标准管理工作效率,同时提供平台标准浏览、查询、下载等功能;编制相应规范,包括标准升级维护流程、管理规定和要求、升级维护管理系统的使用指南等。

(4)标准试点应用与推广。结合内河智能航运信息服务标准制定进度和成果发布情况,统筹规划和组织协调,开展标准试点应用工作,验证标准在内河智能航运信息服务数据交换中的可操作性、实用性,发现标准在实际应用中存在的问题,以利于修订和完善标准,保障标准在船联网示范工程中发挥有效作用,促进对标准成果和试点应用经验的宣传与推广，实现技术研发、实际应用与标准研制的有机互动。

7.5 小结

内河智能航运信息服务标准体系研究根据《标准体系表编制原则和要求》(GB/T 13016—2009)对标准体系的构成要素(包括标准体系结构图、标准体系表、标准统计表和编制说明)要求，系统研究了内河智能航运信息服务标准体系框架结构设计、标准体系表编制的问题，并分析了标准体系后期的建设和实施保障措施，为船联网示范工程的标准化工作提供了全面的标准体系支撑。

(1)从国内外相关标准体系研究成果入手，分析标准体系之间的关联关系，在充分理解内河智能航运信息服务、标准、标准体系、标准体系表等概念的基础上，提出构建内河智能航运信息服务标准体系的目标、方法和技术路线，从顶层设计的角度指导内河智能航运信息服务标准体系的构建研究。

(2)参照内河智能航运信息服务业务功能体系和内河智能航运信息服务技术体系，分别从内河智能航运信息服务标准专业领域和内河智能航运信息服务标准技术层次两个维度，运用信息系统理论和模型研究方法，建立内河智能航运信息服务标准体系二维框架，将内河智能航运信息服务标准按照一定的逻辑结构、秩序排列，形成一个科学的有机整体。

(3)在标准体系框架的基础上详细分析了两个维度的内河智能航运信息服务标准集，采用文献分析法和专家咨询法，并结合内河智能航运信息服务标准调研现状，循环优化标准及标准集，补充完善内河智能航运信息服务标准体系表，并提出内河智能航运信息服务关键标准，指导船联网示范工程的标准化建设。

(4)在前期分析的基础上，提出内河智能航运信息服务标准体系建设规划与实施建议，保障了内河智能航运信息服务标准体系建设与实施的落实。

第8章　内河智能航运信息服务管理机制及政策

本章主要从管理机制和政策支持的角度，介绍一体化的航运信息服务管理体系的构建以及如何保障智能航运信息服务的建设实施和运维管理，为智能航运信息服务管理和实践提供依据，同时，从政策层面提出相关政策配套支撑要求。

8.1　研究框架及要素

8.1.1　总体框架

通过对长三角地区的航运信息服务管理现状的调查研究，梳理航运信息服务体系中的各组成要素及各组成要素的密切关系，建立内河航运信息服务管理的总体框架(具体见图8-1)。内河智能航运信息服务管理的研究主体主要包括管理部门、服务主体、服务对象及各主体在技术体系和政策法规体系。

技术体系和政策法规体系包括设备规范、技术指南、管理办法等，为各管理部门、服务主体及对象参与到内河智能航运信息服务中提供支撑保障。

管理部门包括航道部门、港口部门、海事部门等，在一定的管理模式和协调机制下，确定各地区、各部门的航运管理部门的职责和分工，促成内河智能航运信息服务管理组织的一体化，负责监督管理船联网项目工程的实施运营；同时，作为船联网工程的发起者和指导者，航运管理部门还需应对内河智能航运信息服务的运营和发展，制定配套的法律法规政策，保障内河智能航运信息服务的顺利实施和健康发展。

服务主体包括系统开发商、系统支持商、系统运营商等，在管理部门的授权和监督下负责实施开发船联网工程，建设内河航运信息服务的运营系统和平台，并参与研究相关内河智能航运信息服务设备规范和技术标准，为内河智能航运信息服务的软硬件项目提供相关技术保障。同时,为了保证船联网整个项目工程的产业化,管理部门和运营部门需要挖掘航运信息服务的潜在价值,积极创新物联网技术在内河航运产业化的模式,使船联网的产业化方向从以政府建设为主导的政策性产业向以市场为需求导向的产业链形成的顺利过渡,保障内河智能航运信息服务的持续运营和产业化发展。

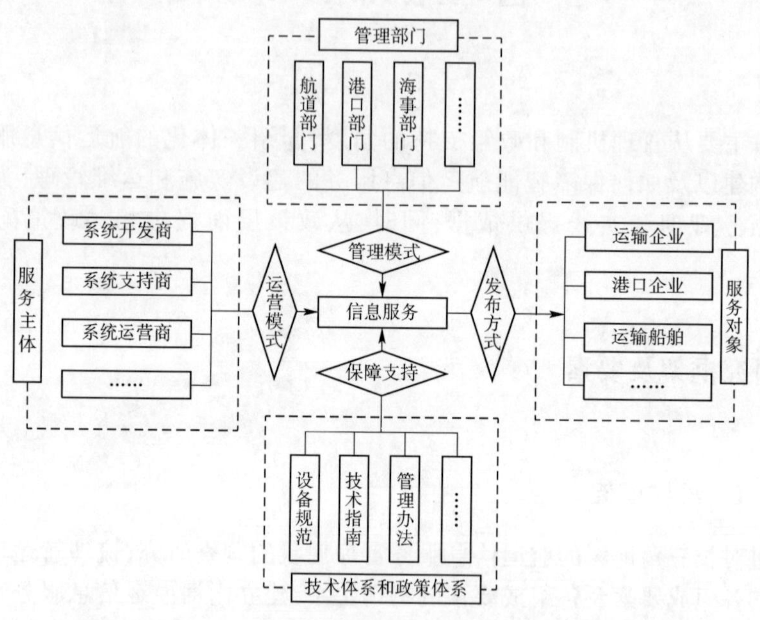

图 8-1　内河航运信息服务管理的总体框架

服务对象包括运输船舶、运输企业、港口企业、管理部门和公众用户等对象,在内河智能航运信息服务的运营中扮演着使用者和消费者这一重要角色。因此,运营管理部门在建设运营前,需对用户进行全面完整的需求调查,并在运营实施后提供多样的反馈信息通道,并针对用户的需求调查和反馈信息,提供和改善更为有效的信息服务。各服务对象通过不同发布方式及发布要求,获得所需的信息服务,并为部分增值的个性化服务支付费用。服务对象通过反馈需求建议和支付费用刺激内河智能航运信息服务的运营和发展。

8.1.2　管理组织框架

为了建立一体化的管理组织机制,需要在现有各地方、各航运管理部门的基础上,增加协调部门这一管理组织。由于船联网工程计划在内河跨省域实施,需要在部级层面设置一协调部门,负责各地方航运管理主管部门的组织协调工作,并负责将各地方航运机构的相关信息上报至交通运输部;同时,在各省(市)内设置船联网工程项目的协调办公室,负责省(市)内航道、港口、地方海事等部门的组织协调工作,保证省(市)内各航运管理部门的建设与实施。管理组织的具体框架见图 8-2。

在协调部门的组织协调下,各地方航运管理部门制定合理的管理组织模式,在船联网工程的建设实施中发挥一体化的高效组织策略,并在具体的船联网项目中发挥与上下级单位的良好沟通机制。由于航运管理部门既是信息服务当前的最大使用者,也是信息服务当前最大的提供者,为了更为有效地运用内河基础设施信息、水上交通等航运信息,还需在管理部门内部建立信息共享机制,促进各地区船舶、企业、管理部门在船联网项目中真正实现信息化和智能化。

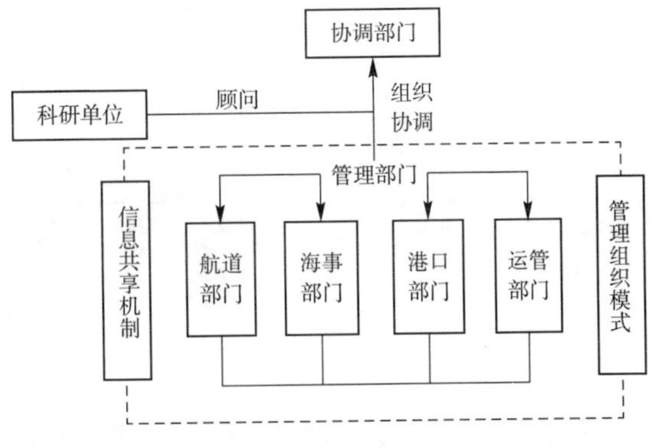

图 8-2　内河航运信息服务管理的管理组织框架

8.1.3　信息服务主体框架

内河智能航运信息服务主体主要包括:智能航运信息系统支持商、智能航运信息系统开发商、智能航运信息系统运营维护商、智能航运信息服务运营商、智能航运信息服务对象和航运管理部门六大类,相关利益主体之间通过不同的利益管理和运行机制组成整个船联网上下游的产业链,见图 8-3。

(1)智能航运信息系统支持商是整个智能航运信息系统的最重要的支持者和关键核心辅助功能的提供者,按功能可以分为系统支持商和通信支持商两大类,主要对信息系统开发商和信息服务运营商的软硬件支持提供服务输出,对于整个智能航运信息服务起着基础性的支撑作用。

(2)智能航运系统开发商是整个信息系统的主导者和负责人,既承担智能航运信息服务的设计者角色,又承担服务需求的开发者角色。同时也是后期智能航运信息服务不断完善、改进的最主要任务承担者。智能航运信息系统开发者在管理部门的委托监管下,开发内河智能航运信息服务系统和数据库,为系统运营维护商和信息服务运营商提供服务输出。

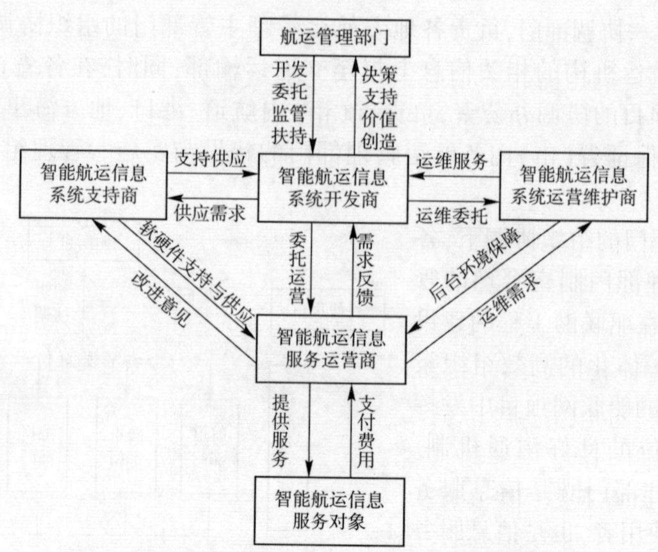

图 8-3　内河智能航运信息服务的利益链框架

(3)智能航运信息系统运营维护商在智能航运信息服务中所起到的是一个后台管理与技术支持的角色,主要负责整个智能航运信息系统的软硬件设备保养与更新维护,对信息系统的故障进行监控、排查与处理。为信息系统开发者和信息服务运营商提供软硬件维护服务。

(4)智能航运信息服务运营商是整个智能航运信息服务产业链中最为核心,也是最为重要的一个利益主体。在整个智能航运信息服务产业链中,承担整个信息增值服务的开发与运营,是智能航运信息服务的主导者,同时也是增值信息服务的直接提供者,更是智能航运信息服务市场的最主要参与者,为船舶、企业、管理部门等各类服务对象提供信息服务。

(5)智能航运信息服务对象是整个智能航运信息市场的重要参与者,也是智能航运信息服务的直接需求者和消费者,更是智能航运信息服务改进、完善的推动者之一。智能航运信息服务对象是整个服务产业链的最末端,他们对各类信息服务的消费程度、使用效果和反馈信息也将直接影响智能航运信息服务产业的走向。

(6)航运管理部门在整个智能航运信息服务产业链中起到控制、监管与扶持的作用,同时也是智能航运信息资源的主要生产者和使用者之一,主要包括与智能航运信息服务相关的港口、航道、运政、地方海事等政府管理部门与机构。管理部门是智能航运信息服务产业链中的一个较为特殊但也是及其重要的利益主体,其既带有了其他利益主体的部分特征,同时又与其他五类利益主体有着本质的区别。

8.1.4　政策体系框架

智能航运信息服务体系是一项巨大的基础设施系统工程，需要投入的人力、财力、物力等各种资源都较多。政府部门作为基础设施建设最主要的承担者和投资者，对智能航运信息服务的推广和发展起着至关重要的作用。在一体化的管理组织机制和产业化运营下，建设船联网信息服务的配套政策体系，从船联网的建设运营、产业引导、服务推广、技术发展和人才保障五方面构建船联网的政策体系框架，具体见图 8-4。

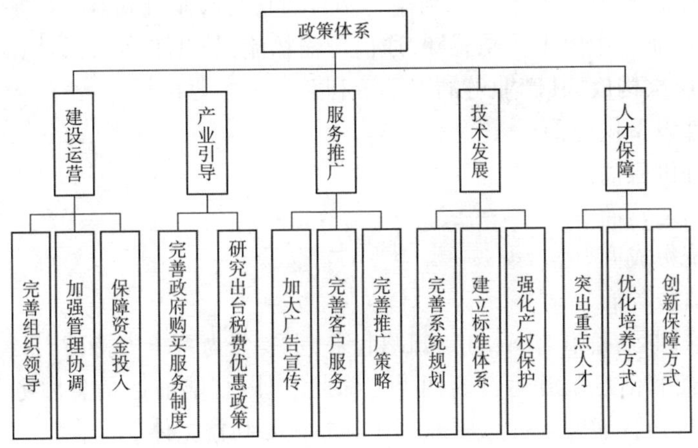

图 8-4　内河航运信息服务管理的政策体系框架

(1)在建设运营方面，包括完善组织领导、加强管理协调和保障资金投入等政策。从这三方面入手，加强内河智能航运信息服务的建设运营管理，为船联网工程提供指导依据。

(2)在产业引导政策方面，可以完善政府采购信息服务的制度，出台相关税收优惠政策，建立引导企业完善融资渠道，为船联网项目的产业化提供政策扶持。

(3)在服务推广政策方面，加大内河智能航运信息服务的宣传，建立和完善服务设施和配套过渡政策，为船联网项目的服务推广提供建议支持。

(4)在技术发展政策方面，从战略的高度加强相关系统规划，特别是技术层面的发展规划和标准体系，加强船联网软硬件基础研究和技术集成服务，船联网项目的技术发展提供指导依据。

(5)在人才保障方面，创新人才保障方式，加强人才库的管理，突出重点培养人才，创新优化人才的培养方式，为船联网项目的人才保障提供管理依据。

8.2 智能航运信息服务运营模式

8.2.1 产业链分析

1. 价值链分析

船联网作为物联网技术在内河航运的重要应用，是“国家物联网应用示范工程”重要组成部分，其产业链中的利益主体与物联网产业链利益主体基本一致。一般物联网的产业链主要由传感感知、通信传输物流、公共平台及云计算和应用平台及服务四大层次构成，其产业链的上下游利益主体主要包括：

(1)硬件设备供应商。

(2)软件供应商。

(3)电信运营商。

(4)系统集成商。

(5)增值服务商。

(6)物联网运营商(图8-5)。归纳起来，主要分为系统支持商、系统开发商、系统运营维护商和信息服务运营商四类。除此之外，智能航运信息服务的管理主体和服务对象也是智能航运信息服务产业链的重要利益主体。

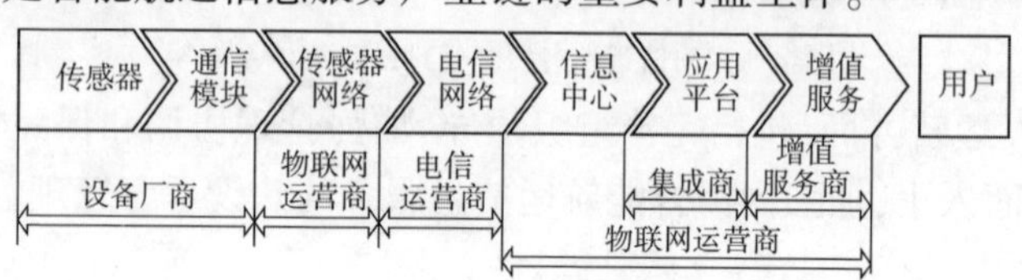

图8-5 一般物联网产业链的结构

在整个船联网信息服务的产业链中，系统支持商、系统开发商、系统运营维护商、信息服务运营商、信息服务对象和航运管理机构六大智能航运信息服务利益主体各自体现的价值，共同构成了智能航运信息服务产业链的价值体系，这六大利益主体的基本情况如表8-1所示。

各利益主体的基本情况　　表8-1

利益主体	基本构成	价值体现
系统支持商	所有对智能航运信息系统的开发、运行、维护、管理起到支持作用的企业	软件供应商以提供满意的系统解决方案为价值；硬件设备提供商以提供性能良好的硬件设备为价值；通信支持商以提供稳定、高效的通信支持为价值

续上表

利益主体	基本构成	价值体现
系统开发商	负责整个智能航运信息系统需求分析、顶层设计和系统研究开发的企业或者机构组织	在需求分析的基础上提供完美的顶层设计,同时对整个智能航运信息系统开发进行科学的组织与实施,争取为用户提供满意的智能航运信息服务体验
系统运营维护商	在智能航运信息系统开发商完成对信息系统的开发、调试以及试运行等工作之后,承担整个智能航运信息系统运营与维护的企业或者相关机构	为智能航运信息系统提供科学、快捷、完善、高效的维护与故障检测排查服务,为智能航运信息服务提供稳定、健康的后台运营环境
信息服务运营商	对智能航运信息系统收集到的相关信息资源进行增值性开发、利用并通过用户需求开发、引导,以丰富多样的形式向相关用户提供个性化信息增值服务的企业或者组织	对用户的需求进行开发与引导,通过的信息增值和丰富多样的体验形式在满足用户个性化智能航运信息增值服务的同时,实现智能航运信息资源的增值、优化配置与利用,并创造更多价值
信息服务对象	对智能航运信息服务具有实际需求或者潜在需求且符合法律法规规定的可以直接获得或者通过申请获得相关智能航运信息服务的用户	通过支付终端设备和增值服务的费用,从智能航运信息服务运营商那里获得方便、快捷、准确、满意的信息服务,在满足其个性化信息需求与信息体验的同时帮助其解决具体的实际问题并进行相关的决策与计划制定
航运管理机构	智能航运信息服务所涉及相关航运管理部门	通过智能航运信息服务系统开发与应用,提高公共管理的效率和效果,在满足用户个性化智能航运信息需求的同时,实现信息资源最大限度的利用

2. 产品结构分析

从内河智能航运信息服务技术架构来看,随着船联网项目的实施推进,在感知层、传输层、应用层和展现层都会产生相应的产品来提供智能航运信息服务,或需要应用相应的产品为航运信息服务提供支撑,具体的产品结构分析见图 8-6。

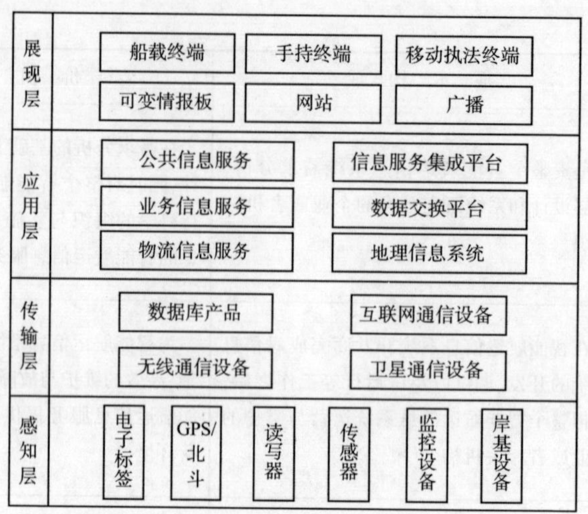

图 8-6　内河智能航运信息服务的产品结构图

其中，船联网感知平台和传输网络的建设需要利用感知器件、通信传输设备；开发的应用软件和平台为用户提供信息服务；研制的终端设备等硬件产品丰富用户获取信息服务的手段。

8.2.2　运营模式

不同的服务信息产品其运营模式也各不相同，根据信息服务主体的不同，大致可分为四大类：政府主导模式、企业特许经营模式、政企分阶段运营模式和市场主导模式。

(1)政府主导模式：以各地方政府签订协议的方式，由航运管理有关部门联合建立合作机制，交通运输部主导开发信息采集和处理系统，相关基础设施投资由国家承担，各部门的投资归各部门负责，即由政府信息机构自身来提供增值服务，主要是对其进行企业化运营。

(2)企业特许经营模式：政府将自己拥有的交通信息资源以合同方式交由一家信息服务企业独家采集、处理、发布交通信息，该企业对航运信息服务具有专营垄断权，产生的收益中按一定比例返回政府部门。即由政府授予企业在一定时间和范围提供某类政府信息增值服务产品的权利，并准许其通过向用户收取费用或出售增值产品以清偿贷款回收投资并赚取利润。

(3)政企分阶段运营模式：由有关的航运信息管理部门组成项目工作组，负责建立航运信息的采集和处理系统，在政府扶持一定时间后，以项目公司的形式独立经营。这种运营方式通常都是由政府相关部门进行前期规划，制定规范与相关标准，建设初期由政府持续投入主要资金，企业也逐步参与部分投资，中后期市场稳定后，完全交由市场企业进行管理和运营。

(4)市场主导模式：指信息服务的运营完全交由市场化运营，由航运信息服务市场进行合理的资源配置，即由市场中的各企业自身完成信息的收集、加工、共享和发布的全部过程，并通过自身对信息服务产品的销售和运营达到盈利目的。

船联网相关产品运营模式的选择必须对有关因素进行综合考虑，其中，硬件设备及相关信息服务运营模式的选择，一般主要考虑以下两个因素：一是该类信息服务资源的可开放程度；二是该类信息服务资源的运营成本。根据这两个因素，可以将上述四种运营模式进行如图8-7所示的划分。

智能航运信息服务最主要的目的就是进行增值性信息资源开发与利用，从增值性信息服务运营模式的总体趋势来看，智能航运信息增值服务模式的主导方向应该与船联网的发展方向是一致的，那就是以“政府为主导，以市场为引导，坚持企业化运营。”

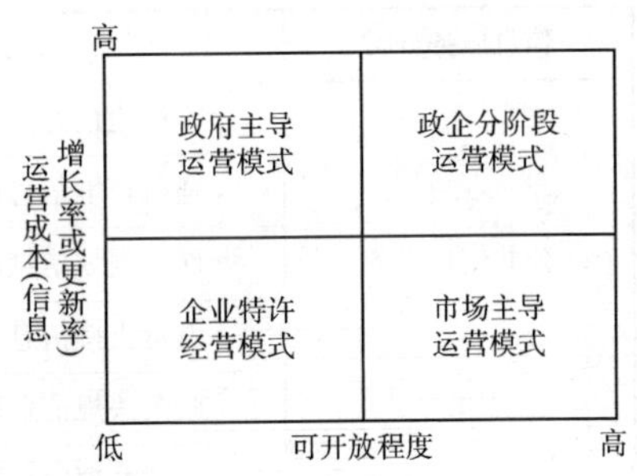

图8-7　信息服务运营模式的考虑因素

从船联网的感知层、传输层、应用层和展现层四个层次来看，未来将面临各种感知器件、传输设备、应用软件和平台、增值服务和终端设备的产业化问题。基于总体规划和相关运营成本的因素考虑，本项目主要针对整个船联网信息服务的软硬件以及面向船舶、船公司的内河智能航运信息服务、终端设备的运营模式进行研究，具体如下：

(1)软硬件。由于感知层和传输层的技术设备以及相关信息服务的软件及集成平台的前期投入成本大，周期也比较长。根据以往经验，大量的设备设施和系统软件主要是通过政府采购的形式购买并运营，其中，政府管理部门可以通过软件外包的运营模式，以招标、签订合同或其他方式，将有关信息服务的软件平台委托给市场主体进行开发维护。

(2)信息服务。根据前面对信息服务内容的分类，依据信息服务的主体和对象的不同，大致可以将船联网的信息服务分为公共信息服务、业务信息服务和物流信息服务三大类。此外，在这三类基本信息服务的基础上，服务提供方可以根据市场需求，研究开发相关增值收费服务。

通过对上节信息服务两个因素的综合考虑，建议如下：

①公共信息服务的可开放程度较高，运营成本不一，建议采取政企分阶段运营模式或市场主导运营模式。

②业务信息服务的保密性较强、可开放程度低，建议采取政府主导运营模式，部分运营成本较低的信息服务可以考虑采取企业特许经营的模式。

③物流信息服务的信息资源当前均掌握在运输企业手中，可开放程度高，前期要求投入也不高，建议采取市场主导运营的模式，考虑到物流信息市场错综复杂，各运输企业的信息化较低，也可以考虑采取政企分阶段运营模式，方便政府前期规划投资带动整个物流运输市场的发展。

④增值信息服务的运营成本较低，市场需求较大，建议采取企业特许经营模式或市场主导运营模式。此外，各类信息服务的收费模式具体建议见表8-2。

各类信息服务运营的适用模式

表8-2

信息服务分类	子服务分类	特　点	运营模式	收费模式
公共信息服务	航道信息服务	可开放程度较高	政企分阶段运营模式 市场主导运营模式	免费
	通航环境信息服务			免费
	航次规划信息服务			免费
	航行支持信息服务			收费
	政策法规信息服务			免费
业务信息服务	业务办理信息服务	可开放程度低	政府主导运营模式 企业特许经营模式	免费
	交通监测信息服务			免费
	应急救援信息服务			收费
	行政执法信息服务			免费
	航运统计信息服务			免费
	规费征稽信息服务			免费
物流信息服务	货源运力信息服务	可开放程度较高 运营成本较低	政企分阶段运营模式 市场主导运营模式	免费
	货物运输信息服务			免费
	交易支付信息服务			收费
增值信息服务	船位监控信息服务	运营成本低	企业特许经营模式 市场主导运营模式	收费
	船队管理信息服务			收费
	运输管理信息服务			收费
	港口管理信息服务			收费
	……			……

(3)终端设备。未来,船联网的终端设备推广主要包括面对船舶、船公司的船载终端和相关手持移动终端。手持终端的成本略低,除了能满足船联网信息服务的功能外,本身就具有移动电话、PDA 等设备的功能,手持终端的推广难度不大,建议采用企业特许经营的模式。

船载终端由于价格高,具有不能随身携带、耗电大、维护困难等缺点,推广难度较大,且船载终端的大部分功能可以由移动终端替代,使得船载终端还面临着与移动终端的市场竞争,建议船载终端采取政企合作经营的模式,由政府部门提供部分工作人员、优惠政策和补贴措施,企业提供资金、技术和设备,共同保证船载终端的推广运营,两类终端的比较具体见表 8-3。

终端设备的适用模式　　表 8-3

设备分类	设备特点	适用模式
船载终端	价格高、不能随身携带、功能全面	政企合作经营模式
手持终端	价格略低、可随身携带、功能较全	企业特许经营模式

8.2.3　盈利模式

由于船联网建设用硬件设备大部分是一次性付清,缺乏后续持续盈利能力,整个船联网的产业化发展还需依靠信息服务的持续运营。

当前,比较成熟的物联网信息服务盈利模式有四种,一是广告盈利模式,以广告主为付费对象,用户免费使用内容或服务;二是业务收费模式,服务商提供通用性的信息服务业务,用户按年或按次办理,并支付相应的费用;三是增值服务模式,服务商针对不同用户的需求,提供订制化信息增值收费服务;四是服务合同模式,服务提供方根据用户的委托合同提供集约化、个性化、最优化的信息服务方案。

针对船联网的公共信息、业务信息和物流信息三大类信息服务,应综合考虑运营主体、运营成本和传输方式等因素,分别选择合适盈利模式。

1. 公共信息服务

公共信息服务作为船联网的基础信息服务,无论是船舶、船公司还是一般公众用户,对公共信息服务的需求量均比较大,未来这一块的客户量和平台的访问量上升空间广阔;但该类信息服务由于其处理和加工的环节少,运营成本较低,综合考虑建议公共信息服务的提供主体采用广告盈利模式和增值服务模式进行运营。

2. 业务信息服务

业务信息服务主要包括船舶便捷过闸管理、电子签证管理、船舶监控管理、规费征稽等一系列管理业务的信息服务内容,运营的主体一般是政府管理部门,对前期投入和后续维护运营的要求高,成本也大,综合考虑建议业务信息服务的提供主体采用广告盈利模式、业务收费模式和增值服务模式等多种模式并存的方式运营。

3. 物流信息服务

当前,物流信息服务的资源和数据大部分掌握在企业和船民手中,未来物流运输信息服务的发展前景和增值空间巨大,特别是大中型航运企业的个性化需求丰富;而物流信息服务要求的前期投入又不高,可开放程度很高,综合考虑建议物流运输信息服务的主体针对不同类型的用户群分别采用广告盈利模式、增值服务模式和服务合同模式等多种模式并存的方式经营。

上面推荐的各类信息服务的盈利模式彼此并不相互独立,之间也有相互交叉融合的内容。因此在考虑使用某种模式时,不能将其固定在某一类信息服务,而要综合考虑信息服务的内容和适用对象,从中提炼核心价值,加以综合利用。针对不同信息服务和用户对象,其适用的盈利模式具体如表 8-4 所示。

各类信息服务盈利的适用模式　　表 8-4

信息服务分类	适用模式	
	船舶、一般用户和小型运输企业	大中型运输企业
公共信息服务	广告盈利模式 增值服务模式	广告盈利模式 增值服务模式
业务信息服务	广告盈利模式 业务收费模式 增值服务模式	广告盈利模式 业务收费模式 增值服务模式
物流信息服务	广告盈利模式 增值服务模式	广告盈利模式 服务合同模式

8.3 智能航运信息服务组织管理

8.3.1 建设体制

根据我国交通信息化工程项目建设管理体制,船联网项目的建设实施可以考虑的管理体制有两种：一是“统一指导、统一管理、统一建设”，其特点在于统一领导，集中管理，但不易实施；二是“统一指导、分级管理、自行建设”，其特点在于统一领导，操作性强，但管理分散。

考虑到地方政府部门既是内河航运信息服务的主要使用者，也是整个内河运输市场的重要管理者，在船联网项目建设运营中扮演主导作用。为了有效地推进内河智能航运信息服务体系建设发展的进程，协调好各地方之间的部门机构，建议整个船联网工程采取“统一指导、分级管理、自行建设”的运作模式。

交通运输部可根据各省市的建设基本需求，由部主要领导负责监督指导船联网的统一规划，组织制定统一的政策法规体系和标准体系；各地方在交通运输部的统一指导下，组建船联网建设领导小组，负责建设符合船联网标准的航道设施，促进船联网相关硬件设施和系统平台的建设，为船舶、企业和公众提供智能化的内河航运信息服务。

8.3.2　管理模式

1. 组织管理现状

虽然江苏省、浙江省和上海市在管理业务的职责和内容上基本一致，但在内河航运管理组织设置与机制上略有不同。其中，江苏与浙江、上海在管理组织的设置上差异较大；浙江和上海在管理组织的设置上较为相似。江苏省针对不同内河行业的管理设有不同的管理机构，优势在于分工明确，职责清晰；浙江省与上海市则采取“一门多牌”的管理体制，在工作中更能有效发挥管理组织的协调能力。具体设置见图 8-8。

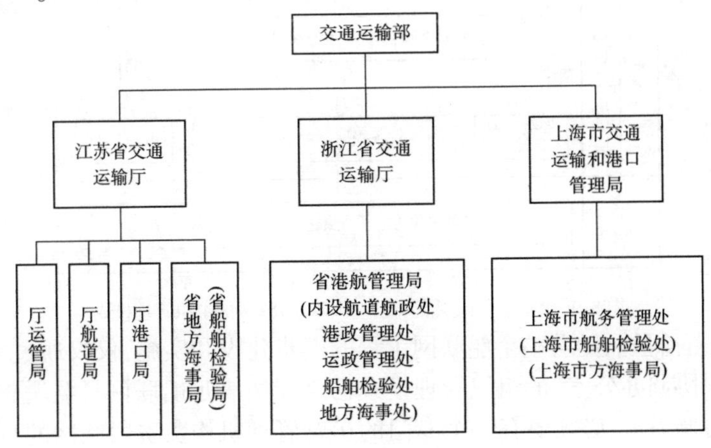

图 8-8　两省一市内河航运管理组织图

2. 组织管理模式

随着船联网项目的逐步推进,由于两省一市航运管理组织机构设置存在的差异,部级与省级层面都将面临着管理组织结构不一、分工不明、协调难度较大的问题,需要建立统一的组织管理模式,保障项目的建设实施和运维管理。

在研究部省级两个层面管理组织需求的基础上,根据船联网建设运营的各个阶段特点,综合考虑不同组织管理模式的优缺点,建议分阶段采取更为合适的组织管理模式。建议在船联网的建设阶段采取"联席会议制度+组织协调办公室"的组织管理模式,在运营阶段采取"新设管理机构"的组织管理模式,具体如下。

(1)建设阶段。当前船联网正处于建设实施的初期,"授权现有机构"不适宜船联网项目当前的组织协调工作,而"新设管理机构"在时间进度上已经无法满足需求,因此建议在此阶段采用"联席会议制度+组织协调办公室"的模式,分别在部级和省级成立相关的协调组织,从而满足部省级两个层面的管理需求,共同推进智能航运信息服务管理组织的一体化运行。具体的管理组织模式参考图8-9。

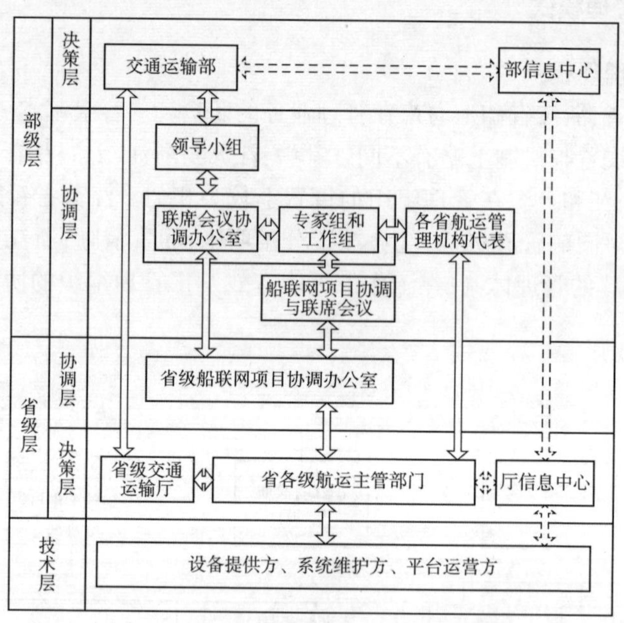

图8-9 "联席会议制度+组织协调办公室"的组织管理模式

(2)运营阶段。随着整个船联网工程的逐步建设和实施,仅仅通过"联席会议制度+组织协调办公室"的组织管理模式已经无法满足船联网日益增长的管理决策和组织协调需求,必须要有一个专门的运营管理机构负责船联网的日常管理和运营工作。

因此,在船联网的运营阶段推荐分别在部与省之间成立一个船联网运营管理机构,部船联网运营管理机构可以设立在部水运局、信息中心或海事局主管部门下,省船联网运营管理机构可以设立在省厅交通主管部门或省港航管理局下,从而满足部与省级两个层面的管理需求;同时考虑到新成立管理机构的易操作性,建议新设机构的主要成员由建设阶段的重要人员继续担任,具体模式见图8-10。

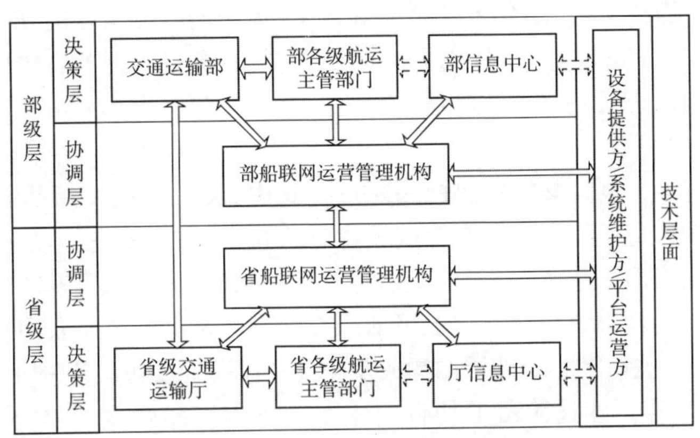

图8-10 “新设管理机构”的组织管理模式

8.3.3 职责分工

1.部级层

部级层一般可分为决策层和协调层两层。其中,决策层主要是指交通运输部和相关主管部门,负责规划长三角及京杭运河(船联网示范工程)范围内的航运发展战略,制定、批准相关法规政策,管理监督协调层在各省的组织协调工作以及各省航运管理机构的船联网工程实施运营工作等。协调层的构成及职责在建设阶段和运营阶段有所不同。

(1)建设阶段。建设阶段的协调层主要由部授权船联网项目工作领导小组、联席会议协调办公室、船联网项目专家组和工作组构成。领导小组可以考虑由部水运局、部科技司等部门领导共同组成;联席会议协调办公室可以由部水运局、通信信息中心相关骨干人员构成,建议设置在船联网项目的某部级机构单位内。专家组和工作组考虑由各地方航运管理机构的代表、骨干人员以及部省级和外部科研单位的专家顾问组成。

协调层的主要职责是对上负责落实交通运输部制定的船联网运输发展战略,提交船联网相关问题方案的决策等工作;对下负责实现各省级船联网项目协调办公室提出的内河航运议案与船联网示范工程相互之间协调与交流。通过船联网项目协调与联席会议的形式对各省提出的相关船联网技术、内河航运项目方案的可行性,以及各船联网具体项目的议案提供解决方法。

(2)运营阶段。运营阶段的协调层主要是指新设的部船联网运营管理机构,机构成员可以考虑主要由参与前期建设阶段管理工作的部航运管理部门主要领导、骨干人员和技术人员组成。部船联网运营管理机构的主要职责是对上负责落实交通运输部制定的船联网运输发展战略和部署,提交船联网运营的相关方案和问题议案;对下负责传达部制定的相关规划、政策和意见,负责监督各省船联网运营管理机构的日常工作,保证各省船联网运营管理机构之间的管理运营和协调共享工作。

2. 省级层

省级层也可分为决策层和协调层两层。其中,决策层主要指两省一市交通运输厅及其厅航道、港口、地方海事等航运主管机构,主要职责是负责执行部级层制定的有关船联网工程的政策法规,落实部批准的具体船联网项目和工程的组织实施工作;省内各航运管理组织负责向上级部门提交有必要上升至船联网整个项目工程(两省一市)的相关议案。协调层的构成及职责在建设阶段和运营阶段有所不同。

(1)建设阶段。建设阶段的协调层主要是指省级船联网项目协调办公室,考虑由省(市)各航运主管部门负责人及工作人员组成。主要职责是在省交通运输厅的决策领导下,负责审理并上报有关船联网项目协调与联席会议的议题,参与船联网项目协调与联席会议的相关研究讨论;负责协调省市内各航道、港口、地方海事等管理部门的组织实施工作;及时向省级决策层传达项目协调与联席会议的项目最终解决方案和决策结果,并实时监督会议通过的政策法规和项目工程在各省市航运管理部门的具体落实和执行工作。

(2)运营阶段。运营阶段的协调层主要是指新设的省级船联网运营管理机构,机构成员可以考虑主要由参与前期建设阶段管理工作的省航运管理部门骨干人员和技术人员组成。省级船联网运营管理机构的主要职责是在省交通运输厅的领导下,负责省市内船联网信息服务的日常管理工作,审理并上报有关船联网项目运营协调的议题;负责组织协调省市内各航道、港口、地方海事等管理部门的信息服务工作,并实时监督交通运输部规定的政策法规和技术标准在各航运管理部门的具体落实和执行工作。

3. 技术层

技术层主要包括船联网项目的设备提供方、系统维护方和平台运营方等第三方信息服务技术主体。在船联网的整个信息服务管理组织机制的作用是:在船联网项目工程的建设运营过程中,各信息服务主体负责船联网项目的信息系统、平台的开发应用、日常运营和维护工作;对运营过程中涉及需要上升至船联网甚至全国统一的设备标准、技术规范等技术问题,提交给省内相关航运主管部门或项目协调单位,由船联网项目的协调单位负责向上级部门申报相关技术议题;执行交通运输部通过的相关设备标准和技术规范,解决交通运输部和船联网项目协调单位提出的其他设备和技术问题。

8.3.4 运行机制

结合内河智能航运信息服务的环境和特点,建立科学、规范、合理的智能航运信息服务运行机制,从项目各个环节众多参与方的沟通协调、跨区域跨部门的信息共享、智能航运信息发布与信息服务质量考核等方面,指导各主体的沟通协调,加强航运监管部门、信息服务对象的互动,促进服务效果信息反馈,确保信息服务及系统安全畅通有效。

1. 沟通协调机制

随着船联网项目在内河领域建设运营的持续发展,基于船联网信息服务的管理主体和服务对象也会越来越多、越来越复杂。为了实现船联网工程各方面的良好沟通和协调,要求船联网工程组织的沟通协调机制必须考虑到项目不同参与方之间的协调、项目实施各阶段之间的协调以及不同信息服务类型的协调三个层次的因素。

(1)项目参与方间的沟通协调。基于船联网项目工程的参与方众多,按与项目实施的关系,包括政府部门和实施运营主体之间的沟通协调、政府部门之间的沟通协调和实施运营主体之间的协调。无论是政府部门还是实施运营主体,在信息服务管理协调方面都应明确各自参与方的沟通协调职责,遵循信息服务的"及时性、准确性、完整性和安全性",共同保障信息服务运行。

(2)项目实施各环节的协调。船联网项目的实施按其特点可以分为项目决策环节、项目设计环节、项目建设环节、项目运营维护环节和后期评价环节。项目决策环节主要侧重在船联网具体项目的研究实施,信息服务的管理组织和协调落实;项目设计环节主要侧总在需求分析、功能设计、技术架构和标准体系等内容;项目建设环节主要侧重在设备技术标准、信息服务集成、数据结构标准等内容;项目运营维护环节主要侧重在船联网的运营组织模式、信息共享和发布等内容;后期评价环节主要侧重信息服务的质量、要求、评价标准等内容。同时,在项目实施的各个环节建立好信息沟通的反馈制度和责任追究制度,确保信息协调的工作与职责落实到位。

(3)各类信息服务类型的协调。船联网项目的建设运营是一个综合庞大的系统工程,更是一个庞大的数据工程,涉及各种类型的信息服务协调,包括公共基础信息服务、管理业务的信息服务、物流运输信息服务和设备技术要求等信息服务的协调。针对不同类型的信息,两省一市应制定相关数据的共享标准,统一信息的发布方式、内容、格式和质量要求等标准。

2. 信息共享机制

当前,船联网信息服务提供和使用最多的主体均为政府部门。而由于政府部门设置的条块分割和多种因素的综合影响,使各地方航运管理部门间的信息共享程度比较低,造成了资源的浪费和服务质量低下。因此,需要从不同方面着手构建和推动整个船联网跨区域、跨部门的信息共享机制,具体如下。

(1)搭建统一信息共享平台。目前,交通运输部和省市级航运管理机构都拥有自己的航运业务系统,采取的形式、技术各不相同。为了便于部省之间、省市之间以及省市内各航运管理部门之间可以快捷方便地进行数据共享,需要部省两级搭建统一的平台上进行协同工作和信息交换,统一相关平台的技术规范和数据标准。同时,部省两级应设置专门的信息协调机构或职务负责协调各地方、各部门的信息共享和数据交换工作,保证政府部门间的信息共享有序推进。

(2)确定航运信息共享内容。航运管理部门间的信息共享需要有一个庞大的信息源作为支撑,而这些信息源就是来自各部门提供的信息,要将这些信息顺利简便地传达到各个部门,需要各地方航运管理部门针对各类数据的信息目录、信息分类和专用术语等标准进行梳理和统一,例如:对于信息目录的统一包括信息的名称、责任人、存储格式、密级、类型、更新时限、主题、摘要、分类、业务属性、提供部门等元素。在此基础上,部省两级确定共同的信息共享内容,划分信息共享的方式和路径,保证信息内容和数据标准的统一。

(3)统一信息数据共享方式。信息共享方式主要是为了解决未来两省一市在数据交换共享上的方法途径,内河智能航运信息服务的运营必须建立在明确的信息数据共享方案上,才能得以实现。目前江苏与浙江、上海两地在信息共享方式上有两种模式可供选择,一种是统一交换的方式,另一种是两两交换的方式。

统一交换方式是指涉及船联网运营的两省一市管理部门将航运信息统一上传至交通运输部,由交通运输部统一负责对两省一市上传的信息数据进行存储、处理和交换,交通运输部成为省级数据交换的节点。该种模式在管理部门日常业务的上传数据中已存在通道,优点是便于上级协调管理,缺点是省级间接共享耗时略长。

两两交换方式是指涉及船联网运营的航运信息在两省一市间以两两交换的方式进行共享,交通运输部只负责领导统筹和规划协调,不介入具体的交换共享机制。该种模式需要新建省级之间的共享交换通道,优点是直接共享效率较高,缺点是不便于监督管理和统一协调。

两种方式各有优缺点，基于当前船联网建设推广阶段的现状，考虑各类信息服务类型的作用特点不同，建议采取将统一交换和两两交换相结合的方式。对于需要交通运输部进行统一监管的航运信息(例如交通监测信息、航运统计信息等)，建议采取统一交换的方式；对于涉及各地方航运管理部门的实时业务信息(例如船舶便捷过闸信息、船舶电子签证信息等)，建议采取两两交换的方式。

3. 信息发布机制

智能航运信息发布机制对于提高政府透明度和行政效率、提高内河航运的服务水平以及最大限度地开发利用航运管理部门的信息资源发挥了重要的作用。船联网的建设运营过程中，应当综合考虑信息发布的内容、方式、程序和制度等多种因素，立足当前我国内河航运的现状，借鉴国外内河航运发展的成功经验，建立完善的相关法律制度，从而为构建一体化的智能航运信息管理体系起着推动作用。

具体包括四个方面：一是明确信息发布的内容与要求；二是明确信息发布的主体与对象；三是规范信息发布的方式与程序；四是建立信息发布的监督与救济机制。

4. 质量考核机制

对内河航运信息服务质量全过程的考核是实现船联网项目工程顺利实施和运营的重要一环，将直接影响整个船联网落地实施、安全运营、项目产业化发展。需要从以下四个方面开展工作，一是建立船联网项目工程信息质量考核体系；二是建立政府部门信息协调共享绩效考核体系；三是建立信息服务用户满意度调查评价体系；四是建立船联网项目信息服务安全评估体系。从工程信息质量、信息协调共享、用户满意度、信息安全等角度全面考核。

8.4　智能航运信息服务政策保障

前面已经分析了内河航运信息服务管理的政策体系框架(图 8-4)，下面将从建设运营、产业引导、服务推广、技术发展、人才保障等方面，提出具体措施，保障智能航运信息服务持续发展。

8.4.1　建设运营

完善船联网管理架构，加强船联网相关部门领导重视，组织建立船联网管理团体，明确主要任务、责任分工，组建专业化的协调管理组织；尽快研究出台促进智能航运信息服务发展的指导意见，明确船联网发展的主要目标、任务和保障措施；健全部门、行业之间的协调机制，加强各部门、行业之间的沟通协调，实现跨部门、跨行业间的数据、信息共享。建立稳定运营维护资金来源，各省市组建船联网运营维护专项资金；积极吸引社会资金的参与，推动各管理部门开放部分信息资源，通过服务外包，支持相关运营企业。

8.4.2 产业引导

完善政府购买服务制度，出台政府购买航运信息服务的管理办法，规定采购产品标准、要求、流程、服务等内容，为政府采购船联网相关产业的产品及服务提供指导；研究出台税费优惠政策，协助参与高新技术企业认定，参照高新技术企业给予税收优惠。积极与财政、税务、示范地区高新科技园管委会等部门沟通，将参与主导的智能航运信息服务硬件设施设备研究、开发、生产等单位纳入科技创新型税收优惠范围；研究出台水上各项交通运输规费优惠措施，利用行业相关规费政策，结合船联网的推广和实施，建立面向广大船民用户的运输规费优惠，以减轻因配合船联网工程实施而带来的经济负担。

8.4.3 服务推广

树立船联网服务品牌体系，努力实现品牌化推广战略；加大传统广告和创新广告的宣传力度，充分发挥两省一市航道网的网络优势，通过平面媒体、网站等宣传。完善船联网客户服务设施和服务渠道，筹建综合客户服务中心，将各业务的客户服务集中起来，发展客户服务网站、客户服务专线以及社会化的服务资源，简化和便捷船民相关手续办理和后续服务。完善推广策略，扩展船联网产品内在价值，包括在信息化管理和通信、加油、银行等其他领域的应用或合作，通过一定的补贴或免费政策提高广大船民的接受度。

8.4.4 技术发展

编制智能航运信息总体规划，保证内河航运的有序健康发展，为智能航运信息服务的推广创造良好的宏观环境；制定实施方案和具体实施计划，引领智能航运信息服务相关技术的全面、科学发展与研究推进，为智能航运信息服务的开展提供强有力的技术支撑与科学保障。建立完善终端产品、信息数据技术、信息安全技术、信息服务技术等方面的标准体系，强化自主知识产权保护意识，积极通过宣传、培训等方式加强知识产权保护有关政策、法律法规和案例的宣传。

8.4.5 人才保障

突出重点人才,特别是重点技术专业人才与重点岗位管理人才,包括智能感知、通信传输、数据挖掘、安全认证、平台开发、信息运营等方面,大力引进高端技术人才,建立吸纳高端技术人才的绿色通道,有重点地选拔有较强创新能力和发展潜力的优秀技术人才到一流高校院所进修或者推行订单式定向培养。创新人才的保障方式,一是积极申请两省一市重点人才配套政策,切实解决引进人才的住房、医疗、配偶就业、子女入学等瓶颈问题;二是积极开展企业技术和管理人才专项奖励,对以知识、技术、成果、专利、管理等做出突出贡献的人才给予奖励。

8.5 小结

通过内河智能航运信息服务管理机制及政策研究,全面地分析智能航运信息服务管理、运营模式及政策保障措施。依据船联网建设运营不同阶段采取适应的管理模式,提出在船联网建设阶段,采取"联席会议制度 + 组织协调办公室"的组织管理模式;在船联网运营阶段,建议采取"新设管理机构"的组织管理模式。在此基础上,分别从建设运营、产业引导、服务推广、技术发展和人才保障五个方面提出了船联网项目实施过程中加强智能航运信息服务的政策保障措施,对于开展船联网国家物联网应用示范工程建设及未来可持续运营,具有较好的指导意义。

第9章　结论与展望

内河智能航运信息服务体系结构、运作模式及标准体系研究是船联网发展和应用的基础性研究工作，项目研究团队经过几年的团结合作，通过系统地分析和梳理国内外船联网发展的现状与差距以及面向我国内河航运基础和发展需求，无论是在理论、方法还是在模式上都取得了较大的突破，为后续船联网的推广应用奠定了坚实的基础。本章主要介绍研究中解决的关键技术问题、主要的创新点和推广应用前景。

9.1　突破的关键技术

(1)通过开展船联网需求分析及功能设计研究，明确了船联网的目标和定位，解决了船联网的内涵问题，有力指导了课题研究和工程建设的有效开展；明确了船联网的各类用户针对航运信息服务内容和服务方式方面的需求，以及与当前信息服务状况之间的差距，为科学定义船联网目标提供支撑；构建了船联网的功能架构，从功能的角度界定如何满足船联网的相关需求，为课题研究和工程建设提出需要进一步解决的关键问题。

(2)以物联网技术体系为基础，通过对船联网的实际需求分析，梳理了目前我国内河水运的物联网技术应用现状，结合国内外最新技术，开展了感知层、网络层、身份认证层、数据交换层、应用层和信息服务展示层六个方面技术体系的研究，构建了满足船联网工程实际需求的技术体系总体架构。

(3)通过开展长三角智能航运数据规划及要素标识体系研究，解决了船联网数据中心数据架构和航运数据规范化问题：重点解决了船联网智能航运数据规划涉及的数据资源目录体系、数据架构技术、基础数据标准等关键技术问题，并提出了长三角智能航运系统数据元素定义与信息分类编码规则，消除了航道、船舶、交通、物流、应急等航运领域核心数据元素、信息分类编码标准的不统一问题。

(4)参考和借鉴了国内外船联网相关技术标准的研究成果，在系统形成船联网体系结构的基础上构建了船联网标准体系框架；根据船联网的组成结构、系统功能、业务范围和建设目标，运用信息系统理论构建了全面、统一、协调、完备的船联网标准集合，并完成对船联网标准内涵及标准之间逻辑关联的界定；综合利用调查研究和理论分析等方法，对船联网标准集进行渐进式重组和优化，为船联网标准化建设和其他课题相关研究提供指导。

(5)通过开展内河智能航运信息服务管理机制和政策研究，重点解决了航运信息服务的管理组织一体化、航运信息服务的质量要求规范化以及航运信息服务的建设发展可持续等相关问题，明确了为保证船联网顺利运营在管理机制和政策方面的相关规定。

9.2 主要创新点

(1)直接面向长三角和京杭运河水系的船员、航运公司和航运管理部门等服务对象，开展了全方位的需求分析、现状分析和差距分析，第一次系统地提出了内河航运综合信息服务需求架构、功能架构以及满足该需求和功能的技术架构，对于指导未来我国内河航运信息化建设，尤其是构建我国内河航运信息服务总体架构具有指导意义。

船联网将物联网概念引入内河航运领域，是一个全新的方向、具有一定的创造性和探索性。为全面把握政府、行业和社会公众的多元信息需求，研究过程中开展了5000余份需求问卷的收集分类整理、120余人次的实地调研工作；在需求调查分析和现状调查分析的基础上，进行航运信息服务差距分析，指出当前信息服务在内容和服务方式方面的不足；通过对航运主体及管理部门的整体业务进行全景描述和抽象，提出了船联网的七大功能服务。在完成上述研究的基础上，本课题结合船联网国家物联网应用示范工程的总体情况以及长三角区域江苏、浙江和上海两省一市内河航运信息化发展现状，提出了满足上述需求和功能的总体技术架构，用于指导物联网应用示范工程建设。

(2)首次系统地构建了长三角内河航运数据资源要素标示体系，提出了基于云平台的长三角物联网统一标识信息服务技术方案，并实现了与国家物联网统一标识体系云平台的连接与路由解析，为统一内河航运数据资源要素标示奠定了良好的基础。

研发并编制了相关的标识编码，可以实现对于多个领域物联网技术应用标识在交通行业内的统一管理与服务，可以实现相关交通运输物联网技术研究成果的进一步深入研究与行业化应用,基于云平台的交通物联网统一标识信息服务平台的建立,将实现与国家物联网统一标识体系云平台的连接与路由解析,提供全面的交通物流物联网统一标识信息服务,从而响应国家物联网体系建设的相关要求。

(3)首次构建了适应我国内河航运领域、紧扣船联网建设目标的船联网标准体系,并从顶层架构上实现与国家物联网标准体系对接和兼容,极大地丰富了交通物联网标准体系下内河航运领域的内容。

创新性地提出了二维架构形式的船联网标准体系框架,有效克服了三维架构体系定位过于精细而导致标准信息重复、交叉、出现空值等现象,同时又拓展了层次结构体系所局限的体系容量。框架 X 轴内容充分体现了具有船联网特色的标准专业领域,框架 Y 轴内容具体展现了船联网技术标准层次分类,从而综合表明船联网是航运信息化与物联网的学科交叉领域。船联网标准体系的提出以及从顶层架构上实现与国家物联网标准体系对接和兼容,极大地丰富了交通物联网标准体系下内河航运领域的内容。

(4)结合长三角区域智能航运信息服务的现状及发展需求,首次系统地提出了我国内河航运信息服务发展的推进机制,对于指导长三角区域内河航运信息服务建设以及未来长江流域、珠江流域、黑龙江流域等内河航运信息服务的建设、管理及运营具有指导意义。

针对航运信息服务跨部门、跨地区管理的问题与难点,借鉴国外内河航道信息服务管理的先进经验,研究提出了包括长三角区域内河航运信息服务管理办法、体制机制及政策保障措施以及长三角区域内河航运信息服务发展的指导意见等,从机制上为长三角区域内河航运信息服务建设提供了借鉴。研究还提出了船联网建设阶段"联席会议制度 + 组织协调办公室"的管理模式建议,以及运营阶段"新设管理机构"的管理模式建议,建立管理组织架构中决策层、协调层和技术层各主体的工作职责和协调机制。最后,基于航运信息服务发展现状,综合考虑信息服务资源的可开放程度和运营成本两个重要因素,针对不同的运营主体、服务对象和信息类型,提出不同信息服务的运营及盈利模式建议。这些系统的研究,对于指导长三角区域内河航运信息服务建设以及未来长江流域、珠江流域、黑龙江流域等内河航运信息服务的建设、管理及运营,具有很好的参考价值。

9.3 推广应用前景分析

与公路相比,我国目前在水运相关的公共信息服务方面比较薄弱,所提供的信息服务在服务内容、服务方式、服务覆盖的地理范围方面都非常有限,与用户期望差距较大。调研发现当前水运行业亟须的信息服务,包括港口生产动态信息、船舶动态信息、船舶过闸信息、水运运输物流信息、水路运输企业信用信息等。

本书介绍的相关成果可广泛应用于面向内河的智能航运信息服务系统的建设中,对于沿海,甚至远洋运输信息服务也有一定借鉴意义。课题依托“长三角航道网及京杭运河水系智能航运服务(船联网)应用示范工程”,目前主要应用于长三角两省一市,未来可向京杭运河水系其他省份、长江、珠江水系推广。推进物联网在内河航运业的深化应用与深度渗透,实现以船联网为代表的航运信息服务创新,加快内河航运智能化、现代化发展步伐,带动物联网、水运行业健康发展。

建议水运行业改变“以管理为主”的管理机制,建设“服务与管理并重”的服务管理系统,服务企业、服务船员,拓宽服务渠道。同时,利用网站、短信系统、导航系统等及时为用户提供港航法规、航行通告、天气预报、通航水位、物流等信息,在网络化审批服务、网上受理、行政许可等方面开展创新性工作,创建港航便民服务体系,增强服务能力和水平。

9.4　建议与展望

随着船联网相关项目的建设实施,内河智能航运信息规模将迅速扩大,信息服务的类型和变化也包罗万象,部分信息的特点将随着物联网的发展而发生改变,导致部分信息服务的运行特征与本课题提出的运营及盈利模式产生不适应。建议在信息服务的推广中继续加强创新信息服务的运营方式,不断调整信息服务及附属产品的运行发展方向和盈利模式。

此外,由于船联网标准体系的边界与范围只能定性描述而无法定量确定,导致纳入到《标准体系表》中的标准数目无法定量穷举,不可避免地存在标准遗漏等不足之处。建议采用多种形式多次征求意见,反复优化,并对标准体系进行及时更新。根据征求反馈的意见与建议,并结合物联网技术与航运信息化技术的发展情况,及时更新标准体系表,对于作废的标准应当从体系表中删除,并增添新立项的标准,无论从标准数量上还是从标准内容上都要保持体系表中每条标准的实时有效性,使之能够切实地为船联网工程标准化建设提供指导。

可以预期,随着航运信息化、智能化发展速度的加快,智能港口、智能船舶、智慧海事、智慧物流等概念将逐步走向应用和成熟，而作为这些应用的基础设施——船联网必将迎来一个更快的发展阶段。本书的研究成果为我国内河智能航运信息服务的发展奠定了坚实的理论、框架和标准基础，将有力地推动我国内河智能航运信息服务的发展，也将成为我国内河智能航运信息服务发展的一个里程碑。

附　　录

附录 1　调查问卷

内河航运综合信息服务系统需求调查表　　附表 1-1
(A 卷:船民、船长或船员)

1. 船舶基本情况

船名:________,船舶总吨:________,运输货物种类:________,主要航线是从________到________,全程大约________公里,一般需要____天。

2. 您对目前长三角及京杭运河内河航运信息服务的满意程度是(请在相应选项里画"√")

A. 非常满意　　B. 比较满意　　C. 一般　　D. 不太满意

E. 非常不满意

3. 您认为当前内河航运信息服务的主要问题是(请在相应选项里画"√",可多选)

A. 信息内容太少　　B. 服务手段太少　　C. 信息不准确　　D. 信息不及时

4. 以下信息服务内容,请根据需求程度在相应选项里画"√":

信息分类	信息服务内容	亟须程度(请在相应选项里画"√")
航道信息	水位预报信息	A. 非常需要　B. 有些需要　C. 一般 D. 不太需要　E. 已有相关服务
	电子航道图(含航道维护尺度、航道相关物标等)	A. 非常需要　B. 有些需要　C. 一般 D. 不太需要　E. 已有相关服务
	主要浅险航道实际水深	A. 非常需要　B. 有些需要　C. 一般 D. 不太需要　E. 已有相关服务
	浅滩、碍航物信息	A. 非常需要　B. 有些需要　C. 一般 D. 不太需要　E. 已有相关服务

续上表

信息分类	信息服务内容	亟须程度(请在相应选项里画"√")
航道信息	气象预报信息(包括雾情、风、能见度)	A. 非常需要　B. 有些需要　C. 一般 D. 不太需要　E. 已有相关服务
	航行规则	A. 非常需要　B. 有些需要　C. 一般 D. 不太需要　E. 已有相关服务
通航环境信息	航行区域内突发事件信息(事故、拥挤)	A. 非常需要　B. 有些需要　C. 一般 D. 不太需要　E. 已有相关服务
	灾害预警(洪水、冰冻、台风等)信息	A. 非常需要　B. 有些需要　C. 一般 D. 不太需要　E. 已有相关服务
	水上水下碍航物通航尺度信息	A. 非常需要　B. 有些需要　C. 一般 D. 不太需要　E. 已有相关服务
	航行通(警)告信息	A. 非常需要　B. 有些需要　C. 一般 D. 不太需要　E. 已有相关服务
	交通管制信息	A. 非常需要　B. 有些需要　C. 一般 D. 不太需要　E. 已有相关服务
船位监控	本船船位及航行状态(航速、航向)	A. 非常需要　B. 有些需要　C. 一般 D. 不太需要　E. 已有相关服务
	附近船舶船位及航行状态(航速、航向)	A. 非常需要　B. 有些需要　C. 一般 D. 不太需要　E. 已有相关服务
航行支持	引航服务(引航站、联系人、收费标准等)信息	A. 非常需要　B. 有些需要　C. 一般 D. 不太需要　E. 已有相关服务
	拖轮租赁(拖轮所有人、联系电话、收费标准等)信息	A. 非常需要　B. 有些需要　C. 一般 D. 不太需要　E. 已有相关服务
	燃料补给船、废油回收船、船舶设备公司信息	A. 非常需要　B. 有些需要　C. 一般 D. 不太需要　E. 已有相关服务
	巡逻艇、警力艇、消防救援电话或报警电话	A. 非常需要　B. 有些需要　C. 一般 D. 不太需要　E. 已有相关服务
航次规划	船舶过闸计划安排信息	A. 非常需要　B. 有些需要　C. 一般 D. 不太需要　E. 已有相关服务
	船闸/桥梁的开关时间	A. 非常需要　B. 有些需要　C. 一般 D. 不太需要　E. 已有相关服务
	长期(一周以上)天气预报	A. 非常需要　B. 有些需要　C. 一般 D. 不太需要　E. 已有相关服务
	中长期(7 天或 10 天)水位预测信息	A. 非常需要　B. 有些需要　C. 一般 D. 不太需要　E. 已有相关服务

续上表

信息分类	信息服务内容	亟须程度(请在相应选项里画"√")
航次规划	船公司的调度信息	A. 非常需要　B. 有些需要　C. 一般 D. 不太需要　E. 已有相关服务
	交通诱导(路径推荐、停航建议等)	A. 非常需要　B. 有些需要　C. 一般 D. 不太需要　E. 已有相关服务
	码头作业计划	A. 非常需要　B. 有些需要　C. 一般 D. 不太需要　E. 已有相关服务
	码头实际作业情况(目的港码头泊位空余信息)	A. 非常需要　B. 有些需要　C. 一般 D. 不太需要　E. 已有相关服务
应急救援支持	应急救援队伍位置及联系方式	A. 非常需要　B. 有些需要　C. 一般 D. 不太需要　E. 已有相关服务
	应急救援指令信息	A. 非常需要　B. 有些需要　C. 一般 D. 不太需要　E. 已有相关服务
业务办理	业务咨询信息	A. 非常需要　B. 有些需要　C. 一般 D. 不太需要　E. 已有相关服务
	危险品货物远程申报	A. 非常需要　B. 有些需要　C. 一般 D. 不太需要　E. 已有相关服务
	船舶签证电子化	A. 非常需要　B. 有些需要　C. 一般 D. 不太需要　E. 已有相关服务
	船舶过闸远程申报	A. 非常需要　B. 有些需要　C. 一般 D. 不太需要　E. 已有相关服务
信用信息查询	本船信用信息	A. 非常需要　B. 有些需要　C. 一般 D. 不太需要　E. 已有相关服务
	相关船员信用,是否有不良记录	A. 非常需要　B. 有些需要　C. 一般 D. 不太需要　E. 已有相关服务
	相关企业信用信息	A. 非常需要　B. 有些需要　C. 一般 D. 不太需要　E. 已有相关服务
寻找货源	市场运力及运力结构信息发布	A. 非常需要　B. 有些需要　C. 一般 D. 不太需要　E. 已有相关服务
	货源信息	A. 非常需要　B. 有些需要　C. 一般 D. 不太需要　E. 已有相关服务
航运统计	针对船舶航行里程、装卸货物吨位的统计	A. 非常需要　B. 有些需要　C. 一般 D. 不太需要　E. 已有相关服务

续上表

信息分类	信息服务内容	亟须程度(请在相应选项里画"√")
执法通知	政策法规信息	A. 非常需要　B. 有些需要　C. 一般 D. 不太需要　E. 已有相关服务
	本船违章及行政处罚通知	A. 非常需要　B. 有些需要　C. 一般 D. 不太需要　E. 已有相关服务
规费征稽	收费信息(收费地点,收费种类,收费标准,收费方式)	A. 非常需要　B. 有些需要　C. 一般 D. 不太需要　E. 已有相关服务
	网上/电子化方式支付相关费用	A. 非常需要　B. 有些需要　C. 一般 D. 不太需要　E. 已有相关服务

5. 您希望通过哪些方式获取所需的航运信息服务(可多选)

A. 热线电话;B. 手机短信;C. 网站;D. 移动设备(智能手机、iPad 等);E. 收音机;F. 邮件;G. 船载终端(如 AIS);H. 航道旁电子显示屏;I. VHF;J. 其他:________

6. 你是否愿意付费使用高质量的航运信息服务:A. 愿意;B. 不愿意

7. 如果采取收费形式,您可以接受的价格为(单选):

- 服务热线(元/次)　☐ 0.5 以下　☐ 0.5 ~ 1　☐ 1 ~ 1.5　☐ 1.5 ~ 2　☐ 2 以上
- 订制短信(元/条)　☐ 0.5 以下　☐ 0.5 ~ 1　☐ 1 ~ 1.5　☐ 1.5 ~ 2　☐ 2 以上
- 船载信息服务终端(元/月)　☐ 20 以下　☐ 20 ~ 30　☐ 31 ~ 40　☐ 41 ~ 50　☐ 50 以上

8. 您那里船舶签证是否实现了电子化? 您认为船舶签证如何办理才方便快捷?

____

____

9. 从方便您从事航运的角度,您还有什么想法和要求:________________________

____

____

内河航运综合信息服务系统需求调查表

附表 1-2

(B 卷:船公司、船代或货代)

1. 受访者类型(请打“√”,可多选)

(　)船公司　(　)货代　(　)船代,企业名称:________

公司共有船舶:________艘,总吨位 ________

2. 您对目前长三角及京杭运河内河航运信息服务的满意程度是(请在相应选项里画“√”)

A. 非常满意　　B. 比较满意　　C. 一般　　D. 不太满意

E. 非常不满意

3. 您认为当前内河航运信息服务的主要问题是(请在相应选项里画“√”,可多选)

A. 信息内容太少　B. 服务手段太少　C. 信息不准确　D. 信息不及时

4. 以下信息服务内容,请根据需求程度在相应选项里画“√”:

信息分类	信息服务内容	亟须程度(请在相应选项里画“√”)
航道信息	水位预报信息(叠加潮汐影响)	A. 非常需要　B. 有些需要　C. 一般 D. 不太需要　E. 已有相关服务
	中长期(7 天或 10 天)水位预测信息	A. 非常需要　B. 有些需要　C. 一般 D. 不太需要　E. 已有相关服务
	气象预报信息(包括雾情、风、能见度)	A. 非常需要　B. 有些需要　C. 一般 D. 不太需要　E. 已有相关服务
	航行规则及方法	A. 非常需要　B. 有些需要　C. 一般 D. 不太需要　E. 已有相关服务
	航标等助航设施运行状况	A. 非常需要　B. 有些需要　C. 一般 D. 不太需要　E. 已有相关服务
	主要浅险航段实际水深	A. 非常需要　B. 有些需要　C. 一般 D. 不太需要　E. 已有相关服务
	航道通告通电	A. 非常需要　B. 有些需要　C. 一般 D. 不太需要　E. 已有相关服务
	航行通警告	A. 非常需要　B. 有些需要　C. 一般 D. 不太需要　E. 已有相关服务

续上表

信息分类	信息服务内容	亟须程度（请在相应选项里画"√"）
通航环境信息	航行区域内突发事件信息（事故、拥挤）	A. 非常需要　B. 有些需要　C. 一般 D. 不太需要　E. 已有相关服务
	航行通（警）告信息	A. 非常需要　B. 有些需要　C. 一般 D. 不太需要　E. 已有相关服务
	交通管制信息	A. 非常需要　B. 有些需要　C. 一般 D. 不太需要　E. 已有相关服务
	灾害预警（洪水、冰冻、台风等）信息	A. 非常需要　B. 有些需要　C. 一般 D. 不太需要　E. 已有相关服务
	水上水下碍航物通航尺度信息	A. 非常需要　B. 有些需要　C. 一般 D. 不太需要　E. 已有相关服务
船位监控与信息查询	本公司船舶实时动态（船位及航行状态）	A. 非常需要　B. 有些需要　C. 一般 D. 不太需要　E. 已有相关服务
	附近船舶实时动态（船位及航行状态）	A. 非常需要　B. 有些需要　C. 一般 D. 不太需要　E. 已有相关服务
	船舶信息（唯一识别号、船舶类型、尺寸等）查询	A. 非常需要　B. 有些需要　C. 一般 D. 不太需要　E. 已有相关服务
	船舶登记信息	A. 非常需要　B. 有些需要　C. 一般 D. 不太需要　E. 已有相关服务
	船舶检验信息	A. 非常需要　B. 有些需要　C. 一般 D. 不太需要　E. 已有相关服务
	船舶营运证信息查询	A. 非常需要　B. 有些需要　C. 一般 D. 不太需要　E. 已有相关服务
	船舶吃水信息	A. 非常需要　B. 有些需要　C. 一般 D. 不太需要　E. 已有相关服务
	船员信息（注册、考试等）查询	A. 非常需要　B. 有些需要　C. 一般 D. 不太需要　E. 已有相关服务

续上表

信息分类	信息服务内容	亟须程度(请在相应选项里画"√")
航行支持	引航服务(引航站、联系人、收费标准等)信息	A. 非常需要 B. 有些需要 C. 一般 D. 不太需要 E. 已有相关服务
	拖轮租赁(拖轮所有人、联系电话、收费标准等)信息	A. 非常需要 B. 有些需要 C. 一般 D. 不太需要 E. 已有相关服务
	燃料补给船、废油回收船、船舶设备公司信息	A. 非常需要 B. 有些需要 C. 一般 D. 不太需要 E. 已有相关服务
	巡逻艇、警力艇、消防救援电话或报警电话	A. 非常需要 B. 有些需要 C. 一般 D. 不太需要 E. 已有相关服务
	交通管制信息	A. 非常需要 B. 有些需要 C. 一般 D. 不太需要 E. 已有相关服务
	替代路径/最优路径推荐	A. 非常需要 B. 有些需要 C. 一般 D. 不太需要 E. 已有相关服务
	航行区域内突发事件信息(事故,拥堵)	A. 非常需要 B. 有些需要 C. 一般 D. 不太需要 E. 已有相关服务
	通航设施(船闸、升船机等)通航尺度、运行状态和收费标准	A. 非常需要 B. 有些需要 C. 一般 D. 不太需要 E. 已有相关服务
	船闸开关时间	A. 非常需要 B. 有些需要 C. 一般 D. 不太需要 E. 已有相关服务
	船舶过闸计划安排信息	A. 非常需要 B. 有些需要 C. 一般 D. 不太需要 E. 已有相关服务
	本公司船舶经济航速推荐	A. 非常需要 B. 有些需要 C. 一般 D. 不太需要 E. 已有相关服务
	本公司船舶动态(船位及航行状态)	A. 非常需要 B. 有些需要 C. 一般 D. 不太需要 E. 已有相关服务
	本公司船舶预计抵港时间	A. 非常需要 B. 有些需要 C. 一般 D. 不太需要 E. 已有相关服务
	航道船舶动态	A. 非常需要 B. 有些需要 C. 一般 D. 不太需要 E. 已有相关服务

续上表

信息分类	信息服务内容	亟须程度(请在相应选项里画"√")
应急救援支持	应急救援队伍位置及联系方式	A. 非常需要 B. 有些需要 C. 一般 D. 不太需要 E. 已有相关服务
	搜救救援指令信息及应急支持	A. 非常需要 B. 有些需要 C. 一般 D. 不太需要 E. 已有相关服务
相关业务办理	危险品货物远程申报	A. 非常需要 B. 有些需要 C. 一般 D. 不太需要 E. 已有相关服务
	危险品作业咨询	A. 非常需要 B. 有些需要 C. 一般 D. 不太需要 E. 已有相关服务
	船舶过闸远程申报	A. 非常需要 B. 有些需要 C. 一般 D. 不太需要 E. 已有相关服务
	船舶预抵港、离港报信息(装卸货物种类、数量及完成时间)电子化报送/查询	A. 非常需要 B. 有些需要 C. 一般 D. 不太需要 E. 已有相关服务
信用信息查询	船舶信用信息,是否有不良记录	A. 非常需要 B. 有些需要 C. 一般 D. 不太需要 E. 已有相关服务
	船员信用信息	A. 非常需要 B. 有些需要 C. 一般 D. 不太需要 E. 已有相关服务
	航运企业信用信息	A. 非常需要 B. 有些需要 C. 一般 D. 不太需要 E. 已有相关服务
	港口码头基本信息	A. 非常需要 B. 有些需要 C. 一般 D. 不太需要 E. 已有相关服务
	码头企业信用信息查询	A. 非常需要 B. 有些需要 C. 一般 D. 不太需要 E. 已有相关服务
	相关货主信用信息查询	A. 非常需要 B. 有些需要 C. 一般 D. 不太需要 E. 已有相关服务
船队管理	船队船舶及其航次信息(航线、船舶预抵港、离港报)	A. 非常需要 B. 有些需要 C. 一般 D. 不太需要 E. 已有相关服务
	所运货物的信息	A. 非常需要 B. 有些需要 C. 一般 D. 不太需要 E. 已有相关服务

续上表

信息分类	信息服务内容	亟须程度(请在相应选项里画"√")
船队管理	船队调度信息发布	A.非常需要　B.有些需要　C.一般 D.不太需要　E.已有相关服务
	备品备件及燃料信息	A.非常需要　B.有些需要　C.一般 D.不太需要　E.已有相关服务
货源运力查询	市场运力及运力结构信息	A.非常需要　B.有些需要　C.一般 D.不太需要　E.已有相关服务
	货源信息查询/发布	A.非常需要　B.有些需要　C.一般 D.不太需要　E.已有相关服务
货物运输管理	相关船舶空闲装载空间的信息	A.非常需要　B.有些需要　C.一般 D.不太需要　E.已有相关服务
	收费信息(收费地点,收费种类,收费标准,收费方式)	A.非常需要　B.有些需要　C.一般 D.不太需要　E.已有相关服务
	船舶等待、装载/卸载状态	A.非常需要　B.有些需要　C.一般 D.不太需要　E.已有相关服务
	本公司船舶抛锚、停靠泊位	A.非常需要　B.有些需要　C.一般 D.不太需要　E.已有相关服务
	码头作业计划	A.非常需要　B.有些需要　C.一般 D.不太需要　E.已有相关服务
	船舶等待、装载/卸载状态	A.非常需要　B.有些需要　C.一般 D.不太需要　E.已有相关服务
	码头实际作业情况	A.非常需要　B.有些需要　C.一般 D.不太需要　E.已有相关服务
	货源信息发布	A.非常需要　B.有些需要　C.一般 D.不太需要　E.已有相关服务
航运统计	针对船舶、货物和船员的相关信息统计	A.非常需要　B.有些需要　C.一般 D.不太需要　E.已有相关服务

续上表

信息分类	信息服务内容	亟须程度(请在相应选项里画"√")
执法通知	国家政策法规信息	A. 非常需要　B. 有些需要　C. 一般 D. 不太需要　E. 已有相关服务
	本省政策法规信息	A. 非常需要　B. 有些需要　C. 一般 D. 不太需要　E. 已有相关服务
	其他省区政策法规信息	A. 非常需要　B. 有些需要　C. 一般 D. 不太需要　E. 已有相关服务
	本公司行政处罚信息查询	A. 非常需要　B. 有些需要　C. 一般 D. 不太需要　E. 已有相关服务
	行政检查情况	A. 非常需要　B. 有些需要　C. 一般 D. 不太需要　E. 已有相关服务
规费征稽	相关费用的电子化征收	A. 非常需要　B. 有些需要　C. 一般 D. 不太需要　E. 已有相关服务

5. 您希望通过哪些方式获取所需的航运信息服务(可多选)

A. 热线电话;B. 手机短信;C. 网站;D. 移动设备(智能手机、iPad 等);E. 收音机;F. 邮件;G. EDI;H. 其他:________

6. 你是否愿意付费使用高质量的航运信息服务:A. 愿意;B. 不愿意

7. 如果采取收费形式,您可以接受的价格为(单选):

- 服务热线(元/次)　□0.5 以下　□0.5 ~1　□1 ~1.5　□1.5 ~2　□2 以上
- 订制短信(元/条)　□0.5 以下　□0.5 ~1　□1 ~1.5　□1.5 ~2　□2 以上
- 网站会员(元/月)　□50 元以下　□50 ~100　□100 ~200　□200 ~300　□300 以上

8. 您那里船舶签证是否实现了电子化?您希望船舶签证如何办理才方便快捷?

____

9. 从使您的航运业务更安全、更高效的角度,您还有什么想法和要求:________________

____

内河航运综合信息服务系统需求调查表

附表 1-3

(C 卷:船闸管理人员)

1. 船闸基本情况

您所在船闸的名称:________________,闸室或承船厢有效尺度:________,平均通过能力:________,船闸业主:________,上年过闸船舶____艘次,上年货运量:____,其中下航____万吨、上航____万吨,主要货物类型:__________。

2. 您对目前长三角及京杭运河内河航运信息服务的满意程度是(请在相应选项里画"√")

A. 非常满意　　B. 比较满意　　C. 一般　　D. 不太满意

E. 非常不满意

3. 您认为当前内河航运信息服务的主要问题是(请在相应选项里画"√",可多选)

A. 信息内容太少　　B. 服务手段太少　　C. 信息不准确　　D. 信息不及时

4. 以下信息服务内容,请根据需求程度在相应选项里画"√":

信息分类	信息服务内容	亟须程度(请在相应选项里画"√")
航道信息	水位预报信息(叠加潮汐影响)	A. 非常需要　B. 有些需要　C. 一般 D. 不太需要　E. 已有相关服务
	电子航道图(含航道维护尺度、水深、船闸、航标信息)	A. 非常需要　B. 有些需要　C. 一般 D. 不太需要　E. 已有相关服务
	中长期(7 天或 10 天)水位预测信息	A. 非常需要　B. 有些需要　C. 一般 D. 不太需要　E. 已有相关服务
	气象预报信息(包括气温、风力、雾情、能见度)	A. 非常需要　B. 有些需要　C. 一般 D. 不太需要　E. 已有相关服务
航行安全信息	航行区域内突发事件信息(事故、拥挤)	A. 非常需要　B. 有些需要　C. 一般 D. 不太需要　E. 已有相关服务
	航行通(警)告信息	A. 非常需要　B. 有些需要　C. 一般 D. 不太需要　E. 已有相关服务
	交通管制信息	A. 非常需要　B. 有些需要　C. 一般 D. 不太需要　E. 已有相关服务
	锚地和安全作业区	A. 非常需要　B. 有些需要　C. 一般 D. 不太需要　E. 已有相关服务

续上表

信息分类	信息服务内容	亟须程度(请在相应选项里画"√")
过闸船舶船位监控与信息查询	船闸附近船舶船位及航行状态	A. 非常需要　B. 有些需要　C. 一般 D. 不太需要　E. 已有相关服务
	船舶唯一识别号	A. 非常需要　B. 有些需要　C. 一般 D. 不太需要　E. 已有相关服务
	船舶登记信息	A. 非常需要　B. 有些需要　C. 一般 D. 不太需要　E. 已有相关服务
	船舶检验信息	A. 非常需要　B. 有些需要　C. 一般 D. 不太需要　E. 已有相关服务
	船舶营运证信息	A. 非常需要　B. 有些需要　C. 一般 D. 不太需要　E. 已有相关服务
	船舶类型、尺寸信息	A. 非常需要　B. 有些需要　C. 一般 D. 不太需要　E. 已有相关服务
	船舶吃水信息	A. 非常需要　B. 有些需要　C. 一般 D. 不太需要　E. 已有相关服务
	船舶运载货物属性信息	A. 非常需要　B. 有些需要　C. 一般 D. 不太需要　E. 已有相关服务
	船舶目的地信息	A. 非常需要　B. 有些需要　C. 一般 D. 不太需要　E. 已有相关服务
	船员信息	A. 非常需要　B. 有些需要　C. 一般 D. 不太需要　E. 已有相关服务
	船公司信息	A. 非常需要　B. 有些需要　C. 一般 D. 不太需要　E. 已有相关服务
	四客一危船舶	A. 非常需要　B. 有些需要　C. 一般 D. 不太需要　E. 已有相关服务

续上表

信息分类	信息服务内容	亟须程度(请在相应选项里画"√")
应急救援	航道通告通电	A. 非常需要　B. 有些需要　C. 一般 D. 不太需要　E. 已有相关服务
	航行通警告	A. 非常需要　B. 有些需要　C. 一般 D. 不太需要　E. 已有相关服务
	巡逻艇、警力艇、消防救援电话或报警电话	A. 非常需要　B. 有些需要　C. 一般 D. 不太需要　E. 已有相关服务
	搜救指令及应急支持	A. 非常需要　B. 有些需要　C. 一般 D. 不太需要　E. 已有相关服务
	救援队伍位置及联系方式	A. 非常需要　B. 有些需要　C. 一般 D. 不太需要　E. 已有相关服务
	与船舶及所属公司通信	A. 非常需要　B. 有些需要　C. 一般 D. 不太需要　E. 已有相关服务
业务办理	船舶过闸远程申报	A. 非常需要　B. 有些需要　C. 一般 D. 不太需要　E. 已有相关服务
信用信息	船舶信用信息,是否有不良记录	A. 非常需要　B. 有些需要　C. 一般 D. 不太需要　E. 已有相关服务
船闸运行管理	附近船闸/桥梁实际运行状态信息(位置、排队情况)	A. 非常需要　B. 有些需要　C. 一般 D. 不太需要　E. 已有相关服务
	辅助制定过闸计划(如图形化排档)	A. 非常需要　B. 有些需要　C. 一般 D. 不太需要　E. 已有相关服务
	提供临近船舶的预计到达时间	A. 非常需要　B. 有些需要　C. 一般 D. 不太需要　E. 已有相关服务
	附近船闸的短期计划(船舶的ETAs/RTAs,等待地点,船闸/桥梁位置)	A. 非常需要　B. 有些需要　C. 一般 D. 不太需要　E. 已有相关服务
	附近船闸/桥梁运行的中长期计划	A. 非常需要　B. 有些需要　C. 一般 D. 不太需要　E. 已有相关服务

续上表

信息分类	信息服务内容	亟须程度(请在相应选项里画"√")
航运统计	通航建筑物运营情况、过闸船舶、货物情况统计	A. 非常需要　B. 有些需要　C. 一般 D. 不太需要　E. 已有相关服务
执法通知	国家政策法规信息	A. 非常需要　B. 有些需要　C. 一般 D. 不太需要　E. 已有相关服务
	本省政策法规信息	A. 非常需要　B. 有些需要　C. 一般 D. 不太需要　E. 已有相关服务
	其他省区政策法规信息	A. 非常需要　B. 有些需要　C. 一般 D. 不太需要　E. 已有相关服务
	行政处罚信息	A. 非常需要　B. 有些需要　C. 一般 D. 不太需要　E. 已有相关服务
规费征稽	过闸费用的电子化征收	A. 非常需要　B. 有些需要　C. 一般 D. 不太需要　E. 已有相关服务

注:(1)ETA:船舶预计到达时间。

(2)RTA:船舶实际所需到达时间。

5. 您希望通过哪些方式获取所需的航运信息服务(可多选)

A. 热线电话;B. 手机短信;C. 网站;D. 移动设备(智能手机、iPad 等);E. 收音机;F. 邮件;G. EDI;H. VHF;I. 其他:________

6. 你是否愿意付费使用高质量的航运信息服务:A. 愿意;B. 不愿意

7. 如果采取收费形式,您可以接受的价格为(单选):

- 服务热线(元/次)　□ 0.5 以下　□ 0.5 ~ 1　□ 1 ~ 1.5　□ 1.5 ~ 2　□ 2 以上
- 订制短信(元/条)　□ 0.5 以下　□ 0.5 ~ 1　□ 1 ~ 1.5　□ 1.5 ~ 2　□ 2 以上
- 网站会员(元/月)　□ 50 元以下　□ 50 ~ 100　□ 100 ~ 200　□ 200 ~ 300　□ 300 以上

8. 从使您的船闸调度管理更安全、更高效的角度,您还有什么想法和要求:________

内河航运综合信息服务系统需求调查表

附表 1-4

(D 卷:港口或码头企业)

1. 企业基本情况

贵企业名称:________________,年通过能力________,上年吞吐量________,泊位数目________;吨级________,单船平均作业效率________,主要货物________,货物主要流向________。

2. 您对目前长三角及京杭运河内河航运信息服务的满意程度是(请在相应选项里画"√")

A. 非常满意　　B. 比较满意　　C. 一般　　D. 不太满意

E. 非常不满意

3. 您认为当前内河航运信息服务的主要问题是(请在相应选项里画"√",可多选)

A. 信息内容太少　　B. 服务手段太少　　C. 信息不准确　　D. 信息不及时

4. 以下信息服务内容,请根据需求程度在相应选项里画"√":

信息分类	信息服务内容	亟须程度(请在相应选项里画"√")
港区航道信息	水位预报信息(叠加潮汐影响)	A. 非常需要　B. 有些需要　C. 一般 D. 不太需要　E. 已有相关服务
	电子航道图(含航道维护尺度、水深、码头、泊位、航标信息)	A. 非常需要　B. 有些需要　C. 一般 D. 不太需要　E. 已有相关服务
	中长期(7 天或 10 天)水位预测信息	A. 非常需要　B. 有些需要　C. 一般 D. 不太需要　E. 已有相关服务
	航行规则及方法	A. 非常需要　B. 有些需要　C. 一般 D. 不太需要　E. 已有相关服务
航行安全信息	航行区域内突发事件信息(事故、拥挤)	A. 非常需要　B. 有些需要　C. 一般 D. 不太需要　E. 已有相关服务
	航行通(警)告信息	A. 非常需要　B. 有些需要　C. 一般 D. 不太需要　E. 已有相关服务
	气象预报信息(包括气温、风力、雾情等)	A. 非常需要　B. 有些需要　C. 一般 D. 不太需要　E. 已有相关服务
	灾害预警(洪水、冰冻、台风等)信息	A. 非常需要　B. 有些需要　C. 一般 D. 不太需要　E. 已有相关服务

续上表

信息分类	信息服务内容	亟须程度(请在相应选项里画“√”)
航行安全信息	交通管制信息	A. 非常需要 B. 有些需要 C. 一般 D. 不太需要 E. 已有相关服务
	锚地和安全作业区	A. 非常需要 B. 有些需要 C. 一般 D. 不太需要 E. 已有相关服务
进出港船舶监控与信息查询	计划进港船舶船位及航行状态	A. 非常需要 B. 有些需要 C. 一般 D. 不太需要 E. 已有相关服务
	计划进港船舶唯一识别号	A. 非常需要 B. 有些需要 C. 一般 D. 不太需要 E. 已有相关服务
	计划进港船舶登记信息	A. 非常需要 B. 有些需要 C. 一般 D. 不太需要 E. 已有相关服务
	计划进港船舶检验信息	A. 非常需要 B. 有些需要 C. 一般 D. 不太需要 E. 已有相关服务
	计划进港船舶营运证信息	A. 非常需要 B. 有些需要 C. 一般 D. 不太需要 E. 已有相关服务
	船舶类型、尺寸信息	A. 非常需要 B. 有些需要 C. 一般 D. 不太需要 E. 已有相关服务
	计划进港船舶吃水信息	A. 非常需要 B. 有些需要 C. 一般 D. 不太需要 E. 已有相关服务
	计划进港船载货物属性信息	A. 非常需要 B. 有些需要 C. 一般 D. 不太需要 E. 已有相关服务
	计划抵/离港船舶航次计划信息	A. 非常需要 B. 有些需要 C. 一般 D. 不太需要 E. 已有相关服务
	船闸调度计划信息	A. 非常需要 B. 有些需要 C. 一般 D. 不太需要 E. 已有相关服务
	船舶目的地信息	A. 非常需要 B. 有些需要 C. 一般 D. 不太需要 E. 已有相关服务
	船员基本信息查询	A. 非常需要 B. 有些需要 C. 一般 D. 不太需要 E. 已有相关服务
	船公司基本信息查询	A. 非常需要 B. 有些需要 C. 一般 D. 不太需要 E. 已有相关服务

续上表

信息分类	信息服务内容	亟须程度(请在相应选项里画"√")
进出港船舶监控与信息查询	大尺度航道图下的船位显示	A.非常需要　B.有些需要　C.一般 D.不太需要　E.已有相关服务
	引航服务(引航站、联系人、收费标准等)信息	A.非常需要　B.有些需要　C.一般 D.不太需要　E.已有相关服务
	拖轮租赁(拖轮所有人、联系电话、收费标准等)信息	A.非常需要　B.有些需要　C.一般 D.不太需要　E.已有相关服务
	燃料补给船、废油回收船、船舶设备公司信息	A.非常需要　B.有些需要　C.一般 D.不太需要　E.已有相关服务
应急救援	与船舶及所属公司通信	A.非常需要　B.有些需要　C.一般 D.不太需要　E.已有相关服务
	巡逻艇、警力艇、消防救援电话或报警电话	A.非常需要　B.有些需要　C.一般 D.不太需要　E.已有相关服务
	搜救指令及应急支持	A.非常需要　B.有些需要　C.一般 D.不太需要　E.已有相关服务
业务办理	危险品货物远程申报	A.非常需要　B.有些需要　C.一般 D.不太需要　E.已有相关服务
	危险品作业咨询	A.非常需要　B.有些需要　C.一般 D.不太需要　E.已有相关服务
	船舶预抵港、离港报信息电子化	A.非常需要　B.有些需要　C.一般 D.不太需要　E.已有相关服务
	船舶靠离泊计划电子化报送	A.非常需要　B.有些需要　C.一般 D.不太需要　E.已有相关服务
信用信息查询	船舶信用信息,是否有不良记录	A.非常需要　B.有些需要　C.一般 D.不太需要　E.已有相关服务
	船员信用信息	A.非常需要　B.有些需要　C.一般 D.不太需要　E.已有相关服务
	企业(货主,船公司)信用信息	A.非常需要　B.有些需要　C.一般 D.不太需要　E.已有相关服务
	船舶等待、装载/卸载状态	A.非常需要　B.有些需要　C.一般 D.不太需要　E.已有相关服务

续上表

信息分类	信息服务内容	亟须程度(请在相应选项里画"√")
港口码头管理	码头实际作业情况	A. 非常需要　B. 有些需要　C. 一般 D. 不太需要　E. 已有相关服务
	临近船舶的预计到达时间	A. 非常需要　B. 有些需要　C. 一般 D. 不太需要　E. 已有相关服务
统计	港口生产(货物装卸)、安全情况等相关信息的统计	A. 非常需要　B. 有些需要　C. 一般 D. 不太需要　E. 已有相关服务
执法通知	国家政策法规信息	A. 非常需要　B. 有些需要　C. 一般 D. 不太需要　E. 已有相关服务
	本省政策法规信息	A. 非常需要　B. 有些需要　C. 一般 D. 不太需要　E. 已有相关服务
	其他省区政策法规信息	A. 非常需要　B. 有些需要　C. 一般 D. 不太需要　E. 已有相关服务
	行政处罚信息	A. 非常需要　B. 有些需要　C. 一般 D. 不太需要　E. 已有相关服务
	行政许可检查信息	A. 非常需要　B. 有些需要　C. 一般 D. 不太需要　E. 已有相关服务
规费征稽	相关费用的电子化征收	A. 非常需要　B. 有些需要　C. 一般 D. 不太需要　E. 已有相关服务

5. 您希望通过哪些方式获取所需的航运信息服务(可多选)

A. 热线电话;B. 手机短信;C. 网站;D. 移动设备(智能手机、iPad 等);E. 收音机;F. 邮件;G. EDI;H. VHF;I. 其他:____________

6. 你是否愿意付费使用高质量的航运信息服务:A. 愿意;B. 不愿意

7. 如果采取收费形式,您可以接受的价格为(单选):

- 服务热线(元/次)　□ 0.5 以下　□ 0.5 ~ 1　□ 1 ~ 1.5　□ 1.5 ~ 2　□ 2 以上
- 订制短信(元/条)　□ 0.5 以下　□ 0.5 ~ 1　□ 1 ~ 1.5　□ 1.5 ~ 2　□ 2 以上
- 网站会员(元/月)　□ 50 元以下　□ 50 ~ 100　□ 100 ~ 200　□ 200 ~ 300　□ 300 以上

8. 从使您的港口业务管理更便捷、更安全的角度,您还有什么想法和要求:____________

附录2　标准明细表

通 用 部 分 标 准

附表 2-1

序号	标准体系表编号	标准号	标 准 名 称	宜定级别	实施日期	国际国外标准号及采用关系	被代替标准号或作废	标准状态
0.100		基础标准						
0.101		术语及定义						
1	0.101-1	GB/T 19391—2003	全球定位系统(GPS)术语及定义		2004-6-1			已发布
2	0.101-2		船联网通用术语	GB				拟建
0.102		基础信息描述						
3	0.102-1	JT/T 747—2009	交通信息资源核心元数据		2009-11-1			已发布
4	0.102-2	GB 21139—2007	基础地理信息标准数据基本规定		2008-3-1			已发布
5	0.102-3		船联网数据模型	JT				已列计划
6	0.102-4		航运主数据模型——逻辑模型设计分册	JT				已列计划
7	0.102-5		航运主数据模型——物理模型设计分册	JT				已列计划
8	0.102-6		航运数据元规范	JT				已列计划
0.103		编码标识						
9	0.103-1	JT/T 749—2009	交通信息资源标识符编码规则		2009-11-1			已发布
10	0.103-2	JT/T 748—2009	公路水路交通信息资源业务分类		2009-11-1			已发布
11	0.103-3		航运数据编码规范	JT				已列计划

续上表

序号	标准体系表编号	标准号	标准名称	宜定级别	实施日期	国际国外标准号及采用关系	被代替标准号或作废	标准状态
12	0.103-4		船联网标识　总体规则	JT				拟建
13	0.103-5		船联网标识　航运基础设施地理信息	JT				拟建
0.200			共性标准					
0.201			信息采集					
0.201-1			识别技术					
14	0.201-1.1		内河船舶射频识别 2.45GHz 技术规范	JT				已列计划
15	0.201-1.2		RFID 岸基设备成套技术暂行技术规范	JT				已列计划
0.201-2			传感器技术					
16	0.201-2.1		在航船舶动态交通流采集暂行技术规范	JT				已列计划
17	0.201-2.2		船舶实时视频图像监测识别技术要求	JT				已列计划
18	0.201-2.3		船联网领域传感器通用技术条件	JT				拟建
19	0.201-2.4		船联网领域传感器测试方法与安装规范	JT				拟建
0.201-3			感知中间件					
20	0.201-3.1	20100399-T-469	传感器网络节点中间件数据交互规范	GB				已列计划
0.201-4			定位技术					
21	0.201-4.1		内河船舶卫星定位系统终端通讯协议及数据格式	JT				已列计划
22	0.201-4.2	GB/T 27605—2011	卫星导航动态交通信息交换格式		2012-7-1			已发布
23	0.201-4.3	GB/T 20512—2006	GPS 接收机导航定位数据输出格式		2007-2-1			已发布

续上表

序号	标准体系表编号	标准号	标准名称	宜定级别	实施日期	国际国外标准号及采用关系	被代替标准号或作废	标准状态
24	0.201-4.4	GB/T 15527—1995	船用全球定位系统（GPS）接收机通用技术条件		1995-1-1			已发布
0.202		网络通信						
0.202-1		短距离传输						
25	0.202-1.1		船岸专用短程通信　总体框架与技术要求	JT				拟建
26	0.202-1.2		船岸专用短程通信　物理参数	JT				拟建
27	0.202-1.3		船岸专用短程通信　链路协议	JT				拟建
28	0.202-1.4		船岸专用短程通信　应用规范	JT				拟建
0.202-2		自组织组网						
29	0.202-2.1		船载自组织网通信网络标准	JT				已列计划
0.202-3		承载网						
30	0.202-3.1	GB/T 18498—2001	分组交换公用数据网和公用海事移动卫星数据传输系统之间的互通		2002-6-1			已发布
31	0.202-3.2		船联网　异构网络通用通信协议	JT				拟建
0.203		数据管理						
0.203-1		数据服务						
32	0.203-1.1		水路交通信息服务　数据服务质量规范	GB				拟建
33	0.203-1.2		船联网数据服务规范	JT				已列计划
34	0.203-1.3		船联网数据治理规范	JT				已列计划

续上表

序号	标准体系表编号	标准号	标准名称	宜定级别	实施日期	国际国外标准号及采用关系	被代替标准号或作废	标准状态
0.203-2		数据交换						
35	0.203-2.1		船联网数据交换规范	JT				已列计划
36	0.203-2.2		船联网数据共享技术体系规范	JT				已列计划
0.204		信息安全						
0.204-1		安全技术						
37	0.204-1.1		船联网数据加密标准	JT				拟建
38	0.204-1.2		船联网密钥管理标准	JT				拟建
39	0.204-1.3		船舶电子身份验证系统身份认证规范	JT				已列计划
40	0.204-1.4		船舶电子身份认证系统安全保障技术指南	JT				已列计划
41	0.204-1.5	GB/T 22239—2008	信息安全技术 信息系统安全等级保护基本要求		2008-11-1			已发布
0.204-2		安全管理						
42	0.204-2.1	GB/T 22080—2008	信息技术 安全技术 信息安全管理体系 要求		2008-11-1	ISO/IEC 27001—2005,IDT		已发布
43	0.204-2.2	GB/T 29245—2012	信息安全技术 政府部门信息安全管理基本要求		2013-6-1			已发布
44	0.204-2.3	GB/T 22081—2008	信息技术 安全技术 信息安全管理实用规则		2008-11-1	ISO/IEC 27002—2005,IDT	GB/T 19716—2005	已发布
45	0.204-2.4		船联网应用示范工程信息安全建设指南	JT				已列计划
0.300		应用标准						
0.301		应用						

通 航 基 础 设 施 标 准

附表 2-2

序号	标准体系表编号	标准号	标准名称	宜定级别	实施日期	国际国外标准号及采用关系	被代替标准号或作废	标准状态
	1.100	基础标准						
	1.101	术语及定义						
1	1.101-1	JT/T 765.1—2009	长江电子航道图制作规范 第 1 部分:术语		2010-4-1			已发布
2	1.101-2	GB/T 19677—2005	水文仪器术语及符号		2005-8-1	ISO 772—1988, NEQ		已发布
3	1.101-3		船闸通用术语	GB				拟建
	1.102	基础信息表述						
4	1.102-1	JT/T 697.4—2013	交通信息基础数据元 第 4 部分:航道信息基础数据元		2014-1-1		JT/T 697.4—2007	已发布
5	1.102-2	GB 5863—1993	内河助航标志		1994-9-1		GB 5863—1986	已发布
6	1.102-3	GB 5864—1993	内河助航标志的主要外形尺寸		1994-9-1		GB 5864—1986	已发布
7	1.102-4	JT 376—1998	内河通航水域桥梁警示标志		1998-10-1			已发布
8	1.102-5	GB/T 28444—2012	导航电子海图应用存储格式		2012-10-1			已发布
9	1.102-6	JT/T 765.4—2009	长江电子航道图制作规范 第 4 部分:数据有效性检验		2010-4-1			已发布
10	1.102-7		内河电子航道图空间和属性数据标准	JT				已列计划
	1.103	编码标识						
	1.200	共性标准						
	1.201	信息采集						
	1.201-1	识别技术						

续上表

序号	标准体系表编号	标准号	标准名称	宜定级别	实施日期	国际国外标准号及采用关系	被代替标准号或作废	标准状态
11	1.201-1.1		内河船闸便捷过闸系统技术规范	JT				已列计划
1.201-2			传感器技术					
12	1.201-2.1	JT/T 701—2007	水深测量数据采集与处理技术要求		2008-4-1			已发布
13	1.201-2.2	GB/T 9359—2001	水文仪器基本环境试验条件及方法		2002-3-1		GB/T 9359.5—1988	已发布
14	1.201-2.3	GB/T 27993—2011	水位测量仪器通用技术条件		2012-6-1			已发布
15	1.201-2.4	JT/T 788—2010	航标遥测遥控系统技术规范		2010-11-1			已发布
16	1.201-2.5		船闸状态感知技术标准	JT				拟建
17	1.201-2.6		水路交通信息采集 水文监测器	JT				拟建
18	1.201-2.7		水路交通信息采集 气象观测传感器	JT				拟建
1.201-3			感知中间件					
1.201-4			定位技术					
1.202			网络通信					
1.202-1			短距离传输					
1.202-2			自组织组网					
1.202-3			承载网					
19	1.202-3.1	JT/T 679—2007	甚高频(VHF)岸台技术要求		2007-8-1		JT/T 4609—1991	已发布
20	1.202-3.2	JT/T 624—2005	海(江)岸电台中频/甚高频数字选择呼叫(MF/VHF DSC)系统维护和修理技术要求		2005-9-1	ITU-R NEQ ITU-T NEQ		已发布

续上表

序号	标准体系表编号	标准号	标 准 名 称	宜定级别	实施日期	国际国外标准号及采用关系	被代替标准号或作废	标准状态
21	1.202-3.3		船闸通信网技术要求	JT				拟建
1.203			数据管理					
1.203-1			数据服务					
1.203-2			数据交换					
22	1.203-2.1	JT/T 765.2—2009	长江电子航道图制作规范 第2部分：数据传输		2010-4-1			已发布
23	1.203-2.2		长三角智能航运公共综合信息服务平台航道信息接入接口标准	JT				已列计划
1.204			信息安全					
1.204-1			安全技术					
24	1.204-1.1	JT/T 765.5—2009	长江电子航道图制作规范 第5部分：数据保护		2010-4-1			已发布
1.204-2			安全管理					
1.300			应用标准					
1.301			应用					
25	1.301-1	JT/T 765.3—2009	长江电子航道图制作规范 第3部分：显示准则		2010-4-1			已发布
26	1.301-2	GB/T 27994—2011	水文自动测报系统设备通用技术条件		2012-6-1			已发布
27	1.301-3	JT/T 628—2005	内河 VHF 船岸数据通信船舶终端设备技术要求		2005-9-1			已发布
28	1.301-4	JT/T 627—2005	内河 VHF 船岸数据通信系统技术要求		2005-9-1			已发布

附表 2-3

水运物流标准

序号	标准体系表编号	标准号	标准名称	宜定级别	实施日期	国际国外标准号及采用关系	被代替标准号或作废	标准状态
	2.100		基础标准					
	2.101		术语及定义					
1	2.101-1	GB/T 1992—2006	集装箱术语		2007-5-1		GB/T 1992—1985	已发布
2	2.101-2	GB/T 17271—1998	集装箱运输术语		1998-10-1			已发布
3	2.101-3	GB/T 8487—2010	港口装卸术语		2011-2-1		GB/T 8487—1987	已发布
4	2.101-4	GB/T 22263.1—2008	物流公共信息平台应用开发指南 第1部分:基础术语		2009-1-1			已发布
5	2.101-5		港口货物及设备监控技术术语	JT				拟建
6	2.101-6		货物在途运输状态及参数描述用语	GB				拟建
	2.102		基础信息表述					
7	2.102-1	JT/T 697.3—2007	交通信息基础数据元 第3部分:港口信息基础数据元		2007-12-1			已发布
8	2.102-2	JT/T 697.8—2008	交通信息基础数据元 第8部分:水路运输信息基础数据元		2008-12-1			已发布
9	2.102-3	GB/T 22263.2—2008	物流公共信息平台应用开发指南 第2部分:体系架构		2009-1-1			已发布
10	2.102-4	GB/T 26768—2011	道路、水路货物运输基础数据元		2011-12-1			已发布
11	2.102-5	GB/T 26767—2011	道路、水路货物运输地理信息基础数据元		2011-12-1			已发布

续上表

序号	标准体系表编号	标准号	标准名称	宜定级别	实施日期	国际国外标准号及采用关系	被代替标准号或作废	标准状态
2.103		编码标识						
12	2.103-1	JT/T 24—2002	中国港口代码		2002-5-1		JT 0024.1/2—1991	已发布
13	2.103-2	GB/T 1836—1997	集装箱代码、识别和标记		1997-12-1	ISO 6346—1995，IDT	GB 1836—1985	已发布
14	2.103-3	GB/T 17272.1—1998	集装箱在船舶上的信息　箱位坐位代码		1998-10-1	ISO 9711-1—1990，IDT		已发布
15	2.103-4	GB/T 14945—2010	货物运输常用残损代码		2011-5-1		GB/T 14945—1994	已发布
16	2.103-5	JT/T 19—2001	运输货物分类和代码		2001-8-1		JT 0019—1988	已发布
2.200		共性标准						
2.201		信息采集						
2.201-1		识别技术						
17	2.201-1.1	GB/T 17894—1999	集装箱自动识别		2000-8-1	ISO 10374—1991，IDT；ISO 10374 AMD.1—1995，IDT		已发布
18	2.201-1.2	GB/T 19946—2005	包装　用于发货、运输和收货标签的一维条码和二维条码		2006-4-1	ISO 15394—2000，IDT		已发布
2.201-2		传感器技术						
19	2.201-2.1		船载货物状态监测传感器性能标准	JT				拟建
20	2.201-2.2		船载货物状态监测传感器布设技术要求	JT				拟建

续上表

序号	标准体系表编号	标准号	标准名称	宜定级别	实施日期	国际国外标准号及采用关系	被代替标准号或作废	标准状态
2.201-3			感知中间件					
2.201-4			定位技术					
2.202			网络通信					
2.202-1			短距离传输					
2.202-2			自组织组网					
2.202-3			承载网					
21	2.202-3.1	JT/T 626—2005	水上移动业务电台识别		2005-9-1			已发布
22	2.202-3.2		港口货物监控网络网管节点技术参数标准	JT				拟建
2.203			数据管理					
2.203-1			数据服务					
2.203-2			数据交换					
23	2.203-2.1	GB/T 17273—2006	集装箱　设备数据交换（CEDEX）一般通信代码		2006-10-1	ISO 9867—1997，IDT	GB/T 17273.1—1998	已发布
24	2.203-2.2	JT/T 466—2001	集装箱船装/卸报告报文		2002-5-1	UN/EDIFACT D.95B，NEQ		已发布
25	2.203-2.3	GB/T 22433—2008	集装箱运输电子数据交换　堆存报告报文		2009-4-1	UN/EDIFACT D.05B COEDOR，MOD		已发布

续上表

序号	标准体系表编号	标准号	标准名称	宜定级别	实施日期	国际国外标准号及采用关系	被代替标准号或作废	标准状态
26	2.203-2.4	GB/T 22432—2008	集装箱运输电子数据交换　挂靠信息报文		2009-4-1	UN/EDIFACT D.05B CALINF, MOD		已发布
27	2.203-2.5	GB/T 22431—2008	集装箱运输电子数据交换　船舶离港报文		2009-4-1	UN/EDIFACT D.05B VESDEP, MOD		已发布
28	2.203-2.6	GB/T 22430—2008	集装箱运输电子数据交换　进/出门报告报文		2009-4-1	UN/EDIFACT D.05B COEDCO, MOD		已发布
29	2.203-2.7	GB/T 22434—2008	集装箱运输电子数据交换　运输计划及实施信息报文		2009-4-1	UN/EDIFACT D.05B IFTSAI, MOD		已发布
30	2.203-2.8	JT/T 725—2008	集装箱多式联运电子数据交换　基于XML的装/卸报告报文		2008-11-1			已发布
31	2.203-2.9	JT/T 726—2008	集装箱多式联运电子数据交换　基于XML的舱单报文		2008-11-1			已发布
32	2.203-2.10	GB/T 17784.1—1999	货运和集拼汇总报文　第1部分:联合国标准货运和集拼汇总报文		2000-1-1	UN/EDIFACT D.95B, MOD		已发布
33	2.203-2.11	GB/T 17784.2—1999	货运和集拼汇总报文　第2部分:货运和集拼汇总报文子集——货物/运费舱单报文		2000-1-1	UN/EDIFACT D.95B,NEQ		已发布
34	2.203-2.12	GB/T 18715—2002	配送备货与货物移动报文		2002-10-1	UN/EDIFACT D.96A, NEQ		已发布

续上表

序号	标准体系表编号	标准号	标准名称	宜定级别	实施日期	国际国外标准号及采用关系	被代替标准号或作废	标准状态
35	2.203-2.13		货物多式联运数据接口及同步规范	JT				拟建
36	2.203-2.14		内河智能航运物流信息平台数据标准规范	JT				已列计划
37	2.203-2.15		内河智能航运物流信息平台信息传输交换规范	JT				已列计划
	2.204		信息安全					
	2.204-1		安全技术					
	2.204-2		安全管理					
38	2.204-2.1		内河智能航运物流信息平台信息安全标准规范	JT				已列计划
	2.300		应用标准					
	2.301		应用					
39	2.301-1	GB/T 22263.7—2010	物流公共信息平台应用开发指南　第7部分:平台服务管理		2011-5-1			已发布
40	2.301-2	GB/T 22263.8—2010	物流公共信息平台应用开发指南　第8部分:软件开发管理		2011-5-1			已发布
41	2.301-3		物流公共信息服务平台架构及功能标准	JT				拟建
42	2.301-4		港口货物信息查询终端	JT				拟建
43	2.301-5		港口物流公共信息服务平台智能手机终端技术标准	JT				拟建
44	2.301-6		内河智能航运物流信息平台管理规范	JT				已列计划

附表 2-4

航运管理标准

序号	标准体系表编号	标准号	标准名称	宜定级别	实施日期	国际国外标准号及采用关系	被代替标准号或作废	标准状态
3.100		基础标准						
3.101		术语及定义						
1	3.101-1		水运管理通用术语及定义	JT				拟建
2	3.101-2	JT/T 555—2004	港口计量术语		2004-9-1			已发布
3.102		基础信息表述						
3	3.102-1	JT/T 484—2002	港口管理信息系统数据字典		2003-3-1			已发布
4	3.102-2	GB 17577—2009	中华人民共和国航行警告标准格式		2010-9-1		GB 17577.1—1998 GB 17577.2—1998	已发布
5	3.102-3	JT/T 697.5—2007	交通信息基础数据元　第5部分:船舶信息基础数据元		2007-12-1			已发布
6	3.102-4	JT/T 697.6—2008	交通信息基础数据元　第6部分:船员信息基础数据元		2009-6-1			已发布
7	3.102-5	JT/T 697.10—2009	交通信息基础数据元　第10部分:交通统计信息基础数据元		2009-6-1			已发布
8	3.102-6	JT/T 697.11—2007	交通信息基础数据元　第11部分:船舶检验信息基础数据元		2009-6-1			已发布
9	3.102-7	JT/T 697.12—2009	交通信息基础数据元　第12部分:船载客货信息基础数据元		2009-6-1			已发布

续上表

序号	标准体系表编号	标准号	标准名称	宜定级别	实施日期	国际国外标准号及采用关系	被代替标准号或作废	标准状态
3.103			编码标识					
10	3.103-1	JT/T 430—2000	港口收费信息分类及代码		2001-2-1			已发布
11	3.103-2	JT/T 437—2001	港口主要统计指标分类与代码		2001-6-1			已发布
12	3.103-3	JT/T 438—2001	水路运输主要统计指标分类与代码		2001-6-1			已发布
13	3.103-4		水上移动业务标识码编制规则、分配和管理	GB				拟建
14	3.103-5		水上专业电台分类与代码	GB				拟建
15	3.103-6		海事执法信息分类代码	JT				拟建
3.200			共性标准					
3.201			信息采集					
3.201-1			识别技术					
3.201-2			传感器技术					
3.201-3			感知中间件					
3.201-4			定位技术					
3.202			网络通信					
3.202-1			短距离传输					
3.202-2			自组织组网					
3.202-3			承载网					

续上表

序号	标准体系表编号	标准号	标准名称	宜定级别	实施日期	国际国外标准号及采用关系	被代替标准号或作废	标准状态
16	3.202-3.1	GB/T 19490—2004	水上移动业务通信规则　总则		2004-12-1			已发布
17	3.202-3.2		中国水上无线电通信规则	GB				拟建
3.203		数据管理						
3.203-1		数据服务						
3.203-2		数据交换						
18	3.203-2.1	GB/T 17699—2008	行政、商业和运输业电子数据交换　数据元目录		2011-12-1	UN/EDIFACT D.06B，IDT	GB/T 17699—1999	已发布
19	3.203-2.2	GB/T 15634—2008	行政、商业和运输业电子数据交换 段目录		2011-12-1	UN/EDIFACT D.06，IDT	GB/T 15634.1—1999 GB/T 15634.2—2001	已发布
20	3.203-2.3	GB/T 15635—2008	行政、商业和运输业电子数据交换　复合数据元目录		2011-12-1	UN/EDIFACT D.06B，IDT	GB/T 15635.1—1999 GB/T 15635.2—2001	已发布
21	3.203-2.4	GB/T 15947—2011	行政、商业和运输业电子数据交换（EDIFACT）报文设计规则		2011-12-1	UN/CEFACT RECOMMENDATION/R.840/Rev，MOD	GB/T 15947—2001	已发布

续上表

序号	标准体系表编号	标准号	标准名称	宜定级别	实施日期	国际国外标准号及采用关系	被代替标准号或作废	标准状态
22	3.203-2.5	GB/T 16833—2011	行政、商业和运输业电子数据交换(EDIFACT)代码表		2011-12-1	UN/CEFACT UNCL. D. 08B, MOD	GB/T 16833—2002	已发布
23	3.203-2.6	JT/T 867.3—2013	内河船运综合信息服务电子报文 第3部分:基于XML的航行通告与航行警告报文		2013-10-1			已发布
24	3.203-2.7	JT/T 867.1—2013	内河船运综合信息服务电子报文 第1部分:基于XML的船舶电子报告报文		2013-10-1			已发布
25	3.203-2.8	JT/T 867.2—2013	内河船运综合信息服务电子报文 第2部分:基于XML的船员/乘客清单报文		2013-10-1			已发布
26	3.203-2.9		海事综合执法终端与海事管理信息系统间的远程信息交换接口	JT				拟建
27	3.203-2.10		长三角智能航运公共综合信息服务平台信息接入与服务输出接口标准体系	JT				已列计划
28	3.203-2.11		长三角智能航运公共综合信息服务平台信息接入与服务输出接口技术规范	JT				已列计划
29	3.203-2.12		长三角智能航运公共综合信息服务平台水上交通信息接入接口标准	JT				已列计划

续上表

序号	标准体系表编号	标准号	标准名称	宜定级别	实施日期	国际国外标准号及采用关系	被代替标准号或作废	标准状态
30	3.203-2.13		长三角智能航运公共综合信息服务平台交通执法信息接入接口标准	JT				已列计划
31	3.203-2.14		长三角智能航运公共综合信息服务平台航运统计信息接入接口标准	JT				已列计划
32	3.203-2.15		长三角智能航运公共综合信息服务平台业务办理信息接入接口标准	JT				已列计划
33	3.203-2.16		长三角智能航运公共综合信息服务平台服务输出接口标准	JT				已列计划
3.204		信息安全						
3.204-1		安全技术						
3.204-2		安全管理						
3.300		应用标准						
3.301		应用						
34	3.301-1		海事管理信息系统　水上交通信息服务	JT				拟建
35	3.301-2		海事管理信息系统　规费征稽	JT				拟建
36	3.301-3		海事管理信息系统　执法通知	JT				拟建
37	3.301-4		海事管理信息系统　航运统计	JT				拟建
38	3.301-5		基于智能手机的综合信息服务应用接口规范	JT				已列计划

安全应急标准

附表 2-5

序号	标准体系表编号	标准号	标准名称	宜定级别	实施日期	国际国外标准号及采用关系	被代替标准号或作废	标准状态
	4.100		基础标准					
	4.101		术语及定义					
1	4.101-1	GB 13851—2008	内河交通安全标志		2008-10-1		GB 13851.1,2,3—1992	已发布
2	4.101-2		水上交通应急救援通用术语及定义	JT				拟建
	4.102		基础信息表述					
3	4.102-1	GB 12268—2012	危险货物品名表		2012-12-1		GB 12268—2005 GB 12268—1990	已发布
4	4.102-2		内河安全应急基础数据元	GB				拟建
5	4.102-3		内河数字化应急预案通用模型	JT				拟建
6	4.102-4		内河事故预警的手持终端数据格式	JT				拟建
	4.103		编码标识					
7	4.103-1	GB/T 16158—1996	内河船舶分类与代码		1996-7-1			已发布
8	4.103-2	GB 6944—2012	危险货物分类和品名编号		2012-12-1		GB 6944—2005 GB 6944—1986	已发布
9	4.103-3		应急资源分类与代码	JT				拟建
10	4.103-4		内河船员违章信息分类与代码	GB				拟建
11	4.103-5		水上安全搜救信息代码	GB				拟建

续上表

序号	标准体系表编号	标准号	标准名称	宜定级别	实施日期	国际国外标准号及采用关系	被代替标准号或作废	标准状态
4.200		共性标准						
4.201		信息采集						
4.201-1		识别技术						
12	4.201-1.1	GB/T 20068—2006	船载自动识别系统(AIS)技术要求		2006-6-1	IMO MSC 74(69), NEQ ITU-R M.1371-1, NEQ		已发布
4.201-2		传感器技术						
13	4.201-2.1	GB/T 8016—2009	船用回声测深设备		2009-11-1	ISO 9875—2000, MOD	GB/T 8016—1995	已发布
14	4.201-2.2	GB/T 4301—2008	船用电磁计程仪		2009-4-1	IEC 61023—2007, NEQ	GB/T 4301—1992	已发布
15	4.201-2.3	JT/T 681.1—2007	内河船舶导航雷达　第1部分:性能要求		2007-8-1		JT/T 4608.1—1991	已发布
16	4.201-2.4	JT/T 681.2—2007	内河船舶导航雷达　第2部分:实船性能试验方法		2007-8-1		JT/T 4608.2—1991	已发布
17	4.201-2.5	JT/T 681.3—2007	内河船舶导航雷达　第3部分:船用雷达性能监测器		2007-8-1		JT/T 4608.3—1991	已发布
18	4.201-2.6	JT/T 681.4—2007	内河船舶导航雷达　第4部分:雷达指向标通用技术条件		2007-8-1		JT 4527—1985 JT/T 74—1993	已发布

续上表

序号	标准体系表编号	标准号	标准名称	宜定级别	实施日期	国际国外标准号及采用关系	被代替标准号或作废	标准状态
19	4.201-2.7	JT/T 680.1—2007	船用通信导航设备的安装、使用、维护、修理技术要求　第1部分:总则		2007-8-1		JT/T 8100.1—1992	已发布
20	4.201-2.8	JT/T 680.2—2007	船用通信导航设备的安装、使用、维护、修理技术要求　第2部分:导航雷达		2007-8-1		JT/T 8100.2—1992	已发布
21	4.201-2.9	JT/T 680.3—2007	船用通信导航设备的安装、使用、维护、修理技术要求　第3部分:回声测探仪		2007-8-1		JT/T 8100.3—1992	已发布
22	4.201-2.10	JT/T 680.4—2007	船用通信导航设备的安装、使用、维护、修理技术要求　第4部分:陀螺罗经		2007-8-1		JT/T 8100.4—1992	已发布
23	4.201-2.11	JT/T 680.5—2007	船用通信导航设备的安装、使用、维护、修理技术要求　第5部分:电磁计程仪		2007-8-1		JT/T 8100.6—1992	已发布
24	4.201-2.12	JT/T 680.6—2007	船用通信导航设备的安装、使用、维护、修理技术要求　第6部分:自动操舵仪		2007-8-1		JT/T 8100.11—1992	已发布
25	4.201-2.13	JT/T 680.7—2007	船用通信导航设备的安装、使用、维护、修理技术要求　第7部分:多普勒计程仪		2007-8-1		JT/T 8100.12—1992	已发布
26	4.201-2.14	JT/T 680.8—2007	船用通信导航设备的安装、使用、维护、修理技术要求　第8部分:声相关计程仪		2007-8-1		JT/T 8100.13—1992	已发布
27	4.201-2.15	JT/T 680.9—2007	船用通信导航设备的安装、使用、维护、修理技术要求　第9部分:磁罗经		2007-8-1		JT/T 8100.14—1992	已发布
28	4.201-2.16	JT/T 680.10—2007	船用通信导航设备的安装、使用、维护、修理技术要求　第10部分:甚高频(VHF)无线电装置		2007-8-1		JT/T 8100.24—1992	已发布

续上表

序号	标准体系表编号	标准号	标准名称	宜定级别	实施日期	国际国外标准号及采用关系	被代替标准号或作废	标准状态
29	4.201-2.17	JT/T 680.11—2007	船用通信导航设备的安装、使用、维护、修理技术要求　第11部分：蓄电池和充电设备		2007-8-1		JT/T 8100.25—1992	已发布
30	4.201-2.18	JT/T 680.12—2007	船用通信导航设备的安装、使用、维护、修理技术要求　第12部分：船舶电台天线和接地		2007-8-1		JT/T 8100.30—1992	已发布
31	4.201-2.19	JT/T 680.13—2007	船用通信导航设备的安装、使用、维护、修理技术要求　第13部分：406MHz卫星应急无线电示位标		2007-8-1		JT/T 8100.33—2000	已发布
32	4.201-2.20	JT/T 680.14—2007	船用通信导航设备的安装、使用、维护、修理技术要求　第14部分：9GHz搜救雷达应答器		2007-8-1		JT/T 8100.34—2000	已发布
33	4.201-2.21	JT/T 680.15—2007	船用通信导航设备的安装、使用、维护、修理技术要求　第15部分：救生艇(筏)双向甚高频便携式无线电话		2007-8-1		JT/T 8100.35—2000	已发布
4.201-3		感知中间件						
34	4.201-3.1	GB/T 14556—1993	船用导航雷达接口要求		1994-2-1			已发布
4.201-4		定位技术						
35	4.201-4.1	GB/T 18214.1—2000	全球导航卫星系统(GNSS)第1部分：全球定位系统(GPS)接收设备性能标准、测试方法和要求的测试结果		2001-5-1	idt IEC 1108—1：19		已发布

续上表

序号	标准体系表编号	标准号	标准名称	宜定级别	实施日期	国际国外标准号及采用关系	被代替标准号或作废	标准状态
36	4.201-4.2	JT/T 219—1996	船用通信、导航设备安装、使用、维护、修理技术要求 全球定位系统(GPS)接收机		1996-10-1			已发布
4.202			网络通信					
4.202-1			短距离传输					
4.202-2			自组织组网					
37	4.202-2.1		船载传感网络组网技术规范	JT				拟建
4.202-3			承载网					
38	4.202-3.1	GB/T 13705—1992	船用无线电通信设备一般要求		1993-6-1			已发布
39	4.202-3.2		水上交通事故应急通信协议	JT				拟建
4.203			数据管理					
4.203-1			数据服务					
4.203-2			数据交换					
40	4.203-2.1	GB/T 22431—2008	集装箱运输电子数据交换 船舶离港报文		2009-4-1	UN/EDIFACT D.05B VESDEP, MOD		已发布
41	4.203-2.2	GB/T 26782.2—2011	卫星导航船舶监管信息系统 第2部分:系统信息交换协议		2011-12-1			已发布
42	4.203-2.3	JT/T 767—2009	北斗卫星导航系统船舶监测终端数据交换协议		2010-4-1			已发布
43	4.203-2.4		内河应急寻呼系统空中接口协议	JT				拟建

续上表

序号	标准体系表编号	标准号	标 准 名 称	宜定级别	实施日期	国际国外标准号及采用关系	被代替标准号或作废	标准状态
44	4.203-2.5		长三角智能航运公共综合信息服务平台交通管理信息接入接口标准	JT				已列计划
45	4.203-2.6		长三角智能航运公共综合信息服务平台应急救援信息接入接口标准	JT				已列计划
4.204			信息安全					
4.204-1			安全技术					
4.204-2			安全管理					
4.300			应用标准					
4.301			应用					
46	4.301-1	JT/T 732.1—2008	船舶卫星定位应用系统技术要求 第1部分 系统平台		2009-3-1			已发布
47	4.301-2	JT/T 370—1997	内河交通安全电视监视系统技术要求		1998-7-1			已发布
48	4.301-3		内河事故手持终端预警软件编制要求	JT				拟建
49	4.301-4	JT/T 625—2005	内河航运企业 GPS/GSM&GPRS/GIS/NET 系统技术要求		2005-9-1			已发布
50	4.301-5	GB/T 26782.1—2011	卫星导航船舶监管信息系统 第1部分:系统组成与功能定义		2011-12-1			已发布
51	4.301-6	GB/T 26782.3—2011	卫星导航船舶监管信息系统 第3部分:船载终端技术要求		2011-12-1			已发布
52	4.301-7	JT/T 732.2—2008	船舶卫星定位应用系统技术要求 第2部分:船载终端		2009-3-1			已发布

续上表

序号	标准体系表编号	标准号	标准名称	宜定级别	实施日期	国际国外标准号及采用关系	被代替标准号或作废	标准状态
53	4.301-8	JT/T 76—2009	VHF应急无线电示位标		2009-8-1		JT/T 76—1993	已发布
54	4.301-9	JT/T 696—2007	长江船用短波单边带电台性能要求		2007-10-1		JT/T 4605—1989	已发布
55	4.301-10	GB/T 18766—2009	奈伏泰斯系统技术要求		2009-11-1	IMO MSC.148（77）,NEQ	GB 11411—1989 GB/T 18766—2002	已发布
56	4.301-11	JT/T 451—2009	港口码头溢油应急设备配备要求		2009-5-1		JT/T 451—2001	已发布
57	4.301-12	JT/T590—2004	北斗一号民用车(船)载遇险报警终端设备技术要求和使用要求		2004-12-1			已发布
58	4.301-13	JT/T591—2004	北斗一号民用数据采集终端设备技术要求和使用要求		2004-12-1			已发布
59	4.301-14	JT/T 592—2004	北斗一号民用车(船)载终端设备技术要求和使用要求		2004-12-1			已发布
60	4.301-15	GB 14391—2009	卫星紧急无线电示位标性能要求		2010-9-1		GB 14391—1993	已发布
61	4.301-16	JT/T 768—2009	北斗卫星导航系统船舶遇险报警终端技术要求		2010-4-1			已发布
62	4.301-17	JT/T 766—2009	北斗卫星导航系统船舶监测终端技术要求		2010-4-1			已发布
63	4.301-18		船载航行数据记录仪　通用技术要求	JT				拟建
64	4.301-19		内河智能船载终端产品技术规范	JT				已列计划
65	4.301-20		内河航运现场综合执法终端设备标准	JT				已列计划

附表 2-6

相关标准明细表

序号	标准体系表编号	标准号	标准名称	标准级别	实施日期	国际国外标准号及采用关系	被代替标准号或作废
	100	基础标准					
	101	术语及定义					
1	101-1	JT/T 704—2007	水上通信、导航和信息词汇	JT/T	2008-4-1		JT/T 4607—1989
2	101-2	GB/T 10113—2003	分类与编码通用术语	GB/T	2003-12-1		GB/T 10113—1988
3	101-3	GB/T 12905—2000	条码术语	GB/T	2001-3-1	BS EN 1556—1998，NEQ	GB/T 12905—1991
4	101-4	GB/T 18354—2006	物流术语	GB/T	2007-5-1		GB/T 18354—2001
	102	基础信息表述					
5	102-1	GB/T 18142—2000	信息技术　数据元素值格式记法	GB/T	2001-3-1	ISO/IEC 14957—1996，IDT	
6	102-2	20100398-T-469	传感器网络数据描述规范				
7	102-3	2009-2743T-SJ	基于射频识别的物流供应链事务应用数据模型				
8	102-4	GB/T 18391.1—2009	信息技术　元数据注册系统（MDR）第 1 部分：框架	GB/T	2009-12-1	ISO/IEC 11179-1—2004，IDT	GB/T 18391.1—2002
9	102-5	GB/T 18391.2—2009	信息技术　元数据注册系统（MDR）第 2 部分：分类	GB/T	2009-12-1	ISO/IEC 11179-2—2005，IDT	GB/T 18391.2—2003
10	102-6	GB/T 18391.3—2009	信息技术　元数据注册系统（MDR）第 3 部分：注册系统元模型与基本属性	GB/T	2009-12-1	ISO/IEC 11179-3—2003，IDT	GB/T 18391.3—2001
11	102-7	GB/T 18391.4—2009	信息技术　元数据注册系统（MDR）第 4 部分：数据定义的形成	GB/T	2009-12-1	ISO/IEC 11179-4—2004，IDT	GB/T 18391.4—2001

续上表

序号	标准体系表编号	标准号	标准名称	标准级别	实施日期	国际国外标准号及采用关系	被代替标准号或作废
12	102-8	GB/T 18391.5—2009	信息技术　元数据注册系统(MDR)第5部分:命名和标识原则	GB/T	2009-12-1	ISO/IEC 11179-5—2005,IDT	GB/T 18391.5—2001
13	102-9	GB/T 18391.6—2009	信息技术　元数据注册系统(MDR)第6部分:注册	GB/T	2009-12-1	ISO/IEC 11179-6—2005,IDT	GB/T 18391.6—2001
103		编码标识					
14	103-1	JT/T 749—2009	交通信息资源标识符编码规则	JT/T	2009-11-1		GB/T 17298—1998
15	103-2	GB/T 7027—2002	信息分类和编码的基本原则与方法	GB/T	2002-12-1	ISO/IEC TR 9789—1994,NEQ	GB/T 7027—1986
16	103-3	GB/T 15514—2008	中华人民共和国口岸及有关地点代码	GB/T	2008-11-1		GB/T 15514—1998
17	103-4	20091419-T-469	传感器网络第6部分:标识				
18	103-5	GB/T 6512—1998	运输方式代码	GB/T	1999-2-1		GB 6512—1986
19	103-6	GB/T 18804—2010	运输工具类型代码	GB/T	2011-6-1		GB/T 18804—2002
20	103-7	GB/T 18127—2009	商品条码　物流单元编码与条码表示	GB/T	2009-11-1		GB/T 18127—2000
21	103-8	GB/T 23831—2009	物流信息分类与代码	GB/T	2009-11-1		
200		共性标准					
201		信息采集					
201-1		识别技术					
22	201-1.1	GB/T 28925—2012	信息技术　射频识别2.45GHz空中接口协议	GB/T	2013-2-9		

续上表

序号	标准体系表编号	标准号	标准名称	标准级别	实施日期	国际国外标准号及采用关系	被代替标准号或作废
23	201-1.2	GB/T 28926—2012	信息技术　射频识别 2.45GHz 空中接口符合性测试方法	GB/T	2013-2-9		
24	201-1.3	GB/T 29261.3—2012	信息技术　自动识别和数据采集技术词汇　第3部分:射频识别	GB/T	2013-6-1	ISO/IEC 19762-3—2008, NEQ	
25	201-1.4	GB/T 29272—2012	信息技术　射频识别设备性能测试方法系统性能测试方法	GB/T	2013-6-1		
26	201-1.5	20080565-T-469	信息技术　自动识别和数据采集技术用于单品管理的射频识别数据协议　第2部分 射频识别数据结构注册				
27	201-1.6	20080566-T-469	信息技术　自动识别和数据采集技术用于单品管理的射频识别数据协议　第3部分　数据结构				
28	201-1.7	20080567-T-469	信息技术　自动识别和数据采集技术用于单品管理的射频识别数据协议　应用协议　传感器和电池的编码和处理规则				
29	201-1.8	200801394-T-469	信息技术　自动识别和数据采集技术用于单品管理的射频识别数据协议　数据编码规则和逻辑存储功能				
201-2		传感器技术					
201-3		感知中间件					

续上表

序号	标准体系表编号	标准号	标准名称	标准级别	实施日期	国际国外标准号及采用关系	被代替标准号或作废
30	201-3.1	GB/T 29265.203—2012	信息技术　信息设备资源共享协同服务　第203部分:基于IPV6的通信协议	GB/T	2013-7-1		
31	201-3.2	GB/T 29265.202—2012	信息技术　信息设备资源共享协同服务　第202部分:通用控制基础协议	GB/T	2013-7-1		
32	201-3.3	GB/T 12500—2008	信息技术　开放系统互连　提供连接方式运输服务的协议	GB/T	2010-4-1	ISO/IEC 8073—1997，IDT	GB/T 12500—1990
33	201-3.4	GB/T 28514.3—2012	支持IPv6的路由协议技术要求　第3部分:中间系统到中间系统域内路由信息交换协议(IS—ISv6)	GB/T	2012-10-1		
	201-4		定位技术				
34	201-4.1	GB/T 28589—2012	地理信息 定位服务		2012-10-1	ISO 19116—2004,MOD	
	202		网络通信				
	202-1		短距离传输				
35	202-1.1	GB 15629.11—2003	信息技术　系统间远程通信和信息交换　局域网和城域网　特定要求　第11部分:无线局域网媒体访问控制和物理层规范	GB	2003-12-1	ISO/IEC 8802-11—1999，MOD	
36	202-1.2	GB/T 15629.15—2010	信息技术　系统间远程通信和信息交换　局域网和城域网　特定要求　第15部分:低速无线个域网(WPAN)媒体访问控制和物理层规范	GB/T	2011-2-1		

续上表

序号	标准体系表编号	标准号	标准名称	标准级别	实施日期	国际国外标准号及采用关系	被代替标准号或作废
37	202-1.4	GB/Z 15629.1—2000	信息技术　系统间远程通信和信息交换　局域网和城域网　特定要求　第1部分：局域网标准综述	GB/Z	2000-8-1	ISO/IEC TR 8802-1—1997，IDT	
202-2		自组织组网					
38	202-2.1	YD/T 2637.1—2013	自组织网络支持应急通信　第1部分：业务要求	YD/T	2014-1-1		
39	202-2.2	YD/T 2637.2—2013	自组织网络支持应急通信　第2部分：初始化、准入和恢复机制	YD/T	2014-1-1		
40	202-2.3	YD/T 2637.3—2013	自组织网络支持应急通信　第3部分：节点要求	YD/T	2014-1-1		
41	202-2.4	YD/T 2637.4—2013	自组织网络支持应急通信　第4部分：组网安全要求	YD/T	2014-1-1		
42	202-2.5	YD/T 2637.5—2013	自组织网络支持应急通信　第5部分：与现有网络的互联互通要求	YD/T	2014-1-1		
202-3		承载网					
43	202-3.1	YD/T 2372—2011	支持IPv6的接入网总体技术要求	YD/T	2012-2-1		
44	202-3.2	YD/T 1342—2005	IPv6路由协议——支持IPv6的边界网关协议（BGP4）	YD/T	2005-11-1		
45	202-3.3	YD/T 1453—2006	IPv6网络设备测试方法——支持IPv6的边缘路由器	YD/T	2006-10-1		

续上表

序号	标准体系表编号	标准号	标准名称	标准级别	实施日期	国际国外标准号及采用关系	被代替标准号或作废
46	202-3.4	YD/T 1452—2006	IPv6 网络设备技术要求——支持 IPv6 的边缘路由器	YD/T	2006-10-1		
47	202-3.5	YD/T 1454—2006	IPv6 网络设备技术要求——支持 IPv6 的核心路由器	YD/T	2006-10-1		
48	202-3.6	YD/T 1455—2006	IPv6 网络设备测试方法——支持 IPv6 的核心路由器	YD/T	2006-10-1		
	203		数据管理				
	203-1		数据服务				
49	203-1.3	GB/T 29101—2012	道路交通信息服务　数据服务质量规范	GB/T	2013-7-1		
	203-2		数据交换				
50	203-2.1	GB/T 19254—2003	电子数据交换报文实施指南	GB/T	2003-12-1		
51	203-2.2	GB/T 28167—2011	信息技术 XML 元数据交换(XMI)	GB/T	2012-6-1	ISO/IEC 19503—2005,IDT	
52	203-2.3	GB/T 26772—2011	运输与仓储业务数据交换应用规范	GB/T	2011-12-1		
53	203-2.4	GB/T 15123	信息技术系统间远程通信和信息交换	GB/T	2009-1-1	ISO/IEC 8480—1995,IDT	GB/T 15123—1994
54	203-2.5	GB/T 26772—2011	运输与仓储业务数据交换应用规范	GB/T	2011-12-1		
55	203-2.6	JT/T 809—2011	道路运输车辆卫星定位系统平台数据交换	JT/T	2011-8-1		
56	203-2.7	GB/T 16833—2011	行政、商业和运输业电子数据交换(EDIFACT)代码表	GB/T	2011-12-1	UN/CEFACT UNCL. D.08B,MOD	GB/T 16833—2002

续上表

序号	标准体系表编号	标准号	标准名称	标准级别	实施日期	国际国外标准号及采用关系	被代替标准号或作废
204		信息安全					
204-1		安全技术					
57	204-1.1	GB/T 15278—1994	信息处理　数据加密　物理层互操作性要求	GB/T	1995-8-1	ISO 9160—1988,MOD	
58	204-1.2	GB/T 15852—1995	信息技术　安全技术　用块密码算法作密码校验函数的数据完整性机制	GB/T	2008-12-1	ISO/IEC 9797—1994,IDT	
59	204-1.3	GB/T 15852.1—2008	信息技术　安全技术　消息鉴别码　第1部分:采用分组密码的机制	GB/T	2008-12-1	ISO/IEC 9797-1—1999,IDT	GB 15852—1995
60	204-1.4	GB/T 15852.2—2012	信息技术　安全技术　消息鉴别码　第2部分:采用专用杂凑函数的机制	GB/T	2013-6-1	ISO/IEC 9797-2—2002,MOD	
61	204-1.5	GB/T 17903.1—2008	信息技术　安全技术　抗抵赖　第1部分:概述	GB/T	2008-11-1	ISO/IEC 13888-1—2004,IDT	GB/T 17903.1—1999
62	204-1.6	GB/T 17903.2—2008	信息技术　安全技术　抗抵赖　第2部分:使用对称技术的机制	GB/T	2008-11-1	ISO/IEC 13888-2—1998,IDT	GB/T 17903.2—1999
63	204-1.7	GB/T 17903.3—2008	信息技术　安全技术　抗抵赖　第3部分:采用非对称技术的机制	GB/T	2008-12-1	ISO/IEC 13888-3—1997,IDT	GB/T 17903.3—1999
64	204-1.8	GB/T20273—2006	信息安全技术　数据库管理系统安全技术要求	GB/T	2006-12-1		
65	204-1.9	GB/T20270—2006	信息安全技术　网络基础安全技术要求	GB/T	2006-12-1		

续上表

序号	标准体系表编号	标准号	标准名称	标准级别	实施日期	国际国外标准号及采用关系	被代替标准号或作废
66	204-1.10	GB/T 18018—2007	信息安全技术　路由器安全技术要求	GB/T	2007-12-1		GB/T 18018—1999
67	204-1.11	GB/T 15843.1—2008	信息技术　安全技术　实体鉴别　第1部分:概述	GB/T	2008-11-1	ISO/IEC 9798-1—1997, IDT	GB/T 15843.1—1999
68	204-1.12	GB/T 15843.2—2008	信息技术　安全技术　实体鉴别　第2部分:采用对称加密算法的机制	GB/T	2008-11-1	ISO/IEC 9798-2—1999, IDT	GB 15843.2—1997
69	204-1.13	GB/T 15843.3—2008	信息技术　安全技术　实体鉴别　第3部分:采用数字签名技术的机制	GB/T	2008-11-1	ISO/IEC 9798-3—1998, IDT	GB/T 15843.3—1998
70	204-1.14	GB/T 15843.4—2008	信息技术　安全技术　实体鉴别　第4部分:采用密码校验函数的机制	GB/T	2008-11-1	ISO/IEC 9798-4—1999, IDT	GB/T 15843.4—1999
71	204-1.15	GB/T 15843.5—2005	信息技术　安全技术　实体鉴别　第5部分:使用零知识技术的机制	GB/T	2005-10-1	ISO/IEC9798-5—1999, IDT	
	204-2	安全管理					
72	204-2.1	GB/T 25068.1—2012	信息技术　安全技术　IT 网络安全　第1部分:网络安全管理	GB/T	2012-10-1	ISO/IEC 18028-1—2006, IDT	
73	204-2.2	GB/T 25068.2—2012	信息技术　安全技术　IT 网络安全　第2部分:网络安全体系结构	GB/T	2012-10-1	ISO/IEC 18028-2—2006, IDT	
74	204-2.3	GB/T20269	信息系统安全安全管理要求	GB/T	2006-12-1		
	300	应用标准					
	301	应用					

续上表

序号	标准体系表编号	标准号	标 准 名 称	标准级别	实施日期	国际国外标准号及采用关系	被代替标准号或作废
75	301-1	QX/T 147—2011	基于手机客户端的气象灾害预警信息播发规范	QX/T	2012-1-1		
76	301-2	JT/T734—2009	交通科技信息资源共享平台系统建设要求	JT/T	2009-5-1		
77	301-3	GB/T29265.406—2012	信息技术　信息设备资源共享协同服务　第406部分:网络多媒体终端及应用	GB/T	2013-7-1		
78	301-4	GB/T29265.405—2012	信息技术　信息设备资源共享协同服务　第405部分:媒体中心设备	GB/T	2013-7-1		
79	301-5	GB/T29265.303—2012	信息技术　信息设备资源共享协同服务　第303部分:通用控制设备描述	GB/T	2013-7-1		
80	301-6	YD/T 2200—2011	2GHz TD—SCDMA/WCDMA数字蜂窝移动通信网电路域视频监控前端设备技术要求和测试方法	YD/T	2011-6-1		
81	301-7	YD/T 1806—2008	基于IP的远程视频监控设备技术要求	YD/T	2008-11-1		
82	301-8	YD/T 2365—2011	手机阅读业务　终端技术要求和测试方法	YD/T	2011-12-20		

附录3　标准总数及分布统计

标准总数及分布统计　　附表3-1

序号	X	Y			已发布标准数量	已列计划标准数量	拟建标准数量
1	通用标部分	基础标准	术语及定义		1	0	1
2			基础信息表述		2	4	0
3			编码标识		2	1	2
4		共性标准	信息采集	识别技术	0	2	0
5				传感器技术	0	2	2
6				感知中间件	0	1	0
7				定位技术	3	1	0
8			网络通信	短距离传输	0	0	4
9				自组织组网	0	1	0
10				承载网	1	0	1
11			数据管理	数据服务	0	2	1
12				数据交换	0	2	0
13			信息安全	安全技术	1	2	2
14				安全管理	3	1	0
1	通航基础设施	基础标准	术语及定义		2	0	1
2			基础信息表述		6	1	0
3			编码标识		0	0	0
4		共性标准	信息采集	识别技术	0	1	0
5				传感器技术	4	0	3
6				感知中间件	0	0	0
7				定位技术	0	0	0
8			网络通信	短距离传输	0	0	0
9				自组织组网	0	0	0
10				承载网	2	0	1

续上表

序号	X	Y			已发布标准数量	已列计划标准数量	拟建标准数量
11	通航基础设施	共性标准	数据管理	数据服务	0	0	0
12				数据交换	1	1	0
13			信息安全	安全技术	1	0	0
14				安全管理	0	0	0
15		应用标准	应用		4	0	0
1	水运物流	基础标准	术语及定义		4	0	2
2			基础信息表述		5	0	0
3			编码标识		5	0	0
4		共性标准	信息采集	识别技术	2	0	0
5				传感器技术	0	0	2
6				感知中间件	0	0	0
7				定位技术	0	0	0
8			网络通信	短距离传输	0	0	0
9				自组织组网	0	0	0
10				承载网	1	0	1
11			数据管理	数据服务	0	0	0
12				数据交换	12	2	1
13			信息安全	安全技术	0	0	0
14				安全管理	0	1	0
15		应用标准	应用		2	1	3
1	航运管理	基础标准	术语及定义		1	0	1
2			基础信息表述		7	0	0
3			编码标识		3	0	3
4		共性标准	信息采集	识别技术	0	0	0
5				传感器技术	0	0	0
6				感知中间件	0	0	0
7				定位技术	0	0	0

续上表

序号	X	Y			已发布标准数量	已列计划标准数量	拟建标准数量
8	航运管理	共性标准	网络通信	短距离传输	0	0	0
9				自组织组网	0	0	0
10				承载网	1	0	1
11			数据管理	数据服务	0	0	0
12				数据交换	8	7	1
13			信息安全	安全技术	0	0	0
14				安全管理	0	0	0
15		应用标准	应用		0	1	4
1	安全应急	基础标准	术语及定义		1	0	1
2			基础信息表述		1	0	3
3			编码标识		2	0	3
4		共性标准	信息采集	识别技术	1	0	0
5				传感器技术	21	0	0
6				感知中间件	1	0	0
7				定位技术	2	0	0
8			网络通信	短距离传输	0	0	0
9				自组织组网	0	0	1
10				承载网	1	0	1
11			数据管理	数据服务	0	0	0
12				数据交换	3	2	1
13			信息安全	安全技术	0	0	0
14				安全管理	0	0	0
15		应用标准	应用		16	2	2

参考文献

[1] A. W. Smith, M. K. Teal, P. Voles. The statistical characterization of the sea for the segmentation of maritime images[C]. Conference on Video/Image Processing and Multimedia Communications, 2003, 489-494.

[2] Consortium Operational Management Platform River Information. Services FINAL TECHNICAL REPORT. 18.01.2006.

[3] IHO. IHO TRANSFER STANDARD FOR DIGITAL HYDROGRAPHIC DATA. Special Publication No.57 3rd Edition, 1993.

[4] IHO. SPECIFICATIONSFOR CHART CONTENT AND DISPLAY ASPECTS OF ECDIS. Special Publication No.52 Prepared by COE Working Group on ECDIS 3rd Edition, 1993.

[5] Ingo Harre. AIS Adding New Quality to VTS Systems [J]. Journal of Navigation, 2000, 53: 527-539.

[6] IRIS Europe- Implementation of River Information Services in Europe FINAL TECHNICAL REPORT. 13.02.2009.

[7] Lili, W., et al. An impact dynamics analysis on a new crashworthy device against ship-bridge collision[J]. International Journal of Impact Engineering, 2008, 35(8): 895-904.

[8] Martin Feldhofer, Sandra Dominikus, Johannes Wolkerstorfer. Strong Authentication for RFID Systems Using the AES Algorithm [J]. Lecture Notes in Computer Science, 2004, 3156: 85-140.

[9] Sanjay E. Sarma, Stephen A. Weis, Daniel W. Engels. RFID Systems and Security and Privacy Implications [J]. Lecture Notes in Computer Science, 2003, 2523: 1-19.

[10] Sun, Y.-Q., J.-W. Tian, and J. Liu. Dim Small Targets Detection Based on Dual-band Infrared Image Fusion[C]. in Industrial Technology, 2006. ICIT 2006. 2006. 3003-3007.

[11] ZB Alliance. Zigbee specification version 1.0. 2005,http://www. ZigBeE. Org.
[12] 陈斌.基于 WSN 的高速公路监控系统智能化研究[J].微纳电子技术,2007,(7).
[13] 陈香，张思东，薛小平. RFID 防碰撞技术的研究[J]. 金卡工程，2005，9：34-37.
[14] 程曼,王让会. 物联网技术的研究与应用[J]. 地理信息世界，2010,(05).
[15] 崔玥，苗长云，王俊峰,等. 基于 ARM 的 GPS 船舶智能交通终端的研究[J].微计算机信息,2008,24(8)：235-237.
[16] 戴彤宇.船撞桥及其风险分析[D].哈尔滨工程大学,2002.
[17] 关于合力推进长江黄金水道建设的若干意见. 中国水运,2009(7).
[18] 国务院关于加快长江等内河水运发展的意见. 国发〔2011〕2 号.
[19] 何乃甩.基于红外图像的内河船舶目标检测算法研究[D].重庆大学硕士学位论文,2008.
[20] 何思远.基于无线传感器网络的瓦斯监测系统的研究[D].昆明:昆明理工大学,2007.
[21] 何怡,等.多层网状局域连通环境无线传感网络中的节点定位,2008.
[22] 何跃盛. AIS 岸基网络在杭州湾水运物流中的作用研究[D].上海:上海交通大学,2007：25-38.
[23] 贾俊刚,杨东援,李彬. 基于 Internet 的交通信息传输方法研究[J].合肥工业大学学报(自然科学版)，2000,(04).
[24] 解维浩.一种用于道路交通的无线传感网拓扑结构[J].上海大学学报,2007.
[25] 李盛霖. 2011 年全国交通运输工作会议讲话,2010.
[26] 刘俊.基于红外图像的内河运动船舶目标检测和跟踪技术研究[D].重庆:重庆大学,2008.
[27] 刘云浩. 物联网导论[M]. 北京:科学出版社 ,2010:33-38.
[28] 刘正江,牛恒山.2002 年我国船舶操纵领域的研究进展[C].中国航海学会海洋船舶驾驶专业委员会 2003 海上航行安全专题研讨会,2003.
[29] 马善伟.无线传感网络系统在船舶机舱中的应用研究[J].上海造船,2008.
[30] 马祖长,等.无线传感器网络综述[J].通信学报,2004,(4).
[31] 倪明选,等. 无线传感网络的基础理论及关键技术研究[J].中国基础科学,2008,(1).
[32] 齐楠.智能交通系统中无线传感器网络的应用[J].机电工程,2007.
[33] 石军锋,等.无线传感器网络结构及特点分析[J].重庆大学学报,2005.

[34] 宋德星. 加快转变发展方式　推进水运业科学快速发展[J]. 中国水运,2010(4).
[35] 孙其博,刘杰,黎彝,等. 物联网:概念、架构与关键技术研究综述[J]. 北京邮电大学学报, 2010,(03).
[36] 唐冠军. 建设长江黄金水道　发展现代长江航运[J]. 交通企业管理,2009(3).
[37] 王焜. 基于视频的运动船只识别与跟踪技术研究[D]. 厦门大学,2009.
[38] 王若梦,刘云,张振江. 基于事件驱动 SOA 的物联网管理平台研究[J]. 电信科学, 2010,(11).
[39] 王伟时. AIS 岸基网络方案的设想[J]. 航海技术, 2003, 2:17-18.
[40] 吴浩. 无线移动通信与物联网应用分析[J]. 电脑知识与技术, 2010,(19).
[41] 杨洁, 曹及, 李品. 基于 PKI 技术的 RFID 认证模型的研究与应用[J]. 计算机应用, 2007, 27: 107-109.
[42] 叶嘉. 设备监控无线传感器网络路由协议的设计与实现[D]. 北京:国防科技大学,2006.
[43] 袁凌云,等. 分布式无线交通监控系统的研究与实现[J]. 计算机工程,2006,(8).
[44] 袁凌云,等. 基于 NS2 的无线传感器交通监控网络仿真[J]. 系统仿真学报,2007,(3).
[45] 张海英,张田文. 基于多阶段轨迹融合的交叉多目标检测与跟踪算法[J]. 电子学报, 2005,33(6):1109-1112.
[46] 张坚林. 基于无线传感器网络的远程健康监控应用研究[D]. 南昌:南昌大学,2007.
[47] 张鹭, 高倍力, 唐安慧. 内河智能交通系统研究[J]. 水运工程, 2006, 9: 1-4.
[48] 张鹏, 崔勇, 孙磊. 移动自组织网络服务质量控制机制综述[J]. 计算机应用, 2009, 29(3): 625-632.
[49] 张英俊. 电子海图算法基础[M]. 大连:大连海事大学出版社,1999:81-85.
[50] 朱世立. 电子海图应用系统设计[M]. 北京:国防工业出版社,1997.
[51] 朱运利, 厉彦峰. 船舶智能监控系统的研究与实现[J]. 计算机测量与控制, 2009, 17(5): 893-896.
[52] 罗本成. 中国 RIS 发展模式及策略. 研究报告.
[53] 罗本成,解玉玲. 欧洲内河航运综合信息服务系统概述[J]. 水运管理, 2007,2.